ドラッグの誕生

The origin of the drug

一九世紀フランスの〈犯罪・狂気・病〉

渡邊拓也

慶應義塾大学出版会

はじめに

ドラッグ（危険薬物）および薬物中毒の問題は、現代における大きな社会問題の一つである。二〇一〇年代以降の動向を振り返っても、我が国における「危険ドラッグ」（脱法ハーブ）の問題、二〇一八年一〇月のカナダの大麻解禁を巡る議論などの国際的動向を含めて、高いアクチュアリティを持つ喫緊の討議課題であり続けている。にも拘わらず、我が国の社会科学におけるドラッグ研究は、はっきりと立ち遅れている。社会一般の認識としても、（オランダのハーム・リダクション政策のような）依存からの回復を重視する立場への理解が不足し、一九八〇年代のスローガン「ダメ！　絶対」に象徴される紋切り型のドラッグ観が依然として強く残り続けている。この状況は、覚せい剤から大麻までをすべて同列と見なすという誤謬を生みがちであり、また個別の薬物の害悪に関する正確な知識獲得の機会を奪う点や、薬物問題に関する社会的討論の成熟を阻む点で、かえって危険であるだろう。

最初にまず、現代の薬物中毒者にまつわる、ある種の二重定義について指摘しておきたい。すなわちそれは、一方では治療されるべき（薬物依存症という病気の）患者として、他方では非難されるべき逸脱者として定義されている。オランダを含む欧米各国のような二次予防（再犯・累犯防止）を軸に置いたドラッグ政策は前者の患者イメージと、そして日本のような一次予防（初犯防止）を中心としたドラッグ政策は後者の逸脱者イメージと、それぞれ強く結びついている。

これらは薬物問題対策という共通項で括られ、そこには一見、事前に止めるか事後に止めるかという介入タイミングの違いがあるに過ぎないようにも映るのだが、じつは両者の方向性は見かけよりもずっと大きく乖離している。なぜなら、オランダ型の政策が、薬物中毒者（薬物依存症患者）の治療・更生と社会復帰を目指す社会的包摂のモデルであるのに対して、日本型の政策は、薬物中毒者の更生可能性は薄い（必ずや再び薬物に手を出すであろう）という考えをどこかで前提としつつ、その社会復帰をなかなか許さないような不寛容な社会的排除のモデルと高い親和性を示すからである。もちろんこの両者は理念型であって、実際の政策運用上においては前記二つのモデルが併用され、ブレンドされていくことになるのだが、ひとまずはここで起こる混合が、今日の薬物中毒者に対する（患者と逸脱者という）二重定義を生み出していると言えるだろう。

とはいえ、この二重定義についてより詳細に論じようとすると困難が生じる。現代のドラッグを巡る状況があまりに複雑化しているためである。とりわけ二〇世紀半ば以降には、化学合成によって作られる（LSD、覚せい剤などの）合成麻薬が登場し、「ドラッグ」と呼ばれる物質のバリエーションも非常に多岐にわたるようになった。現代のドラッグ問題の解明にあたっては、歴史的過去にある程度遡りながら、複雑に絡み合った毛糸玉を元々の一本一本の糸にほぐしていくような作業が必要になってくる。

したがって本書が目指すのは、一九世紀のヨーロッパ、とりわけフランスの事例を中心に、前記の薬物中毒者に対する二重定義が形成されてきた歴史的過程について、歴史社会学的な言説分析の手法を用いつつ明らかにすることである。言い換えると、この論考が取り扱うのは、現在「ドラッグ」と総称されている諸物質およびその使用が社会的に危険視されるに至る、その歴史的過程についてである。そしてそれを参照点として、現代社会における薬物問題の位置付けを逆照射的に描き出し、論じることを目標としている。

また、そこで得られた知見をもとにして、現代社会における逸脱への不寛容の拡大についても言及できればと思っている。一九八〇年代以降の「ゼロ・トレランス」政策や二〇〇〇年代以降の刑事司法における厳罰主義の高まりは、逸脱者をもはや更生可能な隣人とは見なさず、市民社会から締め出そうとする排除傾向の強まりとして捉えることができる。このような現状を分析するにあたり、ドラッグ問題に関する研究を通じて少しでも貢献できれば幸いである。

ドラッグの誕生　目次

序章　薬物問題の三つの位相

この論考が取り扱うのは、「ドラッグ」の使用およびそれによって引き起こされる依存症という病が、社会的逸脱と見なされるようになるまでの歴史的過程についてである。今日、多くの先進国において薬物の使用は法による規制を受け、また「悪徳」と認識されているが、それがなぜ犯罪かと問われれば明確な回答を見出すことは容易ではない。この点に関して、しばしば引き合いに出されるのは大麻の事例だろう。例えばオランダは現在、ハーム・リダクションの考え方に基づいて大麻寛容政策を採っている。そこには、自らの心身のみを傷つける行為に関しては犯罪とは見なさないという基本的態度があり、また大麻のようなソフトドラッグをハードドラッグから区別し政府の管理下に置くことで、裏市場での流通を防ぎ全体としての被害を最小に食い止めるという意図がある。確かに現代の医学は大麻による人体への大きな被害を確認しておらず、それが他の（覚せい剤やコカイン、ヘロインのような）薬物と同列に危険視されているというのは、考えてみれば奇妙なことなのだが、多くの先進国の法律では大麻がそのように扱われているというのが現状であろう。歴史を振り返ってみれば、少なくとも一九世紀の半ばまで「ドラッグ」は存在せず、阿片などの物質はむしろ優れた医薬品として認識されていた。そして薬物依存者たちは当初、恐ろしい病に見舞われた犠牲者として、また毒物に侵された「いたわるべき病者」として認識されていた。だが薬物の使用はやがて犯罪と見なされるようになり、また彼ら依存者（中毒者）たちは社会的逸脱者と見なされるようになっていく。

こうした薬物使用の「犯罪化」が起こるプロセスはいかなるものだっただろうか。まず出口を示すなら、ドラッグあるいは「危険薬物」（dangerous drug）が国際条約によって正式に定義され法規制の対象となるのは、一九二五年のジュネーヴ条約によってである。この時国際会議の主導権を握ったのはアメリカであり、なかんずく阿片系の薬物への耽溺が悪徳と見なされた背景には、明らかにピューリタン的な道徳意識が存在していた。つまりここで、薬物使用の犯罪化を推し進めたのはピューリタンの道徳であると指摘することも可能なのだが、この解釈をすべての薬物の事例へと拡大し一般化すべきではないだろう。問題はそれほどシンプルではない。ドラッグに関する危険視は、実際にはそれより半世紀以上前より開始されているのである。『社会分業論』のデュルケムが「我々は犯罪だからそれを非難するのではなく、我々が非難するからそれは犯罪となるのだ」と看破していた通り、人々による何らかの事象に対する非難の視線は、その事象の制度的逸脱化に対して論理的時間において先行する。そして、薬物問題に関してこうした非難の視線が強く現れたのは、近代医学と衛生学を発達させたヨーロッパにおいてであり、とりわけ「社会防衛」の意識の強かった一九世紀フランスにおいてだった。以上のような理由により、本論考では一九世紀のヨーロッパ、特にフランスにおけるドラッグの事例を中心的に取り扱うことにしたい。

今日の我々が「ドラッグ」と呼ぶ諸物質のうち、当時のヨーロッパにすでに存在したものは、阿片および阿片製剤（シドナムの阿片チンキなど）、阿片から抽出されるアルカロイドであるモルヒネ、そしてナポレオンのエジプト遠征によって欧州に持ち帰られたと言われるインド大麻である。世紀の末頃になってこのリストにはコカインとヘロインが加わることになるのだが、ヨーロッパでは少なくとも一九世紀の半ば頃まで、それらの物質は危険薬物とは認識されていない。むしろこれらは優れた鎮痛剤として、医療への多大な貢献を期待されていた。ここに「医薬品からドラッグへ」という認識論的な転換がもたらされるのは、いかにしてだっただろうか。その分析にあたってまずは恐らく、薬物問題の孕む三つの位相を注意深く区別しておかなくてはならない。

一つ目は、廃人のイメージに代表されるような「怠惰と退廃」の問題系である。ミシェル・フーコーが指摘していたように、勤勉と労働に社会的価値を見出したヨーロッパにおいて怠惰は悪徳となり、それは一七世紀には大監禁として表面化する。またヨーロッパで「人口」の概念が社会の生産力や労働力のことを指すようになるのは一八世紀重農主義以降のことだったが、毒物への奇妙な愛および薬物への耽溺によって生じる「働けるのに働かない」タイプの非生産人口の増加は、一つの大きな社会問題として、つまり社会への害悪として認識されることになる。

二つ目は、「狂気」(folie) すなわち精神疾患の問題系である。ある種の薬物は幻覚を生じさせ、使用者を一時的ないし慢性的な精神疾患へと誘うという言説が、一九世紀精神医学から現れる。これは、狂気を理性の欠如(非理性)と見なす古典主義期の狂気観を継承し、幻覚と狂気とをほぼ同一視するに至った一九世紀前半のフランス精神医学(アリエニスム)に端を発しているのだが、薬物はここで「人間精神に有害な物質」というイメージを(当時の)科学的手続きによって付与されることになった。

三つ目は、「犯罪」の問題系であり、薬物依存者に付与された危険人物(潜在的犯罪者)のイメージに関する位相である。ロンブローゾらイタリア学派犯罪人類学に代表される一九世紀後半の新派刑法学は、犯罪者の身体的・性格的特徴に着目しつつ、危険度ないし反社会性の大小という新たな識別の指標を提示してくる。つまりその人物は将来犯罪を起こす可能性が高いか低いかという観点が導入される。ここで薬物依存者は、薬物の誘惑に抗えないような意志の弱い人間であり、反社会性の高い人物であり、潜在的に犯罪者となる可能性を持った危険人物であるとの解釈がなされるようになった。

これら三つの位相は、もともと互いに重なり合う部分を備えていたものの、特に二〇世紀初頭に毒物嗜癖（toxicomanie）および危険薬物（dangerous drug）という概念が登場して諸々の薬物問題が統合的に論じられるようになった後は、ドラッグとは悪であるという認識の強化に相乗効果を与えるべく積極的に混同されていった側面がある。このため現代のドラッグ問題は非常に多様で入り組んだ様相を呈しているのだが、絡まり合った諸系譜の糸を一本ずつに分離して丁寧に見ていくためには、歴史を遡り、ドラッグ統合以前の事例に当たるのが明快かつ適切なアプローチとなる。先取りして言うなら、第一の位相は一九世紀の阿片のケースに、第二の位相は大麻の、そして第三の位相はモルヒネのケースに、それぞれ最もはっきりと観測されるだろう。

各位相において観察される問題は、さらに個人レベルと集合的レベルという二つの水準に区分されうる。個人の問題としての怠惰は、集合的レベルにおいては社会全体の労働力低下の問題となり、精神疾患と潜在的犯罪性の問題は、一般市民の安全確保の問題になるといった具合に。そして一九世紀フランスの統治者たちは、特に後者の集合的かつ「社会レベル」の問題に大きな関心を払っている。振り返ってみれば、近代にさしかかってからの西欧世界は、社会全体を一つの大きな生命体のメタファーで捉えるようになっていた。カントロヴィッツの有名な研究が示すように、一六世紀後半のイングランドで民衆——王の手足である臣民たち——は国王の第二の身体として描かれる。一七世紀ホッブズの『リヴァイアサン』の挿絵に現れる巨人は、小さく描かれた多数の人々からなっている。一八世紀の経済学は「人口」の数値に国家全体の生産力の重要な指標を見出し、その後一九世紀には、（「有機体」のような）個人の身体との類比《アナロジー》によって社会の全体像を論じるような着想が顔を出す。社会という大きな生命体は、最初一つの政治的虚構に過ぎなかったが、統計学の発達のもたらす数値データによって受肉して、やがて何か実体を持つものであるかのように感じとられるまでになる。フーコーの指摘した「生‐政治」（bio-politique）、そして生命に至上の価値を置くという近代西欧的な価値観や態度は、個人と社会という二つの水準で同時に適用されるのである。

近代西欧、とりわけ一九世紀においては、このようにして個人の健康の他に、社会という集合的生命の健康状態が気にかけられるようになっていく。例えば（一九世紀に入ってからも時折猛威を振るった）ペストやコレラといった疫病や、梅毒のような性病の蔓延、そして特に都市部において増加した失業者の群れは、幅広い意味で「社会疾理」と形容されるようになっていった。それらはまずもって生産人口の減少を引き起こすという点において、人口＝労働力へのダメージであり、つまりは社会体に弱体化をもたらすものと認識された。ペストは一四世紀にヨーロッパの全人口の約三分の一を死滅させたが、そうした疫病の大規模な蔓延が社会全体の生産力・労働力を大幅に減じさせることは明らかだった。一九世紀末頃の時期に、本来は個人レベルでの病であったはずの阿片中毒やアルコール中毒は、人口全体へと拡大する「疫病」のメタファーで語られ始める。そこで懸念されたものも、一つには同様に怠惰の伝播拡大による生産人口の減少だったと考えることができる。

こうした「人口」概念に着目したフーコー的なアプローチによる分析は、もちろんその有効性を保持しているけれども、では、薬物依存はひとえに生産人口の量的な減少をもたらすといった理由で、社会への害悪と見なされていったのだろうか。

確かに人口統計学と手を結んだ一九世紀の衛生学は、出生率、死亡率のデータに細心の注意を払いつつ、人口増加に貢献する事象を「健康によいもの」として徹底的に推奨した。特に世紀半ば以降、パスツールやコッホらの尽力により諸々の疫病の「病原菌」が発見されると、市民たちの生活環境における衛生状態の管理は火急の政治的課題となる。よく知られているように、中世ヨーロッパの民衆は衛生にさしたる注意を払っておらず、狭く薄暗い街路はしばしば汚物と動物の死骸より生じる異臭に包まれていた。農民たちは一生に三度しか入浴せず、都市住民は常にノミやシラミと共生を続けていた。[*1] 一七世紀フランドルの化学者ヤン・ファン・ヘルモントは「ネズミの作り方」と称された有名な実験を行い、小麦まみれのぼろ布や汗のしみたシャツに牛乳や油を染み込ませ、壺に入れて倉庫にしばらく放置しておけば、それはやがてネズミに変化すると述べていた。[*2] こうした状況を劇的に改めたのが、一八二〇年代に急速な発達を遂げる衛生学であり、「公衆衛生」という考え方だったのである。それは例えばパリにおいては、第二帝政期のオスマン男爵のパリ大改造(一八五二—一八七〇)によって具現化することになる。

加えて、こうした衛生政策の傍らで、一九世紀後半には同性愛、小児性愛、露出症、フェティシズムといった多数の性的倒錯が、新たに精神疾患として登記されてくる点にも幾ばくかの注意が必要だろう。それらは子をなさない行為や対象へと性衝動を向かわせている点において、次の世代《ジェネレーション》を生まず少子化をもたらすもの、すなわち人口の「再生産」に貢献しないものと捉えられ、故に逸脱的であると捉えられた側面がある。

しかしながら、薬物依存の逸脱化のケースについて考えてみると、必ずしもこうした人口の量的な増減にのみ問題の所在がある訳ではないことに気づかされる。というのは、前述した薬物依存の問題の三つの位相のうち、第二、第三の位相つまり「狂気」と「犯罪」の問題系は、「退化」そして「危険人物」といった意味付与に、換言すれば、言わばむしろ人口の質的な劣化に関わるものだったからである。薬物中毒やアルコール中毒といった悪癖は、何らかの遺伝的メカニズムによって子孫に伝播すると考えられた。同様のロジックは、「犯罪は遺伝する」と説いていたロンブローゾらイタリア学派犯罪人類学にも見られる。またそれらの中毒は、一九世紀末から二〇世紀初頭のフランスでは「デジェネレッサンス（変質＝退化）の病」（maladie dégénérative）と呼ばれるようになっていた。

こうした認識の様式が出現する背景にあったのは、当時強い影響力を持っていたダーウィン進化論と、主に産業革命のもたらす恩恵によってリアリティと説得力を得た「近代化」という進歩発展の神話である。そして、或る事象が引き起こす（であろうと予測される）「子孫への悪影響」や「国家の将来」を気遣うような態度の出現は、社会という大きな生命体が一つの統治上のユニットとして機能し始めたことの証左だった。人々が個人レベルで空想上の「来世」における救済を気にかけていた時代は去って、むしろ集合的生命としての社会の将来的保全のために大きな労力が費やされる。ここで言う社会とは無論、完成期を迎えつつあった国民国家という「想像の共同体」（アンダーソン）ともほぼ外縁を等しくしていた。列強のひしめく西欧世界において「強い国家」を作り保持していくためには、人口の数量的減少のみならず、その質的な劣化は是非とも回避されるべき何かだったのである。

一九世紀後半より、社会体の健康（健全さ）が政治的要件となるのは、さらに言えば、政治に対して科学（とりわけ近代医学と衛生学）の言説が影響力を強めていくのは、およそこうした事情によるものだった。人口概念を中心軸に、その量的減少と質的劣化の両方が懸案事項となったのである。換言すればこの時、予測推論上の将来において社会の発展を妨げるであろう諸要素は——すなわち社会体の「健康に悪い」諸事象は——「不健全」であるとして、あるいは「反社会的」であるとして、社会的非難の対象とされていくことになった。社会の医師を自認し始めた公衆衛生学は、誰もが健全で幸福な社会というユートピアを描いて見せたけれども、ここにおいて社会規範《ノルム》は、いまや科学的に正当性の根拠を保証された医学的言説と結合し、両者はある種の共犯関係に入る。そのことは当然の帰結として「逸脱の医療化」（コンラッド&シュナイダー）をもたらし、規範にそぐわないもの、規格から外れたものを、「病理的である」というラベリングによって巧妙に排除するルートを形成せしめた。

したがって、ドラッグへの耽溺が危険視されたのは、何もそれが個人の心身にダメージを与えるからではなかったのである。問題となったのはむしろ集合的生命としての社会にとっての危険であり、新派刑法学が計測を試みていたようなその人物の「危険度」だった。薬物依存はこのようにして「反社会的」であると認識され、そしてまた新しい病として認識されるようになったのである。

＊　＊　＊

本書の概略を先取りして述べるなら、以上のようになるだろう。第1章は、阿片の事例を扱いつつも、一九世紀半ば頃までの麻薬前史および問題の背景について総論的に示す役目を担う。阿片と阿片製剤、ヨーロッパではとりわけ阿片チンキは、効果の高い医薬品として用いられ、東洋の万能薬とさえ考えられた。しかしながら人々は、この劇薬の引き起こす副作用についても幾ばくか気づき始めている。以下しばらく各論に移り、ほぼ年代順に、個々の薬物の辿った歴史について述べる。大麻を扱う第2章で我々は、「狂気を引き起こす物質」という認識が出現した様子を確認できるだろう。モルヒネのために割かれた第3章ではドラッグが「犯罪の原因」になるという言説を、そしてアルコールの事例を取り扱う第4章では、精神作用のある物質が一種の「伝染病」を発生させるという人々の認識を、それぞれ確認できるだろう。そして第5章は、二〇世紀初頭に「ドラッグ」という統合的カテゴリーが出現したのはいかにしてだったのかという問題に関する、総合的な分析のためにあてられる。

分析のための方法論に関して言えば、本書はアナール派の社会史および心性史の研究、加えてミシェル・フーコーの系譜学的な分析方法に多くを負っており、とりわけ「正常と逸脱（病理）」に関する人々の認識論的枠組み《エピステーメ》の変遷に大きな注意を払っている。もちろん『言葉と物』、『狂気の歴史』、『監獄の誕生』といったフーコーの輝かしい著作が、この研究に多大な影響を与えているのは疑いの余地がない。ただし、彼の方法論はそのまま無批判に受け入れられ踏襲されるべきではないだろう。[*3] したがって本書は、薬物に関わる言説研究とその背後にある社会構造の分析に向かうことになるのだが、かといって（この種の研究には時折見られるような）文学作品に描かれた表象の解釈学的分析にも、一定の距離を取りたいと思う。

認識論的枠組みの変化、メンタリティの変化、それに伴う社会制度の変化を研究するにあたり、本研究が最も参考にしたのは、『正常と病理』に代表されるようなジョルジュ・カンギレムの著作と科学思想史のメソッドである。その精緻な分析方法は若き日のフーコーに大きな影響を与え、またジャン＝ピエール・ペテール、ジャクリーヌ・キャロワ、ジョルジュ・ヴィガレロといった現代フランスの歴史家・哲学者たちにも継承されている。

ドラッグというテーマを扱った先行研究に話を移すと、現代のそれに関しては医学や文学の領域で多くの蓄積があり、社会学の分野では例えば佐藤哲彦の精力的な研究がある。ただ、一九世紀の薬物を対象にしたものは極端に数が絞られてしまう。ここでは代表的なものをいくつか挙げるに留めよう。

まず一九世紀の阿片については、コンラッドとシュナイダーが『逸脱と医療化』（一九九二）の中で一章を割いて概説している。中国を襲った災禍と阿片戦争、そしてピューリタニズムに支えられたアメリカにおける反阿片の運動と、それが国際条約へと発展していく様子について描かれ、これは薬物依存の逸脱化が起こるプロセスの一つの側面を見事に切り取った叙述だと言えるだろう。

英国の阿片のケースに関して言えば、歴史家ヴァージニア・ベリッジの論考「英国における非合法ドラッグと向精神剤——不明瞭なフロンティアの歴史」（一九九八）がある。ベリッジによれば、英国では一八四〇年代以降、労働者階級における阿片使用が怠惰を生むということで、社会的な懸案となっていた。これに関連して相次いで三つの法案が現れることになる（一八六八年の薬剤法 Pharmacy Act、一九一一年の国家健康保険法 National Health Insurance Act、および一九二〇年の危険薬物法 Dangerous Drug Act）。ベリッジの視点は権力論の時期のフーコーに近い。彼女は、阿片の入手に医師の処方箋が必要となっていく当時の規制強化のプロセスの中に、医学と国家権力との結託や関係強化を見出している。

また、社会学者ジャン゠ジャック・イヴォレルは、『精神の毒物——一九世紀のドラッグとその中毒者』（一九九二）において、フランスのドラッグ、とりわけモルヒネの事例を扱いつつ、社会的逸脱との関連においてこれを論じている。危険な薬物が歴史に登場する時に重要な役割を果たしたのは、イヴォレルによれば、精神医モレルの提示した「デジェネレッサンス（変質）」の概念だった。この教義《ドクトリン》は後に精神科医のマニャンとルグランによって補完される。後者のルグランはドラッグを「知性の毒」と呼んだことでも知られている。一九世紀末のドラッグは、狂気をそして社会病理を引き起こす物質と考えられ、その中毒者たちは、「デジェネレ」、すなわち「変質゠退化したもの」と考えられたというのが、イヴォレルの主張である。

モルヒネに関してはもう一つ、法医学上の問題にスポットを当てた、オディール・ロビオラの医学博士論文『一八八〇——一八八五年のフランスにおけるモルヒネ中毒——法医学の側面』（一九八二）も重要である。一八一〇年のナポレオン法典の第六四条に、被疑者が犯行時に心神喪失の状態にあった場合はその罪を問わないとする有名な条文があるが、これに関連して、一八八〇年代のモルヒネ中毒のケースは大きな議論を引き起こしていた。つまり、彼らが法的責任能力を有するのかどうかを裁判所が判断できず、結果として、モルヒネ中毒者たちは「半‐責任能力 demi-responsable」として扱われたというのだ。ロビオラが指摘するのは、こうした古典的刑法学の限界例についてであり、実際モルヒネ中毒の被疑者に関しては、非常にしばしば減刑がなされたという。

本書は、以上のような先行研究の延長線上にある。ベリッジの論考は問題に明確な枠組みを与えてくれるだろう。「健康」の問題は、阿片のケースにおいてさえ、純粋に医学的な問題ではなく同時に社会的な問題でもあった。またイヴォレルの論考は、一九世紀当時のドラッグにとって本質的な何かを示している。それは「デジェネレッサンス」の問題と不可分だったのであり、ここではドラッグへの危険視が精神医学の分野で起こっている。そして、ロビオラによってここへ「犯罪性」というジグソーの最後の欠片が与えられた時に、我々はようやく、一九世紀末のドラッグを取り巻いていた《犯罪・狂気・病《やまい》》という言説の折り重なる三重構造を、ぼんやりとながら見出すことができるのである。

第1章　阿片と公衆衛生

薬物中毒者は一方では治療されるべき患者として、他方で非難されるべき社会的逸脱者として二重に意味付けられる。この「病と悪」の二面性はいかにして形成されたのだろうか。誤解を避ける上でも最初に断っておかなくてはならないが、逸脱の医療化論が示したのは、「阿片の快楽への耽溺」（悪徳）から「阿片中毒」（病《やまい》）へといった単純なストーリーではない。コンラッドとシュナイダー（一九九二）は少なくとも阿片嗜癖の歴史を「大きな社会問題とは考えられなかった時代、医療の問題と定義された時代、犯罪化をへて再び限定的に再医療化された時代」に区分していた。[*1] 阿片は快楽をもたらす刺激剤である以前に優れた「医薬品」だったのであって、歴史を紐解けば、現在ドラッグあるいは広い意味で麻薬と呼ばれている物質はほぼ例外なく初めは医薬品として登場している。それらはやがて危険薬物として認知されるようになるが、この移行過程で起こっているのは物質や使用者の側の変化ではなく我々の側の認識枠組みの変容であり、その道のりは複雑である。

コンラッドらは、例えば一九世紀末期のイギリスにおいて中国との阿片貿易に対する道徳的非難から阿片嗜癖が悪とされていく様子や、ハリソン法成立（一九一四）以降のアメリカで阿片使用そのものが犯罪と見なされていく過程について述べ、違法化（犯罪化）の影響による薬物問題の脱医療化と逸脱化について論じていた。だが、これらとは全く異なる文脈からこの薬剤への危険視を開始した国がある。フランスは、国内にさしたる阿片の災禍が見られなかったにも拘わらず、一九世紀半ばにはすでにこの物質に対する法規制を行い、世紀の末頃に阿片嗜癖を精神疾患として登記しているのである。本章の目的は、一九世紀ヨーロッパの阿片についての社会史的研究を通じて、「医薬品からドラッグへ」という変容過程に関する「もう一つのモデル」を提示しつつ、薬物中毒の問題の持つ二面性について再検討することにある。

1　阿片──医薬品か毒物か

一八五六年三月五日、コレージュ・ド・フランスでの講義において、生理学者クロード・ベルナールは次のようなことを述べている。ヨーロッパにおいて諸物質は伝統的に、人体への影響という観点から「食物、毒物、薬物」の三種類に大別されていた。「食物」は組織体が健康を保つのに必要な物質であり、それは常に失われつつある栄養を補給し血肉を形成させる。「薬物」はこうした栄養補給や諸器官の構成には貢献しないが、人体が病という特殊な状況に置かれた時、そこに物理化学的な修正を加えるのに役立つものである、等々。[*2]ベルナールが聴衆に注意を促していたように、こうした定義は全く不十分なものである。ただし、こうしたある種「常識的な」区分が一九世紀の後半においても依然として生き残っていたというのは事実であり、ここではまだ薬物と毒物の中間に位置するはずの「ドラッグ」あるいは「麻薬」といったカテゴリーは現れていない。

ベラドンナやトゲリンゴ、トリカブトやクリスマスローズ。西欧医学は古代より、時に死をもたらすほど強い効果を持った植物に慣れ親しんできた。ただし彼らは、これらの劇薬に適切な呼び名や枠組みを用意することはしなかった。つまりそれらの植物は単に毒物あるいは時に医薬品（薬草）と考えられたのであり、まさにそうした理由によって、西欧の薬学は長きにわたって処方量（posologie）に関する知識を発達させてきたのである。とりわけ中世のパラケルスス以降、医師や薬剤師たちは物質ごとに、少量での作用、中程度の投与量での作用、大量投与した時の人体への作用を、それぞれ注意深く記述し続けた。確かに、いかなる物質であれ或る閾値を超えれば毒物へと転じうるのは事実である。ほぼ例外無く、どの物質にも致死量というものがある。卑近な例を挙げるならば、例えば一本の紙巻き煙草や三〇グラムの純カフェインは、すでにひとりの成人にとって――個人の体質に、そして体重にもよるが――危険な量となる。こうした薬物のうち幾つかのものは、古来より、取り扱いに特別な注意を要する劇薬として知られていた。ベラドンナ、ヘレボルス（クリスマスローズ）、ヒヨス、マンドラゴラ、ダツラ（トゲリンゴあるいは「天使のラッパ」）、トリカブト（ウルフスベイン）、ケシなどがそれである。古代の宗教儀式に用いられることもあったこれらの物質は、ある時には素晴らしい魔法の薬となったが、またある時にはその強い毒性からあっさりと致死の毒に転じるような類いのものだった。それらは言わば「さじ加減」（selon la dose）によって毒にも薬にもなる物質であった。

現代のドラッグの系譜学的な起源の一つは、こうした劇薬ないし「毒にも薬にもなる物質」に見られると考えて良いだろう。ただし、その後の歴史を見ても分かるように、強い毒性を持った植物がすべてドラッグに数えられていった訳ではない。

医学の歴史と同じく阿片使用の歴史も古代まで遡るが、恐らく前近代における薬学的実践は総じて経験主義と迷信という二つの言葉に集約されうるだろう。ここではまず、一九世紀の入り口に至るまでの阿片の歴史について、ジャン＝マリー・ペルト[*3]の記述を参考にしながら手短かに振り返っておきたい。

阿片の第一の顔は医薬品としてのそれである。阿片は一言でいえば「時に強すぎる効果を持つ優れた鎮痛剤」だった。薬剤としての阿片使用の歴史は古く、シュメール＝バビロニア時代にすでに記録がある。阿片の原料となるケシの栽培は、紀元前三四〇〇年頃のメソポタミアで開始されたようだ。他方でアレクサンドリアを中心に発達した古代エジプト医学も、多くの植物を治療に用いていた。例えば紀元前一六〇〇年頃に編纂された「エーベルス・パピルス」には七〇〇種以上の植物が記載されており、そのリストには、阿片、ヒヨス、大麻、マンドラゴラといったものの名前が見つかる。阿片の威力はこのように古くから熟知されていたが、ペルトが指摘するように、薬剤の本来の効力が十全に引き出されるためには、古代ギリシャ医学の成熟を待たなくてはならなかった。

地中海の素晴らしい気候と肥沃な大地が、薬草の豊富なコレクションをもたらす。そこには言わば天然の植物園があった。ヒポクラテスとその弟子たちが医学と薬学にその最初の科学的基盤を与えると、現代なお通じるような医学の基礎概念が形成される。つまり内用薬と外用薬が区別され、薬物と毒物が（投与量の観念と結びつけられた形で）分離されたのだった。このことは、阿片やヒヨスといった強力な鎮痛剤が、慎重に扱えばという留保付きでその使用を許されたということを意味していた。ペルトは「こうした貴重な植物のおかげで、古代医学は病の治療法を知らぬままに、患者の痛みを和らげることができるようになった」[*4]と言う。《医学の父》ヒポクラテスにとって病はある種の自然な現象だったし、彼ら古代ギリシャの医師たちが病の治療法を知らなかったというペルトの指摘は正しい。というのは、彼らにとって治療行為とは、端的に言えば患者の自然回復を待つことだったからだ。医師はそのための手助けをするに過ぎず、四体液説に則った彼らの方法論は――患者の身体を温めたり冷やしたり、あるいは痛みを抑えることによって――患者が病と戦うのを補助するといったものだった。西欧の医学や薬学が効力の高い鎮痛剤を絶え間なく探し求めていたのは、およそこうした理由による。端的に言えば、優れた鎮痛作用を持つ阿片の有用性もここにあったのである。

数世紀の後、古代ローマにおいて阿片製剤は一つの完成を見る。ガレノスの処方した「テリアカ」は、阿片をベースにして一〇〇種以上の物質によって構成された混合薬だった。このタイプの混合薬は当時の典型的な「万能薬」である。

ガレノスは、アテネの凋落の後まだギリシャ文明の光が残っていたアレクサンドリアで治療学を学んだ。彼はまた、当時の他の医師たちと同様にヒポクラテスの四体液説の信奉者だった。つまり彼は、体液のバランスによって健康が保たれていると考えていた。言い換えれば病気とはバランスの崩れであり、それを取り戻させるような治療が求められるのだった。したがって、古代ローマのガレノスにおいて、薬理効果を持つ種々の植物は、必然的にこうした考えに基づいて分類されていた。例えば発熱を伴うような病には身体を冷やすような物質が、逆に寒気を伴う病にはアーモンドやコショウなどの身体を温めるような物質が与えられねばならない。この他には湿らせるものと乾かすものが存在し、ガレノスはそれらを作用の強度に従って第一レベルから第四レベルまで分類してみせた。古代ギリシャ人たちはこうして何百種という薬草を用い、組み合わせることによって、数々の薬剤を作り出していったのである。[*5]

テリアカはこうして第一の医薬品の地位に立った。それは種々の薬草の多価的《ポリヴァレント》な複合体という形態をとった「万能薬」であって、実際に様々な病の治療に用いられた。一三世紀に十字軍遠征によって西ヨーロッパ世界に阿片がもたらされた後も、テリアカはその輝かしいキャリアを積み重ね続け、一九〇八年に至るまでフランスの薬局の棚に並んでいたようだ。[*6]

しかし、この「様々な薬の複合体だから何にでも効く」といった古風な考え方は、やがて各薬剤の特効性という新しい考えによって薬学の表舞台から追い払われることになる。一七世紀になると、英国の高名な医師トマス・ド・シドナムが調合した「シドナムの阿片チンキ」（laudanum de Sydenham）がテリアカの極めて強力な対抗軸となった。シドナムは次のように述べている。

阿片は間違いなく、すべての医学マテリアの中で最も重要で、かつ最も価値のあるものだ。他の薬剤にはいくつか代替品が見出せるが、阿片にはそれが無い。……他の薬剤は、よい薬であっても発効が遅れたり効果がまちまちだったりするものだが、阿片の効果は即効的で直接的で明確で、しかも痛みや不都合を伴ったりしない。*7

手短かに言えば、阿片チンキは阿片とアルコールとの混成によって作られ、フランスではしばしば白ワインが用いられた。これは、例えば一七七六年のビュッケによれば、時に強すぎることのある阿片の効力を構成《コンポジション》上の工夫によって多少なりとも抑えるためのものだったという。ガレノスやフェルネルは阿片の毒性を知っていた。それは感覚神経を麻痺させ、嘔吐を引き起こし、そして正常な生理機能をも停止させてしまう。ビュッケは言う。

今日、現場の医師たちは、大きな必要に迫られた場合にのみ、ほとんど常に後ろめたさを感じながら、そして言わば震えながら阿片を用いるのだ。……幾人もの化学者たちが阿片について研究してきた。彼らは焙煎したり発酵させたり、酸やアルカリと合成したり、逆に組成物を分離してみたりして、その効果を控えめに抑えようとした。[*8]

古典主義期のヨーロッパ医学はこうしてついに、阿片の毒性をコントロールすることに成功する。ある程度の安全性を確保された後、阿片製剤の使用は急速に人々の間に広まっていった。シドナムの阿片チンキは日常生活にありふれた薬となって、頭痛や赤ん坊の夜泣きを鎮めるためにも使用された。無論、より激しい痛みに対しては、医師たちは他の強力な阿片製剤を用いることもあった。

一九世紀の初頭になっても状況はさほど変化していないが、臨床的実践における阿片の重要性は確実に高まり、その使用は広がりを見せた。それは依然として万能薬と考えられていて、間欠熱、コレラ、梅毒、結核、精神疾患、そして胃痛や不眠にも効果があるとされていたのである。

例えば一八二七年にフランスのニエーヴル県で発熱性の流行病が発生した時、疫病の伝播を阻止するために様々な阿片製剤が用いられて、驚くべき効果を上げたという。また一八三二年にコレラの災禍に見舞われたパリでも、阿片への期待は大きかった。やや細部まで踏み込んで見ておくと、この時まず用いられたのは（当時必要不可欠と考えられていた）ヒルによる吸血治療である。その傍らで、一方では（消炎性鎮痛剤の信奉者だった）ブルセが麻酔浣腸の使用を訴え、他方で（興奮剤の信奉者だった）ライバルのマジャンディは、コレージュ・ド・フランスの教壇にあって、菩提樹の教卓を激しく叩きながら「阿片の大量投与」を叫んでいたという。[*9] ここで若干の補足をしておくなら、当時は投与量に関する注意関心はあっても、薬剤の「副作用」という概念はまだ存在しない点には注意しておく必要がある（それは二〇世紀の発見である）。

ときに、一九世紀初頭のヨーロッパにおいて、阿片製剤の中で最も多く消費されていたのは（シドナムの）阿片チンキである。他方で、科学の基礎部分が整備されたこの世紀には、この物質の化学的組成の中から有効成分を抽出しようという試みがなされていた。一八〇三年から一八一六年にかけてアルカロイドのモルヒネが分離され、それは生阿片よりもずっと強力な——その効果は時に四〇倍とも言われる——鎮痛剤となった。ただし、その効果が十全に発揮されるのは、一九世紀中葉にプラヴァッツの注射器が発明された後のことだったが。したがってこの時代に、鎮痛剤としての阿片は依然として極めて有用な医薬品と考えられていたことになる。

しかしながら一九世紀の前半というのは、他方では、阿片が引き起こす不慮の事故に関して最初の異議申立てが行われた時期でもある。フォンサグリヴが報告したところによれば、一八四〇年の英国において、毒の吸引による事故死五四〇件のうち、四二件が生阿片、一三三件が阿片チンキ、二件がモルヒネ酢酸塩によるものであり、つまり全体の約三分の一にあたる一七七件が阿片系の物質による被害だった。この時（それまでの「毒死」の代表格だった）ヒ素による中毒死は一八四件に留まっており、フォンサグリヴは阿片とヒ素が二大毒物だと述べている。[*10] 阿片の高い毒性について熟知していたはずの医師たちもこうした事態を予測してはいなかった。サフランとアルコールで強度をコントロールしてあったものの、その使用があまりに一般化された阿片製剤は、当時梅毒治療に用いられたヒ素と同様の被害をもたらし始めていたのである。

疫病の拡大は結果として、同時に阿片の危険性を露見させる機会の拡大でもあった。特に成人に比べて致死量の低い子どもにおいては、医療事故の報告がしばしばなされていた。再びフォンサグリヴを参照しよう。「エヴェレストはスプーン一杯のコーヒーを飲んで死亡した新生児の例を引いていた。そのコーヒー三〇グラムの内には一二滴（gouttes）の阿片チンキが含まれており、したがって乳児は二滴相当の阿片チンキを服用したことになる。それはこの年齢の子どもにとっては大量と呼べる量であり、事故の責任はこのあり得ない薬を処方した医師にある。またこれと同様に、クリストソンは生後三日の乳児が二・五滴の阿片チンキで死亡した例を引いている。また他のケースでは、生後五日の乳児が二滴の阿片チンキで死亡している」[*11]。

阿片の毒性は古代よりすでに知られていた。だがそれが真剣に検討されるようになったのは一九世紀のことだ。すでに見たように、こうした事態の背景には、一つには伝染病の流行がある。それは「万能薬」である阿片製剤の使用を拡大させた。そしてもう一つの原因として挙げられるのは、この薬剤の大衆化（banalisation）だっただろう。シドナムの阿片チンキは、頭痛や不眠にも効く、ポピュラーかつ薬局で容易に手に入る医薬品となっていた。こうして阿片製剤による服毒死のアクシデントのケースが、とりわけ子どもにおけるそれが、しばしば医師たちによって報告されることになる。

付言しておくなら、それまでの時期に危険視されていたのは阿片ばかりではない。ヒ素や水銀（それらの鉱物は疫病に対して効果のある物質として用いられた）の毒性もやはり広く知られていたのであり、中毒による死亡例の報告は後を絶たなかった。しかしながら、一九世紀西欧医学は、こうした「薬にも毒にもなりうる物質」の中でも、阿片にのみどこか特権的な地位を与えているように見える。阿片製剤は確かに強力な効果を持ち、なおかつ大衆化・通俗化された存在ではあったが、ここで問題になっていたのは恐らく、使用量や流通量の規模の違いだけではない。阿片には、他の物質には見られないような、医師たちの分析の手をくぐり抜けてしまうような奇妙な特色があったのである。それは一言でいえば、「毒物への愛」だった。

＊　＊　＊

一九世紀の半ば頃、人々の目に阿片中毒者は、遅かれ早かれ自らの意志で毒物を摂取するようになり、進んで薬物の奴隷となるかのように映っていた。医師たちは彼らのこうした振る舞いを、異常で病理的な何かと見なした。折しも一八四〇年に起こる阿片戦争は、中国の阿片吸引者の逸話とイメージをヨーロッパに運び込み、人々はこの麻薬中毒者のイメージを凋落する中華帝国のデカダンスに重ね見ていた。

フルーリ（一八六二）によれば、中国において阿片を煙草のように吸引するという恐ろしい習慣が生まれたのは、一八世紀の末、一七九〇年代初頭以降のことに過ぎない。「英国からの搾取によりそれは急速に広まり、中国政府は一七九六年にはこの煙草の千倍は危険な物質に対して禁輸措置をとる必要に迫られた。だが、人々の情念を抑えつけるような法律に何ができるだろうか？　一八三七年に阿片の年間使用量は中国で四万フランに達した。リトル氏はシンガポールの人口七万人のうち（中国人は四万人）、一万五〇〇〇人が阿片吸引者だったと述べている」[*12]。阿片使用はここでは、生阿片の約三分の一の質量しかない乾燥阿片を特殊なキセルによって吸引するという形態をとっていた。以下で少しリトル（一八五九）の記述から阿片使用の種々の弊害について見ておきたい。やや長い引用となるが、これは阿片に関して当時のヨーロッパで最も重視されていた文献であって、筆者の知る範囲だけでも後に三度引用されている。

基本的な効果は次の通り。無気力、筋肉の衰弱、呼吸する度に強まる休息への絶対的欲求。まぶたは半ば閉じられ、手に軽い震えがあり、足取りはよろよろしている。脈拍は下がり、やや不規則となる。呼吸は息を切らしたようになり、やがてある程度の脳の興奮が見られる。頭に血が集まって知能が興奮し、患者の目の前をありもしない像が通り過ぎるが、それに対して判断力や理性は完全に保たれたままである。これがまさに吸引された阿片の作用の特色なのである。幸福感が訪れ、悲しみは忘却され、痛みは知覚されない。吸引者が感じているのは完全なる平穏である。その皮膚は異常な熱ではなくむずがゆさを宿している。彼は日々のことや翌日のことに思いを馳せることはなく、口元に微笑を浮かべてパイプに詰め物をする。それを吸っているあいだ彼の瞳は輝き、至福に安らぐ。やがて彼はパイプから口を離すと、その頭を重そうに枕に横たえる。目が閉じられ、表情はだらしなく崩れ、息はだんだん深くなって、すべての知覚が停止する。……この至福の状態が無気力を生み、彼は指一本動かすことすらできなくなり、食べることも面倒になるのだ。

……阿片の慢性中毒は、次のような現象によって特徴付けられる。睡眠障害、失神、めまい。それは時に頭痛や食欲不安定、白舌を伴い、また患者はしばしば便秘や形容しがたい息苦しさに苦しめられ、目の輝きを失っている。それから、目および鼻からの粘液の異常分泌。消化器官は機能不全を起こして排尿困難となり、他方で生殖器官からは粘液分泌が起こる。性器は始め異常に興奮しやすくなるが、徐々に活力を失う。体は痩せ筋肉はやつれて、しばしば午前中に激しく痛むようになる。表情はうつろになり、少しずつ阿片患者特有の顔つきが現れてくる。眉間に皺が寄って目の下には隈ができ、両眼は落ちくぼんで凶暴な愚か者の目になってゆく。それは早く年老いてしまった者の顔である。性機能は衰弱し、女性は乳が出なくなる。やがて患者は胃の痛みから、飲食したものをほとんど断続的に吐き続けるようになる。……道徳観はひどく損なわれる。怠惰で無気力な状態に陥った阿片吸引者は、仕事を放棄し、しばしばその恐ろしい習慣を満足させる必要から、金品を盗むようになる。[*13]

こうした記述をリトルが残す時、そしてそれをフルーリ、フォンサグリヴ、ブルアルデルといった医師たちが引用する時に、一つの解釈が静かに挿入されている様子には注意を払っておくべきだろう。それは、阿片吸引者が自らに毒を盛るという不可解な行動をとるのは、彼らがそこにある種の「快楽」や「幸福感」を見出しているからだという仮説である。それは、こうした現象が、物質への耐性（tolérance）や依存症（dépendance）といった語彙《ヴォキャブラリー》によって医学的に記述され捉えられるよりも前の時期に現れた、類比《アナロジー》による解釈だった。もっとはっきりと言えば、それは当時アルコール中毒との間に形成され横滑りを起こしたアナロジーであって、阿片中毒はここで多幸感、酩酊、衰弱、習慣性といった専門用語《ターム》で捉えられていくことになる。「毒物への愛」はこうして、人々の側から中毒者の中に見出され、解釈され、読み取られることによって出現した何かだった。

ヨーロッパは中国を見舞ったこの災禍を対岸の火事と見ていた訳ではない。阿片は一七世紀以降の医学的使用の傍らで、特にロンドンにおいて濫用されていた。これが一九世紀阿片の第二の顔だった。それは強力かつポピュラーな医薬品だったが、その一方で「阿片常食者（opium-eater）」と呼ばれる愛好者もまた存在したのだ。阿片の嗜好品としての使用は、東洋の、とりわけアルコールの使用が宗教的理由により禁じられていたイスラム諸国にその起源を持っている。この慣習がいつ西欧世界に入ったかは不明瞭な点もあるが、フランスでは一八三〇年代の東洋趣味（オリエンタリスム）の流行に乗って伝えられたとの見方が一般的である。当時の医師たちは近東諸国やアジア、アフリカ、ラテンアメリカの植民地を積極的に訪れ、彼の地に見つかる珍しい薬草やその使用法などについて学術誌に多くの報告を寄せていた。彼らは併せて諸国の奇妙な風習や慣習についても記載しており、阿片常食者のエピソードもそうして伝えられたものの一つだった。

フルーリによれば、阿片を「飲食すること」と「（煙草のように）吸引すること」は異なる二つのことだった。

前者はトルコをはじめとする東洋の国々に見られ、後者は中国、インド、マレーシアなどに見られる。ただし衛生学者という彼の立場からすれば、むしろそれらを混同させてでも阿片全般の危険性を強調しておくことが重要だったようだ。一八五〇年代の終わり頃、パリ大学医学部で開かれた衛生学講座の中で、フルーリは次のように述べている。「ある種の酩酊を得るために、あるいは心地の良い夢や錯覚、幻覚などを伴うある種の半睡眠状態を得るために、阿片常食者は初め二〇―三〇ミリグラムの丸薬を嚥下する。しかし習慣や耐性は彼らを毒物の作用に対しだんだんと無反応にしていくので、彼らは次第に量を増やし、一日に二―三グラムかそれ以上を必要とするまでになる。こうして、胃のむかつき、食欲不振、筋力の衰弱、進行性の体重減、そしてあらゆる知的な作業や精神集中を不可能にする習慣的な無気力状態といった、不測の事態が引き起こされるのである。……阿片常食者は、最後にある種の痴呆や精神沈滞に陥り、その通常の結果は早すぎる死である。プークヴィルは、二〇歳で阿片使用を始めた者が三〇―三六歳を超えて生きることは無いと明言している」[*14]。

誤解を恐れずに言えば、西欧医学が急激な発達を遂げた一九世紀に、死は天命ではなくなる。歴史家パトリス・ブルドレが言うように、フランスで公衆衛生学が一気に開花するのは一八二〇―一八四〇年代のことだ。ブノワストン・ド・シャトーヌフ、アレクサンドル・パラン＝デュシャトレ、ルイ＝ルネ・ヴィレルメ、ジョセフ・ダルセ、ピエール・ケロードレン、シャルル・C・H・マルクといった面々が、衛生概念に基づいた社会改革を唱えて政界の関心を集め、一八二九年には有名な『公衆衛生と法医学年報』が発刊される[*15]。それ以降、とりわけ一八五〇年代の半ばを過ぎると、パスツールやコッホが「目に見えない」病原菌を発見したことによって、衛生状態への関心は高まり、清潔を保つことで病への罹患は多かれ少なかれ回避できるはずだというように人々の認識は移り変わっていく。

一九世紀はこうして、健康と長寿に高い社会的価値が置かれるようになった時代だった。裏を返して言えば、この時阿片中毒がもたらす（とされた）早すぎる死は、衛生学にとって非難の対象となっていた。フルーリがこの薬剤に敵対的な態度をとるのは、そうした事情もあってのことである。一九世紀には、科学的知識、生命と病の統御可能性、個人の責任といったものが公衆衛生の政治空間の中で相互に関連付けられ、社会の健康（健全さ）を説く公衆衛生の言説が、人々の生活上の問題全般の上空を旋回し始める。ドラッグの問題も無論例外ではなかった。

やや時代を遡ることになるが、阿片使用の人体への影響の問題に関しては、一八二〇年代のロンドンに初期の民事訴訟の例がある。この裁判の被告となるマール伯爵は一八二六年に生命保険に加入していて、そのわずか二年後の一八二八年に黄疸と過水症で亡くなった。彼はこの時五七歳だったのだが、保険会社が保険金の支払いを拒否して裁判所に訴え出たのだった。その言い分は次のようなものだ。我々は伯爵との契約時に、そしてその後しばらくの間、彼が阿片の常食者だとは知らされていなかったと。要するに、阿片は寿命を縮める、知っていれば契約はしなかったというのが保険会社の主張だった。なお伯爵が実際にそうした習慣を持っていたことは、はっきりと証明された[*16]。ここで少し確認しておくなら、法医学はもちろん、公衆衛生の重要な部門の一つである。とりわけ刑事訴訟のケースにおいては、時に精神鑑定という形で医療が司法に介入する様子が見て取れる。我々はずっと後に、一八八〇年代のモルヒネ中毒患者のケースでこの問題と再び出会うことになるが、しかしながら今は先を急ごう。一八二〇年代のイギリスにおいては、数は少ないものの、すでにこうしたドラッグと寿命に関する民事訴訟が存在した。そしてマール伯爵裁判の最大の争点は、阿片使用が実際に寿命を縮めるのかどうかという問題に絞られた。

この点に関して、裁判所ははっきりとした結論を出せずにいた。もし彼の友人たちの証言を信ずるなら、伯爵が阿片を始めたのは二七歳の時である。しかし彼が五七歳で死ぬまでの三〇年の間、健康上の問題は何もなかったというのだ。原告の保険会社は、クリストソン、アリソン、アバークロンビー、ダンカンといった医師たちに、阿片と寿命との間の関連を証明してくれるよう依頼したのだったが、彼らはそのような前例を一つも示すことができなかった。つまり、少なくとも当時のロンドンでは、阿片が寿命を縮めるという説は疑わしく、逆に、これに長年親しんでいてなおかつ長命を保っている人々の数は多かったのである。最終的には、裁判所は原告に保険金を予定通り支払うよう判決を言い渡した。それはマール伯爵の阿片常食の習慣が寿命と何ら関わりがないと判断されたためではなく、また彼がそれを隠匿していたという事実はなかったと断じられたからでもなかった。裁判所は当該の保険会社が、顧客の生活習慣を確認・把握しておくというごく当然の手続きを怠った点に注目して、彼ら自身の職務怠慢であるという判断を下したのだった。*17

マール伯爵の裁判はこうして、裁判官が苦心して論点をずらすことによって解決され閉廷する。ただし、このエピソードが我々に告げ知らせているのは、一八二〇年代の英国には阿片の長期使用に対する猜疑の眼差しがすでに存在していることと、医学がドラッグと寿命との関連性に関して何らデータを持っていなかったということだった。トマス・ド・クィンシーが『ある阿片常用者の告白』を世に送り出したのは一八二二年だったが、仮にこのタイトルが文学的なレトリックに過ぎなかったとしても、阿片使用の習慣というのは当時「告白」されねばならないような、後ろめたい何かだったのである。それは法の侵犯ではなく、ある種の人の弱さと羞恥心からの告白だった。厳密には、この時期に阿片中毒という病はまだ生まれていない。したがって我々はここで、阿片への初期の非難が医学の範疇ではなく、むしろ公衆衛生の枠組みの中で――どこかで不道徳のニュアンスを伴って

——発生していることを確認できるだろう。

一九世紀半ばに見られるようになる「毒物への愛」、あるいは阿片のもたらす快楽や多幸感といった言説も、これと同様に公衆衛生のポリティークからの帰結として出現する。この時期の公衆衛生学者たちが熱心に試みているのは、端的に言えば、阿片中毒という病を、アルコール嗜癖との類似によって定義付けることだったのだ。身体依存の医学的観念がまだ発見されていない時期に、アルコール中毒の原因はそれに溺れる人の側に帰されていた。同様に阿片中毒も「毒物への愛」、酩酊や逸楽というものにその原因があると考えられた。阿片使用が早すぎる死を誘発するという猜疑が世紀半ば頃に高まりつつあったのは、すでに触れた通りである。ただしそれは、医学的根拠があって出てきたものというよりは、他の社会問題からのある種のアナロジーによってなされたものだった。「健全な社会」を目標に掲げ、やがて社会の医師を自認するに至った一九世紀フランスの公衆衛生は、明らかに阿片常用の習慣の裡にアルコール中毒と同じ匂いを嗅ぎ取っている。

一八六六年にテイラーとタルデューが先ほどのマール伯爵訴訟に言及した時、そこにはすでに阿片とアルコールとを対比する視点が登場していた。「少なくともこの事例においては、阿片の常用が命を縮めるとは言えなかった。……このケースはアルコール飲料における不摂生とは全く異なっている。過度の飲酒が健康を害し寿命を縮めることは明白であり、そこに疑いを挟む者はないだろう」[*18]。一八六〇年代の後半というのは、公衆衛生が——疫病と性病の蔓延の問題に続いて——アルコール中毒という（新たな）社会問題に注意を払い始めた時期に相当している。阿片とアルコールを同類と見なそうという傾向は、彼ら衛生学者たちがしばしば口にした、「東洋における阿片は西洋の酒に相当する」という比喩にも顕著に現れていた。アルコール中毒への攻撃はその後一九世紀の末に向かって激しさを増していく。この点に関して再びフォンサグリヴを参照するなら、彼は次のように述べていた。

急性アルコール中毒で突然死が起こるとすれば、その原因は阿片中毒と同じように、延髄の機能弱化やその連鎖からの窒息である。阿片中毒を起こした者はアルコール中毒と同じく「酔いつぶれる（ivre-mort）」。症状の一覧表はあらゆる点で一致している。遅効性の慢性中毒の場合には類似点はますます著しい。身体面では、不眠、興奮、夢想、筋肉の不規則な痛み、意気消沈、乾燥皮膚病、食欲減退、慢性的な吐き気、心理的圧迫感、動悸、悪寒、精力減退、不妊が、また心理面では、無気力な怠惰、憂鬱、労働忌避、精神朦朧がそれぞれ引き起こされる。患者に刺激剤を使用して少しの間症状から逃れることができるだけだ。患者は心身両面で漸次的に衰弱してゆき、もう不摂生に歯止めが効かなくなってその坂を転がり落ちてゆく。[*19]

この記述は一八八〇年代に書かれたものだが、我々はここに、阿片とアルコールがとりわけその症候論において合流する様子を確認することができるだろう。用いられている述語は医学のそれであっても、ここで行われていることの本質は、二つの異なる物質をアナロジーによって結びつけ同一視するという、非医学的な単純化の作業なのである。

一九世紀半ば以降、阿片使用は公衆衛生の懸案の一つとなっていく。「毒物への愛」が見出される一方で、子どもの急性中毒と事故死、中国の「阿片吸引者」のもたらした凋落のイメージ、長期使用と慢性中毒による寿命への影響、アルコール中毒とのアナロジーと合流、そうしたものが公衆衛生に政策的アジェンダを与えた。阿片とその使用を取り巻く諸側面が、必ずしも医学の内部から立ち上がってきたものではないという事実を、今一度ここで確認しておきたい。

2　フランスにおける阿片規制と公衆衛生

次にフランス国内の状況を見ていきたいのだが、その前にイギリスの状況について少し触れておこう。以上で俯瞰してきたのは、一九世紀ヨーロッパにおける阿片の立ち位置の変遷についてであった。中でも最も早くその災禍に襲われたのは阿片貿易を行っていたイギリスであり、医薬品から危険薬物へという変化が最初に訪れるのも彼の地である。ただし、先取りして言うなら、阿片に関する法規制はフランスの方が早かった。

コールリッジは一八〇八年に書かれたある手紙の中で次のように述べている。「ランカシャーとヨークシャーの全域で、阿片を食する習慣はすさまじい勢いで広まっている。薬剤師に聞いたのだが、ソープのような小さな町でも、毎日のように阿片が二―三リーブル、阿片チンキが一ガロンも売れているそうだ。買い手はみんな労働者階級だ[*20]」。トマス・ド・クィンシーは『告白』の中でマンチェスターについて書く。「幾人かの工場主の話では、ここ数年で急速に、手工業の労働者たちが阿片の習慣に染まりつつあるようだ。土曜の午後になると薬局のカウンターは、夕べの需要を見込んで用意された一グレーン、二グレーン、あるいは三グレーンの丸薬でいっぱいに満たされる。直接的な原因は給料の下落で、そのせいで労働者たちはエールや蒸留酒に手を出せなくなったのだ[*21]」。ロンドンばかりではない、一八世紀後半に産業革命を経験したイギリスの工業都市における阿片使用は、一九世紀初頭にはすでに拡大の兆しを見せており、やがてそれは労働者階級だけに留まらなくなる。薬剤師たちは阿片製剤を医薬品として買い求めにくる者と、そうでない大勢の「愛好家」たちとを見分けることができなかった。阿片戦争勃発前に熱心に反対演説を行っていたグラッドストンが、国会での登壇に先立って「気分を奮い立たせるために」阿片を嗜んでいたのは有名な逸話である。[*22]

これに対して、イヴォレルが言うように、フランスはイギリスとは事情を異にしていた。阿片製剤が大量に出回っていたのはロンドンであり、その消費量はパリを遥かに凌駕した。ブルアルデルによれば、フランスにおいて阿片は基本的に「輸入品」だったが、国内栽培されたケシ（阿片の原料となる植物）の品質は決して悪いものではなかったという。一五五三年にはピエール・ブロンが早くも阿片の国内生産を試み、一八〇七年にはロワズルー・デロンシャンが、やや遅れてラマルク将軍がランド県で、一八四四年にはオベルジエがリマーニュ平野で、それぞれケシ栽培を試みて国内阿片を採取している。グリゾールとレイエの調査結果では、これは東洋の阿片に比べても遜色ない品質のものだったし、またペルティエ、カヴァントゥ、ギブーらが解析したところ、（東洋の阿片の一〇―一五％に対して）最大二二％のモルヒネを含んでいることが分かった。[*23] ただ当初から、フランスで国内栽培されるケシが吸引使用に不向きであるとの認識はあったようだ。モルヒネが多く含まれているほど阿片の毒性も強くなるというのが当時の通説であったが、プヴルヴィルはそれは誤りであると断じている。彼の言葉を信用すれば、パイプの中で熱せられた阿片は二五〇度の高温に達し、モルヒネ成分は蒸発してしまう。[*24]「阿片吸引者」における中毒は、「テバイン」という別の物質によって引き起こされるとの意見もあり、そうして「常食者」との差異化が図られていた。プヴルヴィルの次の言葉は、一九世紀フランスの阿片を取り巻く状況をある意味で最もよく言い表している。

阿片とその効果が人々に広く知られるようになったのは、トマス・ド・クィンシーの有名な本のおかげである。巨匠の筆による阿片常用者の告白の雄弁な語りは、この薬物に素晴らしくも恐ろしい名声を博させた。天空の幻、天使の合唱のハーモニー、太陽のローブをまとった女性たち。あるいはただその輝ける美貌を前に、驚いた目や、魅了された耳や、天に連れ去られた嗅覚や熱を帯びた指先に訪れる、甘美で意識ある陶酔。すべての幸福が人の世の一瞬へ、すべての楽園がロンドンの阿片窟の一角へ現れる。その後はずきずきするような痛みだ。破壊されたソドムの不吉な影が忍び寄り、不幸にも取り付かれた者の周りを人間の屑と亡霊と悪霊どもが踊ってわめく。激しく苛立った神経に、悪魔のオーケストラが奏でる破滅への行進曲。打ち捨てられた精神が最後にびっくりして跳び上がると、あらゆる身体的で知的な悪臭のうち狂気と死への道が示される。以上がトマス・ド・クィンシーの物語である。これはまさに一つの小説であって、差し引いて考えなくてはならない。というのは、トマス・ド・クィンシーは阿片を吸ったことがないからだ。彼は阿片チンキを飲んでいた。そして、誰でもよいが医師か化学者か専門家に尋ねれば、その二つの行為の間には共通項がないと証言するだろう。[*25]

文学的なレトリックを差し引いて考えても、恐らく当時のフランスには、一般大衆の間でも知識人の間でも、阿片に関する人々の幻想のようなものがあったのだろう。ただし、一つ注意が必要なのは、フランスにおける阿片は労働者階級のものでは決してなかったということである。彼らが日常生活の惨めさを忘れ去るために選んだのは、まず第一に品質の劣る安い酒だった。イヴォレルが指摘したように、輸入品である阿片は下層階級に経済的な逸楽をもたらしてくれたりはしなかった。若干の数値データを示すと、ルカンの調査によれば、一八五五年のアルバール（イゼール県）で一般的な大工の日当が二・七フランであったのに対し、一〇〇グラムの阿片チンキを買うのには八フランかかった。他方で蒸留酒《オー・ド・ヴィー》の値段は一リットルで四〇スーに過ぎなかった。[*26] したがって、フランスにおける阿片は、イギリスとは逆に、むしろブルジョワジーや知識人階級のためのものだったということになる。無論、医療分野における阿片製剤の重要性は依然として高かったが、その逸脱的使用の方は——文学の題材としてしばしば取り上げられたにも拘わらず——決して盛んだったとは言えない。

ところがフランスでは一八四五年七月一九日の法によって最初の規制が敷かれ、それ以降、阿片製剤を薬局で手に入れるには医師の処方箋が必要となった。これは英国における阿片が二〇世紀初頭まで自由販売されていたのとは対照的であり、ここには一つのねじれがある。フランスは阿片戦争を経験したイギリスに先駆けて、[*27] 早々と阿片を規制したのである。

この法令は、危険な毒物の販売を規制し「公衆の安全を守る」という目的で作られたが、直接の引き金になったのは一八四〇年に起こったマリー・ラファルジュ事件（ヒ素による夫の毒殺嫌疑）だったと言われる。一八四六年に追加的に発表された危険毒物表のリストには、ヒ素と並んで阿片、阿片製剤、モルヒネが、将来の事件性を懸念されて加えられていた。つまり非難を受けたのは阿片の毒性だった。その第二の顔である嗜好品としての使用の方は直接的には咎められなかったものの、この法規制の後、フランスでの阿片に対する風当たりは強まっていき、モレル、レヴェイユ、リベルマンといった高名な医師たちが警鐘を鳴らした。[*28]

次いで阿片嗜癖への攻撃に着手したのは、健康に関する科学として勃興した衛生学（公衆衛生）だった。彼らはこの毒性を持った物質がいかに人々の心身の健康を害するかについて説きつつ、同時に「自ら好んで服毒する」阿片常食者たちの性向に異常性を見出している。だが、彼ら衛生学者たちの言う「健康」に独特の価値判断が紛れ込んでいる点には注意が必要である。一八五〇年代の末に阿片使用を批判していたフルーリは、後にまたこう述べてもいる。「阿片、ハシッシュ、煙草、アブサントの使用。アルコール、高級食材、ある種の調味料の乱用や暴飲暴食。自慰行為および愛の倒錯によるあらゆる悪癖。これらは体に有害な習慣であり、人間を根源的にむしばみ、命を奪うことすらある」[*29]。ここでは幅広い事象が、悪しき習慣、体に有害な習慣といった視点から一括りにされているのだが、彼らの用いる「体に悪い」という述語にはやや広い含みが持たされている。先取りしていえば、こうした類推による同一視を可能にしていたのは、「健全な社会」を作るという公衆衛生の隠れたテーマだった。もしも阿片が個々の健康を損なうだけであれば、恐らく薬学や毒物学の問題の範疇を出なかっただろう。それはある種の集合性を獲得した時に社会問題となる。そして一九世紀の公衆衛生は阿片を社会全体への害悪と見なしていた。

やや回り道になるが、ここでフランスの衛生概念そのものについて振り返っておきたい。衛生は徹頭徹尾、健康のためにあった。ただしそれは医学と必ずしも外縁を等しくしない。例えば当時編纂された『医科学百科事典』（ドゥシャンブル版）において、「衛生」の項を執筆担当したベルタン＝サンスは、ある病弱な子どもを例に挙げて説明している。その子の顔色は青白く、肩はすぼめられ、伏し目がちで食欲も元気もない。「それでもこの子は病人ではない」と彼は言う。「この子に必要なのは薬ではなく、空気、運動、冷水浴やタンパク質だ」（Bertin-Sans 1888: 754）。医学の役目が病気の治療にあるとすれば、衛生学の役割は、健康に良いものを奨励し、人を病に近づけるあらゆる影響因（天候や季節といった環境要因から飲食や運動といった個人的習慣まで）に警告を発することだった。

「衛生」（hygiène）の語は、一八世紀までの衛生（salubrité）概念と同様、まずもって「健康に良いこと」を意味している。ただし一八世紀のそれが主に「空気、水、土を入れ替えて新鮮に保つこと」を指していたのに対して、一九世紀には「清潔さ」の側面が強調されるようになっていた。それは医学と顕微鏡技術の発達によって、病気を媒介する微小な生物の存在が知られるようになったことと関連がある。衛生学は最初、疫病予防の分野でその力を示してみせた。伝統的にヨーロッパでは、伝染病の原因は沼地などから立ち上るミアスマと呼ばれる瘴気の霧だと考えられていたが、その認識が一九世紀に改まるのである。不潔であることと健康を損なうこととの間に直接的な関連性があるなどとは、(古代ギリシャなどの例外を除けば)それまでの人々は考えもしなかった。それは、人々が自分の手の上に「目に見えない」雑菌が数多く棲息しているといった事態を全く想像できなかったのと同じ理由による。

ときに、衛生学が問題としたのは第一に、医学や生理学あるいは病理学が扱っていたような、個人レベルでの健康だった。しかしここに集合的レベルでの健康という考え方が挿入され、人類という種の健康、あるいは社会という集合体の健康(健全さ)[*30]が云々されるようになる。換言すれば、個人レベルでの病に加えて社会レベルでの「社会病理」が取り扱われるようになる。一九世紀の初期に公衆衛生(hygiène publique)が殲滅のターゲットとしたものは、コレラや結核などの疫病の蔓延だった。ここには梅毒などの性病も含まれるが、それら伝染病ははっきりと、個人の集合体としての社会体(corps social)に害悪をなすものだった。ところがやがて衛生学者たちは失業問題などの社会問題に対して心を砕き始める。社会全体の労働力・生産力の低下は由々しき問題だったが、そこに介入したのは経済学者ではなく、人口統計学を操る衛生学者と医師たちだったのだ。町にあふれる失業者の群れ、そしてアルコール中毒のような大きな社会問題は「社会病理」と呼ばれるようになった。公衆衛生は一九世紀の全体を通じ、社会体の健康を保全する、ないしは「健全な社会」を構築するための一般科学へと肥大化していく。

こうして衛生学は「人類完全化」プロジェクトとしての衛生主義（hygiénisme）へと変貌を遂げていく。これにはジャック・レオナールが次のような的確な評を与えており、恐らくそれ以上の定義を用意するのは難しい。「人々（populations）の生命や健康を保つことを第一の課題とし、公衆の利益の名の下に、すべての方面へ冒険を試みようとするこの意欲的な精神状態を、『衛生主義』と呼ぶことができる」（Léonard 1981: 149）。ベルタン＝サンスによれば衛生学の役目は三つあった。一つは病因論的アプローチから病を予防すること、二つ目は個体への身体的教育によって健康状態を改善すること、そして三つ目は、人間という種を人工的に変容させ、改良・完全化させる（perfectionner）ことである。人は動物を家畜として飼い馴らし、その用途にしたがって品種改良を試みてきた。他方では鉄道や電報を開発し、自らの生活を向上させてきた。こうした改良や改善が、どうして人間自身に対して行われ得ないことがあろうかと（Bertin-Sans 1888: 756）。人類の改良というこの着想は、ラマルクとダーウィンに代表される当時の進化論思想からの影響を受けているが、衛生学はまさにこのようにして、人口統計学、生物学、人類学、物理化学、天文気象学、自然史、植物学、動物学、地質学、鉱物学、建築学、社会学、心理学、地理学、農学、産業経済学などと結託しつつ、社会生活の全領域をカバーするに至ったのである。この壮大な「人類完全化」プロジェクトの構想は、一八二九年に『公衆衛生と法医学年報』が発刊される際のパンフレットの中ですでに、控えめに、しかしながらはっきりと示されていた（Léonard 1981: 149）。

一九世紀にはまた「健康」概念にも大きな変化が生じていた。ジョルジュ・カンギレムによれば、健康と病は古来より質的に異なる二つの状態と捉えられてきた。この事情は一八世紀まで変わらない。ところが一九世紀に入ると、正常な生命現象と病理的な生命現象との間に連続性（continuité）が発見される。正常と呼ばれる現象を取り扱った生理学と、病理的と呼ばれる現象を取り扱う病理学とは、それまで互いの研究を相互に生かすことができずにいた。だが一九世紀の科学的方法の発達は両者の結合を促した。ルナンが言ったように、物理学者が電流を観察する際には、自然状態の微弱なそれではなく実験によって増幅したものを観察する。あるいはニーチェが述べたように、病理的な状態というのは、正常な状態では見ることの困難なものを拡大鏡のもとに見せてくれる。正常と病理、あるいは健康と病とは、このようにして量的な差異によってのみ区別されるものとなる。健康と病とは本質的には同一のものであって、ただ量的差異があるだけなのだという意見が出され、それは「科学的に保証されて、一種のドグマとなった」(Canguilhem 1987［1943］: 18)。例えばクロード・ベルナールが人間の体温について講義していた頃、イタリアのある医師は発熱の現象について次のように語っていた。我々の普段の体温すなわち平熱というのは、肝臓が体内の栄養素を燃焼させることによって発生しているが、病気の発熱というのは身体のどこかの組織細胞が燃えていて、それで高熱が発生するのだと。したがって彼にとって二つの熱は質的に異なる何かである。しかしベルナールはこうした伝統的で古風な考え方を否定する。平熱であれ病気の時の発熱であれ、体温が発生するメカニズムは全く一緒なのであって、それは本質的に一つしかないのだと(*ibid.*: 48–9)。こうして一九世紀には、病という現象が「過剰と欠乏(不足)」によって捉え返される。逆に言えば健康とは過不足のないバランスの取れた状態だということになった。健康の概念はもともと、「病のない状態」「痛みや苦しみのない状態」といった消極的定義以外の定義をなかなか受け付けないという性質を持っていたのだが、カンギレムが指摘していたように、健康がいまや過剰や不足によってしか定義されないということは、医学の内部だけでは何が健康であるかを決定できないということを意味していた。つまりここで健康の概念は、医学とは別の基準から与えられる何らかの価値判断を含んだものへと変化している。

フランスにおける阿片への規制は、確かにまず物質の毒性を懸念してなされた。だが、医師の処方箋というその解決策は、薬剤の使用を医療目的に制限することを、すなわち間接的には阿片愛好者への抑制を意味した。フランスはなぜ、当時イギリスに比べ国内消費量の少なかった阿片に対して、その実害を見ないままに規制に踏み切っていったのだろうか。その手がかりは「公衆の安全」という立法理由の、そして公衆衛生の言説空間の内部にある。阿片はやがて衛生学によって健康への害悪と見なされていくが、彼らのいう「健康」は、上で見たように、社会の健全性および人類の改良（完全化）という価値観を含んでいた。この問題については更に踏み込んだ考察が必要だろう。

3　二重の病理としての阿片中毒

個人レベルでの健康に阿片が害をもたらすとすれば、それは本質的にその毒性によるものだった。大量摂取による急性中毒は個人の生命を危険にさらすものであって、そこでは阿片使用は医療の問題として定義されている。他方で「阿片常食者」と長期使用による慢性中毒は、その寿命短縮との関連を疑われつつ、個人レベルと社会的レベルの両者をまたいだ形での病理として捉えられていった。

社会レベルでの健康（健全さ）への阿片の害悪について考える場合に、最初に考慮されるべきものは「人口」の概念である。ミシェル・フーコーら多くの論者によって指摘されてきたように、それは一八世紀以降、社会の経済規模を表す数値としての価値を付与されていた。人口はケネーら重農主義者たちの間では社会の労働力を示す指標でもあり、古典主義期はそれを、そこから無尽蔵の富を引き出せる泉のようなものと考えている。社会を一つの大きな生命体と見なすようなアナロジーを可能にしたのは人口統計学の発達による。一九世紀フランスで例えば失業問題が「社会病理」と呼ばれるようになるのは、それが労働力の低下という社会体へのダメージに他ならなかったからだった。また後にアルコール中毒の蔓延で身を持ち崩す者が多数出た時も、これと同様の定義を与えられていく。つまり「社会の健全さ」はここでは労働力の保持を指しているのであって、我々の文脈でいえば、阿片の長期使用がもたらす慢性的な無気力状態は、（労働）人口の弱化を招くものとして懸念されたということになる。

ただしここで注意を要するのは、例え失業問題が社会病理と呼ばれたとしても、彼ら失業者たちは非難されるべき逸脱者としてではなく、むしろ救済されるべき犠牲者として認識されたということである。これは例えば、一九世紀前半のコレラ等の疫病に関して、その蔓延が明白な集合的病理だったのに対して、患者たちが決して悪しき社会的逸脱者とは考えられなかったのと同様である。見落とされがちな点だが、薬物中毒の問題が仮に社会病理として認識されたとしても、それが社会的逸脱へと転じていくためには、その社会病理が再び個人レベルの病理へと折り返されるという最後のステップが必要なのである。つまり「薬物中毒」という集合的病理の問題が、「薬物中毒者」個人の性質や行動の問題として再定義された時に、それは逸脱となるのだ。そしてフランスにおいてこのプロセスを遂行したのは公衆衛生だった。この点について考察するために、上で見た英仏の事例を比較しつつ振り返っておきたい。

マンチェスターやヨークシャーの下層労働者階級は、安価な逸楽を求めて夕刻の薬局に並んだ丸薬を買い求め、上層階級にも多くの「愛好家」が存在していた。ただしそれらは、実際には中国のような災禍やはっきりとした労働力の低下を社会にもたらすことはなかった。パイプによる乾燥阿片の直接吸引に比べれば、少量の丸薬や、アルコールとサフランによって効力を弱められた阿片チンキを経口摂取することは、さほど大きな被害を与えなかったのである。[*31] イギリスは多かれ少なかれその現実を知っていた。つまり英国における阿片使用は「社会病理」ではなかった。こうした隣国の状況に対して、フランスでは一八四五年に阿片が法によって規制され、その入手には医師の処方箋が必要となる。そこから阿片は危険物質であるというイメージが、来るべき災いの予防を旨とした公衆衛生のプロパガンダによって、実態に先行する形で形成される。

当時のフランスには一般大衆の間でも知識人の間でも、阿片に関する幻想のようなものが形成されうる条件が揃っていたと言える。つまり、阿片の国内消費量が少ないというまさにその理由によって、人々は阿片吸引と阿片常食の違いを混同させつつ、イギリス経由で伝えられる中国の阿片中毒者の逸話やトマス・ド・クィンシーの誇張された記述から「廃人」や「隷属」のイメージを抱き得たし、また衛生学者たちも、いまだ攻撃すべき病の蔓延が見られない段階で、早々とこれに危険物質の烙印を押すことができたのである。それはひとえに未来における危険性を鑑み、その予防のためになされたのだ。

端的に言えば、公衆衛生のこの「予防する」という発想こそが、阿片の危険視を可能にしたものである。レオナールによれば、『年報』の衛生学者たちは《貧困―無知―病気》の悲劇三部作を前にして、経済学と地理学の議論を支えに《裕福―知識―健康》という幸福な三連絵画《トリプティカ》を描いてみせた。彼らは統計データから出発し、ほとんど常に予防的なソリューションへ辿り着く。それが彼らの「進歩的な」哲学だった。

E・A・セレスが一八四五年の学会の開会を宣言した時、彼は同胞たちに言う。「一九世紀に支配的な特徴は、人類の心身の幸福（bien-être）の向上である」と。人はこの楽観論に微笑むかもしれないし、同時に、時に説教くさく勧告する彼ら衛生学者たちの態度に驚くかもしれない。だが彼らにとって、複雑に絡み合った原因と結果の毛糸玉を、自由や責任といったキー概念に訴えずに解きほぐすなどということは、不可能だったのだ。[*32]

公衆衛生の意欲的な領土拡大を支えていたのは、この（広義の）進歩史観という楽観論だっただろう。人類が完全化へと向かうプログラムをスムーズに進めるためには、社会体の健康状態を保全し、すなわち社会を「健全」に保ち、何か問題があれば改善していくという手続きが必要だったのであり、衛生学者たちはそれを自らの使命と受け止めていたのである。そして、レオナールが述べたように、公衆衛生は個人の自由と責任といった概念の助けなしには、阿片中毒という「結果」を引き起こすに至った原因を特定することができなかった。彼らは、毒物に耽溺し自らその「奴隷」となるような中毒者たちの性向の中に、弱さや異常性を見ていた。

一九世紀の後半、プラヴァッツの注射器の開発後に、医学は徐々にその関心をモルヒネに移していく。阿片から抽出されたこのアルカロイドは、即効性でなおかつ確実な効果を保証した。パスツール以降には殺菌薬が使用されるようになる。時代は移り、医学もそれに足並みを揃えていった。だが、そのことは必ずしも阿片チンキの消滅や突然の使用停止を意味しなかったし、民衆レベルにおいてはますますそうである。当時の医学雑誌には、定期的に阿片製剤の中毒の事例が報告され続ける。モルヒネの用途は局所麻酔などに限られており、医学は依然として阿片に有用性を見出していた。こうした状況下において阿片使用の「習慣」は、社会に害をなす病理的なものとして捉えられ始めた。

公衆衛生は阿片中毒と急性および慢性のアルコール中毒との間に、共通の特徴を見出しつつあった。しかしながら他方では、はっきりとした相違点も一つあり、それは消費者の所属階級だった。アルコール中毒が労働者階級に出現したのに対して、フランスの阿片常食者は主に、医者、政治家、作家などのエリート層に見られた。我々はまずここで、あらゆる本質論的かつステレオタイプ的な解釈を、注意深く退けておかねばならない。例えば当時、最も安寧から遠い階級に対してしばしば言われたような「彼らは惨めな日常を忘れるために飲むのだ」という言葉は、確かに一面の真理を突いていた。それは人を納得させる分かりやすい解釈だったかもしれないが、アルコール中毒の原因が下層の「階級」そのものにあるかのようなニュアンスを含んでいる点には大きな問題があったと言える。そこでは貧困（misère）が、あたかも労働者階級に内包された固有の自然的特徴であるかのように描かれている。貧困の原因を階級そのものへと送付するような解釈は、各種の偏見の発生へとつながり、こうして例えば一九世紀前半には「危険な階級」の言説のようなものが形成されたのだった。当時、階級の概念を用いた説明は他にも様々な場面に応用可能で、複雑なはずの社会事象に分かりやすい説明が与えられていった。

一九世紀パリの都市生活を研究していたヴァルター・ベンヤミンは、一八四〇年代初頭に「生理学もの」と呼ばれる文学ジャンルが興隆を極めた様子について記している。通りに立つ花売りからオペラ座の上品な客まで、その典型的な行動パターンが観察され、記述され、短編として売り物になった。パリでは一八四一年の一年間だけでこうした七六編の新作が発表されている。[*33] それは言わばステレオタイプのカタログであって、各種ポートレートが職種、年齢、性別などに従って整理され、パノラマ的に並べられていた。このような風潮の延長線上に先ほどの階級の言説がある。下層階級は貧困であり、貧困がアルコール中毒を呼び込むと。しかしながら他方で、フランスの阿片中毒の原因は階級の中にも、また貧困の中にも見出されなかった。というのはその犠牲者はむしろエリート層に多かったからだった。

この問題に関して、文学が用意した他の解釈が無かった訳ではない。それは、阿片の逸楽と陶酔の中に、人間精神の高次元への上昇の動きを見出そうとする立場だった。こうした態度や解釈は様々な変種《ヴァリアント》を生みつつ、精神作用のある物質全般にわたって語られ続け、また現代ですら生き残っている。芸術家たちはドラッグの夢の中にもう一つの世界を見出していた。彼らはインスピレーションを得るために、生活世界の外部を覗きたがっていた節がある。一九世紀に西欧世界が他者としての「東洋」をはっきりと意識し、これに向き合う時、夢や幻覚の世界がある種のエキゾティシズムと重なり合って彼らの前に現れることになる。しかしこのことについては、また章を改めて論じることにしよう。

阿片への中毒はこうして、階級のステレオタイプおよび「生理学もの」文学の本質論的解釈の手からは逃れていった。にも拘わらず、衛生主義者たちがアルコールと阿片とを同一視できたのはいかにしてだったのだろうか。ここで、先に引用したフルーリ（一八七二）が、阿片や煙草、アルコールや自慰行為を「体に有害な習慣」として同列に扱っていた点を想起されたい。とりわけ「習慣」（habitude）という概念は重要な役割を果たしている。というのは、後述するように、悪徳と病（悪しきものと病めるもの）とは、この習慣という概念の中で合流していくことになるからだ。ここではまた、一九世紀後半の公衆衛生が、もう階級という集合的なものではなく、むしろ個人に焦点を合わせている様子も確認できるだろう。ある人が阿片中毒に陥ったとしたら、それは階級の特質のせいではなく、貧困のせいでもなく、あくまでその人物が何かしらの「悪しき習慣」と契約を結んでいることが問題だったのだ。

人口へのダメージとしての薬物使用の問題は、こうした「毒物への愛」や「習慣」といった観念により、中毒者本人の病理性の問題へと折り返されていく。阿片の快楽に耽溺し慢性中毒に陥るのは、そうした「悪しき習慣」と契約を結ぶ本人の心の弱さに原因があるというように責任の送付がなされるのである。この瞬間、阿片嗜癖は非難されるべき悪徳の色合いを帯び始めている。

簡潔に整理しよう。第一に、最初に指摘されたのは急性および慢性中毒による個人レベルでの危険性だった。ここで中毒者は犠牲者であり看護されるべき病者（患者）である。だが第二に、フランスにおける阿片の長期使用は一九世紀後半から二〇世紀初頭にかけて、未来における潜在的な危険性を鑑みて主に社会的なレベルでの「病理」として記述されていくことになる。そして第三に、それは再び個人レベルへと折り返されて彼ら中毒者たちの病理性を指摘する声に変わっていき、ドラッグ使用者への非難が発生して彼らは社会的逸脱者のラベルを貼られるようになる。阿片の事例において、薬物中毒患者の持つ病者と逸脱者という二重の定義はこのようにしてなされていた。「医薬品からドラッグへ」という変容は、単にその物質の悪影響が医学的に発見されたことによって起こったのではなく、その使用にまつわる問題が一度社会的なものの領域を経由することによって起こったのである。

4　正常性と未来指向性

先ほど、阿片中毒は個人レベルの病理へと再び折り返されて逸脱となると述べたが、この最後のプロセスに関してはまだ検討すべき課題が残っている。それは当時のフランスにおける正常と逸脱の定義の問題である。というのは、逸脱は必ず「どこかからの」逸脱だからだ。フランスで主に問題となったのは、(阿片から抽出される) モルヒネやヘロイン、そしてアルコール中毒との関連であり、阿片および阿片製剤はこれらの問題とのアナロジーによって危険視された側面はあるが、[*34] 今これらの問題に立ち入るのは困難である。ここでは一九世紀フランス社会の正常と異常の問題をやや視野を広げて考察しつつ、薬物中毒という逸脱の形成に関する一つのモデルを抽出しておきたい。

「健全な社会」とは何を意味していたのだろうか。フランス公衆衛生は「衛生主義《イジエニスム》」へと転身しつつ、人類という生物種の完全化計画を掲げ、社会の健康 (健全性) の保全に反するものを攻撃対象とするようになる。それはすでに見たように、完全性への指向と、過不足なき健康 (バランスの取れた中庸な状態) への指向という二つのベクトルを含んでいたが、一九世紀の知的布置においてこれは矛盾ではなかった。

ベルタン＝サンスは、「完全な健康は存在しない」という当時繰り返し言われたテーゼに合意しつつ、実現可能なのは完全な健康ではなく最大限の健康だと述べていたが、カンギレムがいみじくも看破したように、このテーゼが意味していたのは、健康の概念が実体というよりは理念であり、存在概念というよりは規範概念であるということだった。それは理想像の高みの位置から現実に存在するものをすべからく貶めて見せ、そのことによって各個体には更なる高みを目指させるという機能を担っていたのである (Canguilhem *op. cit.*: 55)。だからつまるところ、誰も最終到達地点である完全な健康に至ることはあり得ないのだ。デュルケムは『社会学的方法の規準』(一八九五) の第三章を「正常なものと病理的なもの」についての議論に割いているが、ここにおいて彼は以下のように述べている。

もともと完全さとは、いっさいの限界を逃れでている。……だが、もしも望ましいものがすなわち健康であり、健康が諸物のうちに特定されて与えられているなにものかであれば、この実践上のディレンマから逃れることができる。……もはや、前進すればするほど逃げ去ってしまうような目的を希望もなく追いつづける必要はなく、変わらぬ忍耐心をもって正常的状態を維持するようにつとめ、もしそれが攪乱されていれば再確立をはかり、その条件が変わることがあれば新たな条件をみいだすようにつとめればよいのである。*35

以上に示されているのは一つの大きな方向転換である。無限の彼方にある目標や、追いつくたびに逃れていくような目標を、人はもう追求すべきではないと彼は言う。この考えは二年後の『自殺論』において、欲望の無際限な肥大化がもたらすアノミーの概念として結晶することになるが、いずれにせよ彼がここで述べているのは、人間の努力にある特定のリミットを設定するという意味でも、（超越論的な完全性の代わりに）「健康」つまり「正常的」な状態の維持を目標に据えるべきだということだった。正常《ノーマル》なものとは、文字通り「普通」であることを指している。完全な健康が到達不可能なのは、「完全に普通であること」が一つの形容矛盾であることとパラレルなのである。

デュルケムはこの後の箇所で、正常的タイプと平均的タイプは重なり合うと述べ、数々の事象のうち最も一般的なものを正常的と見なすと宣言する。もちろん彼の言う「平均的」なものを、多数派すなわち統計的平均と単純に同一視することはできないとはいえ、最も一般的な事象をノーマルと呼ぼうとするこうした態度はデュルケムに特有のものではない。一九世紀にはケトレの「平均人」、そしてイギリスのゴールトンによって「正規曲線」（normal curve）と名付けられた釣り鐘型曲線のグラフが発見され、平均的なもの、月並みなもの、「普通」であるものが社会的価値を帯び始めている。恐らく一八六〇年頃のことだが、サン＝マルク・ジラルダンはソルボンヌの教壇から次のような演説を行い、聴衆の拍手喝采を浴びたという。

> 諸君、諸君にしてこの世で幸福たらんと欲すれば、さらに一歩を進めて、誠実の士たらんと欲するなら、勇を鼓して……天才、改革者、革新者、預言者、驚異的人物たらんとすべきであろうか？　……否、諸君……凡庸であろうではないか!! (*Soyons médiocres !!*)（ボードレール 1999: 114, note 69）

ジラルダンのこの言葉は、平凡を憎み醜美を追い求めていた詩人ボードレールを激昂させたというが、ここで示される凡庸性が意味していたのはやはり、可もなく不可もなく普通であることだった。正常と病理との間の連続性、そして「健康＝過不足なきもの」という医学的なドグマは、衛生概念の拡大に伴って社会全体へと拡散していく。一九世紀後半に統計的平均と健康（健全さ）とは同一視され、「正常なもの」(le normal) と呼ばれるようになった。逆に、普通ではないエキセントリックなものは「病理的なもの」として記述されていった。人口統計学を駆使していた公衆衛生の論者たちにとって、統計的偏差（déviation）は社会的逸脱（déviance）に一致している。

　正常的状態を維持しようというデュルケムの提言や、凡庸であれというジラルダンのメッセージの背後にあるものと、東洋的な中庸思想に見られる諦念や慎ましやかな幸福に満足する態度との間には表面的な類似があるとはいえ、両者は似て非なるものである。なぜなら彼ら一九世紀西欧の知識人たちの胸の内にあるのは、「未来における輝かしい発展と成功」だったからだ。フランスでは一八三〇年代に開始された鉄道網の発達が大量輸送を可能にし、大都市への人口集中が起こるとともに、都市の物質的生活は日に日に豊かなものになる。他方、衛生学者が分娩医に手を洗うよう助言しただけで、出産時の母子の死亡リスクは大幅に減少する。一九世紀とはそうした進歩発展の時代だったのであり、人々の無知を嘆き知識を広めようとする啓蒙のプロジェクトはいまだ終わりを告げてはいなかった。なかでも公衆衛生は、医学の知識を広めることで、人々の、そして社会の健康を確保することを主眼に置いていた。節制と健康の後には成長発達がおのずからついてくるというのが彼らのヴィジョンだった。

デュルケムとジラルダン、そして公衆衛生学の論者たちに共通して見られるのは、簡潔に言えば、現状維持で構わないというどこか楽観的な態度である。その背景には、正常（健康）な状態を保っていれば、社会は、生物種は、個体は、やがて自然と発達していくはずだという、多分に進歩主義的な考え方がある。一九世紀末から二〇世紀初頭にかけてフランスは好況期を迎え人々は経済の発展に目を輝かせたが、この楽観論はこうした《ベル・エポック》に特有なものではない。公衆衛生にその初期から内包されていた社会の進歩発展への楽観は、むしろ産業革命によって示された科学技術開発の勝利と、疫病の後退と死亡率の低下という統計データに現れた医療科学の勝利によって、一九世紀を通じて裏付けられていたといえる。健康は長寿（長生き）に、長寿は人口増加にそれぞれ貢献すると目された。もちろんこうした楽観論に違和感を覚える者もあった。ニーチェもその一人である。

『愛とは何か?』、『創造とは何か?』、『あこがれとは何か?』、『星とは何か?』——最後の人間はこんな質問をして、まばたきをする。この地上は、そのとき小さくなっている。最後の人間がぴょんぴょん跳んで、何もかも小さくする。最後の人間の種族は、蚤のような害虫と同じで絶滅不可能。最後の人間は一番の長生きだ。『わたしたちが幸せをつくりだしたのです』――そう言って、最後の人間がまばたきする。……もう、貧乏にも金持ちにもならない。どちらも面倒すぎる。統治する気のある人間はいるのか？　服従する気のある人間は？　どちらも面倒すぎる。羊飼いはおらず、群れが一つあるだけ！　誰もが平等を望み、誰もが平等である。そう感じない者は、自ら精神病院に入る。*36

凡庸さへの帰順という、人々にどこか平等主義的に押し付けられた均質化は、後にハンナ・アレントによって（公的領域と私的領域の間に出現した）近代の「社会的なもの」の特質として描かれることになるだろう。「社会は、それぞれの成員にある種の行動《ビヘイヴィア》を期待し、無数の多様な規則を押しつける。そしてこれらの規則はすべてその成員を『正常化』（normaliser）し、彼らを行動させ、自発的な活動や優れた成果を排除する傾向をもつ」（Arendt 1994［1958］: 64）。アレントによれば、そこでは有徴の存在が病理と逸脱の名の下に排除され、無徴の存在として の正常なもの（le normal）たちが自らの正当性を主張するようになる。要するに凡庸性とは、社会的な規範（la norme）からの期待にそって行動する従順な主体を指していたのだ。

ここに「規律訓練《ディシプリン》」というフーコー的なテーマを見出すのは容易である。確かに、特に優れても劣ってもいない凡庸なものが正常なものとしての価値を持った時、言い換えれば「普通であること」が規範的なものの地位を占めた時、そこに現れたのは一定の規範的行動パターンを提示し、人々をある種の画一的な規格へと当てはめていくようなタイプの社会的コントロールだった。ただし、一九世紀に「健康（健全）なもの＝凡庸で平均的なもの」がスタンダードとして機能し始めた時、またそれと同時に社会的逸脱が病理として記述され始めた時、その背景には前述のような進歩発展への楽観論と希望的観測――我々はこれを「未来指向性」と呼んでおこう――が存在したことは軽視されるべきではない。衛生主義の思い描く「健康＝健全性」は、輝かしい未来を保証するものとほぼ等価だった。完全性と凡庸性という二つの目標は未来という想像上の点において合流していたのであり、換言すれば、少なくともその初期においては、未来への希望なしに「健康＝健全性」の規範《ノルム》は機能しなかったのである。

＊＊＊

フランスにおける阿片のドラッグ化の歴史は、確かにコンラッドとシュナイダーの言うようにその法規制に端を発していたが、そこから抽出された「健全な社会」および「未来指向性」のモデルは、現代の薬物問題にとっても大きな示唆に富むものではないだろうか。

一九世紀の末頃に、デュルケムは彼の有名なアノミー的自殺に関する議論の中で次のように述べる。「人は行動し、運動し、努力することにいかなる快感を味わおうとも、そのうえになお、自分の努力が無意味ではないこと、また自分がその歩みのなかで前進していることを感じていなければならない。ところが、いかなる目的にも向かっていないときには、またそれと同じことだが、目指す目的が果てしのない彼方にあるときには、人は前進していないも同然である」（Durkheim 1985［1897］: 303）。彼が繰り返し言う「前進」（avancer）は、輝かしい明日へ向かってなされる。それは前近代までの、同じような毎日が繰り返されることによる停滞と対比をなしているが、この前進のヴィジョンは人類の完全化を夢見た公衆衛生主義とも共通であり、そしてこの仮定された未来という想像上の場において先述した二つの指向性の矛盾は調停されていた。すなわち凡庸性の追求は、その見かけ上の停滞にも拘わらず、実を言えば種や社会の発達を促すための最良の条件なのであると。もちろん、ある種の未来への配慮が個人の行動様式を左右するといった事態が、それまでの時代に全く存在しなかった訳ではない。来世における幸福を信じて善行を重ねる者や、公開処刑を見物して予測される処罰に怯え、自らの悪行を踏み留まる者もあっただろう。しかしながら一九世紀に出現したのは、そうした個々の生命を超えたレベルで残り続ける、（種や社会といった）より大きなユニットに関する長期的な「未来」のヴィジョンだった。

阿片は人々に明るい未来をもたらすだろうか？――その答えは明らかに否であった。阿片使用という行動《ビヘイヴィア》はこのようにして逸脱へと転じたのであり、つまるところ社会規範《ノルム》の持つ人間の均質化の作用は、どこかでこうした未来への眼差しによって支えられていたのである。

第2章　大麻と精神疾患

ドラッグにまつわる「狂気」のイメージは、これまで主に文学とアートの領域で取り上げられてきたテーマだったように思う。そこで関心の的となっていたのは、幻覚剤のもたらす意識変容と恍惚、そして異世界の強烈なトリップ体験だった。しかしながら、薬物の幻覚作用に関心を示していたのは文学だけではない。医学、とりわけ精神医学はかなり早い段階からこうした物質に興味を持ち、また「ドラッグ」の誕生に際しても極めて重要な役割を演じている。一九世紀の初期の精神医学は、ある種の薬物の使用が実際に（一時的あるいは慢性的な）精神疾患を引き起こすと考えており、フランスのケースで言えば大麻（ハシッシュ）[*1]のケースがその典型的な例となる。

この章では主に七月王政期（一八三〇—一八四八）を中心に、フランスにおけるハシッシュの事例を取り扱いながら、「狂気」のイメージがこの物質に結びつけられていく様子を、当時の医学や文学、とりわけ精神医学の言説《ディスクール》の変遷を追いながら検討していくことにしよう。

1　《ハシッシュ倶楽部》

ハシッシュがフランスにもたらされたのは、一九世紀の初頭だと言われている。大麻は当時アラブ世界で広く用いられていた鎮痛剤であり、それはまた、飲酒を禁じていたイスラム圏でのポピュラーな嗜好品だった。ナポレオンのエジプト遠征に伴い、この物質および習俗はフランスへ持ち帰られたという。もちろん、それまでのヨーロッパにも（麻布の原料となる）在来種の大麻は存在したし、中世の十字軍遠征の頃に彼らがすでに大麻を嗜む習慣に出会っていた可能性は否定できないので、ヨーロッパと大麻の出会いを一九世紀初頭と断じてしまうことはできないが、少なくとも西欧でこの物質に関する言及や記述の急増が見られるのが、この時期だったというのは事実である。

最初に興味を示したのは芸術家や作家たちだった。それは当初、知る人ぞ知るアラブ世界の嗜好品といった類いのものだったが、その後一八四〇年に、医師オベール＝ロッシュが『東洋におけるペストとチフス』をパリで出版し、ハシッシュによるペスト治療の成功例について報告すると、この薬物はフランス医学界の知るところのものとなる。こうして一八四〇年代以降のフランスで、ハシッシュに関する言及や研究が、主に文学と医学の領域で徐々に増加していくことになった。

一九世紀フランスでのハシッシュと言えば、しばしば引用されるのは《ハシッシュ倶楽部》（一八四五―一八四九）の有名な逸話である。パリのセーヌ川の川中島の一つ、サン＝ルイ島にある「ピモダン館」（現在のローザン館）に芸術家たちが集まり、ダワメスクと呼ばれる緑色のハシッシュジャムを食していた。だがここではもう少し小さな、あまり知られていないエピソードから始めたい。

一八四〇年のある日、精神医ブリエール・ド・ボワモンは「A・ド・G氏」の招待で、ある奇妙な実験会に参加していた。それはハシッシュの効果を観察するための会合で、三〇名ほどの同席者の中には、エスキロール、フェリュ、コトゥロー、ビュシーといった当時の高名な医師も含まれていた。被験者は作家のA・K氏、弁護士のD氏、画家で音楽家のB氏などだったが、このうちA・K氏は薬剤の効果に抵抗しているように見えたという。この時の観察記録によれば、効果が最初に現れたのはB氏だった。彼は喉の渇きを訴え、また脚に痙攣が見られた。脈拍は一分あたり九六回に上昇し顔は紅潮していた。耳の片方からは音楽が、もう片方からは会話が聞こえるという。気分はどうかと問われ、B氏は性的快感を覚えていると語った。彼はしばらくの間、歩き回ったり突然大きな笑い声を立てたりしていたが、やがて長椅子に倒れ込んで、もう何も答えたくない、静かにそっとしておいて欲しいと言った。彼はえも言われぬ嫌悪感に取り付かれており、矢継ぎ早にため息をつき、うめき、泣き、そして笑った。脈拍は一分あたり一二〇回を打った。列席した医師たちの間には不安が広がったが、B氏は、自分は今とても幸福なのであって苦しんではいないと繰り返した。

実験会に立ち会ったブリエール・ド・ボワモンは、B氏の最初の状態をアルコールによる酩酊状態に、第二の状態を恍惚体験の状態に近いと評している。ところで、この会の主催者の「A・ド・G氏」なる人物は、アジャッソン・ド・グランサーニュのことを指していると見なして差し支えないだろう。というのは、作家アルフォンス・カーの晩年の回想録に、次のような記述が見つかるからである。

少しハシッシュについて話そう。ある日、私がアジャッソン・ド・グランサーニュの家の昼食会に招待された時のことだ。彼は有益な科学知識を広めようと値の張らない本を多く世に出した知識人だった。……昼食会の目的は、ハシッシュ体験だった。人数はそれほど多くなかったと思う。五―六人だったろうか。ジェラールがいて、テオフィル・ゴーティエがいて、彼の友人のボワサールという、なかなか機知に富んだ画家がいた。……昼食は楽しかった。ドラッグ（drogue）は食後に紅茶に混ぜて出された。その辺りから、アジャッソンの家の呼び鈴が何度も鳴っていた。あまり頻繁に鳴るので少し疑念を抱いたが、食堂から居間に移った時に事情が分かった。……居間には一ダースほどの客が集まっており、その中にエスキロールの顔があった。有名な精神医だ。私はこれが見せ物だと理解し、アジャッソンを呪った。科学馬鹿なところを除けば本当に良い奴なのだが。……すでに幾ばくか特異な症候を感じていたが、「人の意思の力が一角《ひとかど》のものなら、この観察実験を台無しにしてやる。部屋の隅に座って動くものか、何も話してやるものか」と思った。……ボワサールは号泣して、「放っておいてくれ、私は幸せなんだ！」と叫んでいた。ゴーティエはクッションに顔をうずめ、馬鹿笑いを止めようと必死になっていた。ジェラールは穏やかな笑みを浮かべ、即興で概念と叙情詩を紡いでいた。……エスキロールがごく低い声で、「この物質の使用は、理性に害が無いとは言い難いのではないか」と言うのが聞こえた。[*2]

観察者であるブリエール・ド・ボワモンの記述と、何も知らない被験者だったカーの記述には、筆致の相違はあれども多くの一致点があり、同一の会合を描いたものと考えられる。医師たちと芸術家たちはこの薬剤の効果に別々の立場から光を当てて眺めているが、彼らの視線が交わるところにはドラッグの「酩酊と恍惚状態」がある。このことは、一八四〇年代の後半以降に、例えば次に述べる《ハシッシュ倶楽部》の事例において、薬物の「幻覚効果」が強調され始めたこととは明白な対比をなしている。

＊　＊　＊

一八四五年の夏の終わり、作家テオフィル・ゴーティエは一通の手紙を受け取った。差出人はフェルディナン・ボワサール。先ほどの実験会で「B氏」と呼ばれていた人物である。

親愛なるテオフィル。
次の月曜、九月三日に私の家でハシッシュをやるのだが、君も来ないか。モローとオベール＝ロッシュが手伝ってくれる。もし来るなら遅くとも五時か六時には着くようにしてくれ。軽い夕食を取って、それから幻覚を待つことになるだろう。……見知らぬ客が混じるのが心配なら安心してほしい。ピモダン館は絶好の隠れ蓑になると思う。ではまた。

F・ボワサール

《ハシッシュ倶楽部》は、パリの芸術家や文人たちの小さなサークルだった。主催者はボワサールで、主要なメンバーは、ロジェ・ド・ボーヴォワール夫妻、プラディエ夫妻、ドゥラロッシュ夫妻、エルネスト・メソニエ、クレジンガー、シュナヴァール、ギュスターヴ・リカール、トニー・ジョアノ、ドーミエ夫妻、オーギュスト・バルバロなどだった。彼らは一八四五年から一八四九年にかけて、ピモダン館で月一度程度の会合を開いており、この会合には画家のユジェーヌ・ドラクロワ、バルザックやボードレールも顔を出したことがあった。この頃のハシッシュは、「ダワメスク」と呼ばれる暗緑色のジャムの形態を取っていた。それはパンに塗られたり、コーヒーや紅茶に混ぜて出されたりした。ゴーティエの記述から、我々はこの会合の風景を窺い知ることができる。

医師はテーブルの傍に立っていた。大皿には日本製の小さな磁器の小皿が並ぶ。暗緑色のジャムはヘラでほぼ親指大に取り分けられ、クリスタルガラスの器から朱色のスプーンの上を通過して、それぞれの小皿へと盛られて行った。医師の顔は高揚して輝いているようだった。目は火花を散らし、頬は紅潮し、こめかみには静脈が浮かび上がり、膨張した鼻腔は息も荒々しい。「あなたは天国からこの分だけ差し引かれますよ」、彼は私の取り分を差し出しながらそう言った。各々がそれを食べた後、珈琲がアラブ式で、つまり出し殻入りの砂糖無しで振る舞われた。そして我々は夕食の席に着いた。[*3]

夕食が終わりに近づく頃、すでに熱心な愛好家の幾人かは緑のジャムの効果を感じていたようだ。私はといえば、味覚の完全なる転換を覚えていた。飲んだ水が口の中で最も甘美な葡萄酒に、肉は舌の上でフランボワーズに変わり、またその逆のことも起こるのだ。もう骨付き肉と桃の区別もつかない。やがて同席した人々がやや奇妙なものに見え始めた。その瞳はフクロウのように大きく見開かれ、鼻はゾウのように伸び、口は鈴のように左右に裂けているのだ。彼らの姿は不思議で超自然的な色彩を帯びていた。彼らのひとりが――彼は黒ひげに青白い顔をしていたが――他の者には見えない光景を見て突如大声で笑い始めた。またある者は、グラスを唇に近づけるのに信じ難い努力を強いられており、手足をねじ曲げたその姿は騒々しい野次と笑いを引き起こした。[*4]

怪奇作家ゴーティエが描き出す不思議な光景からは、恐らく文学的な誇張を差し引いて考えなくてはならないが、こうした記述から読み取られるのは、彼ら芸術家たちの興味関心の中心がいつの間にか「酩酊と恍惚」を離れ、ハシッシュのもたらす精神変容および「幻覚」へと移っていることである。彼らが倶楽部の会合に集まる理由は人それぞれだったが、その興味の中心には、ドラッグの快楽に加えて芸術的インスピレーションがあった。

やや時代が下ると、ハシッシュに関するもう一つの重要な著作が世に出される。シャルル・ボードレールの『人工楽園』（一八六〇）がそれである。一九世紀フランスを代表するこの詩人は、阿片とハシッシュの効果について仔細に描写した。彼はまた、その下書きとなるテクスト「個性を倍化する手段たる酒とハシッシュとの比較」（一八五一）においてワインとハシッシュの効果を比較検討しているが、そこで軸となっていたのは常に、物質によって引き起こされる精神変容というテーマだった。

ボードレールによれば、ハシッシュの効果は三つの段階に分かれている。第一の段階は、陽気さと爆笑によって特徴づけられる。ここでは観念の連合が瓦解し、すべてが滑稽なものに思われ始める。これに引き続いて起こる第二の段階では「幻覚」が現れる。口が渇き、手足はバターのように冷たく、また動かなくなっていく。五感が鋭敏となり、目や耳は普段知覚できないような些細な刺激まで拾うようになる。周囲の事物は歪み、変形を被った形で知覚され、このような状態が永遠に続くのではないかという不安に襲われる、等々。第三の段階は、静かなる至上の幸福と、神のごとき全能感によって特徴づけられる。そこでは苦悩と時間の観念が消え去り、東邦人が「キエフ kief」と呼ぶ光栄ある諦めの境地に達するという。ボードレールはこのように、ハシッシュの効果を時系列順に記述した。ただし、この三種類の陶酔は、すべての人に等しく訪れる訳ではないという。

念のため、詩人ボードレールがハシッシュの常用者だったという誤解について、ひとこと触れておく必要があるかもしれない。彼はこの物質とはむしろ距離を取っており、『人工楽園』の中でも、ハシッシュはすでに自らの内面にあるものを拡大鏡のように大きく見せるだけで、何も新しいものを示してはくれないと述べ、無用で危険であると批判している。また彼が一時期ピモダン館に住んでいたのは事実だが、《ハシッシュ倶楽部》の第一回会合があった一八四五年九月にはすでに転居している。

以上で一九世紀のパリの文学界および芸術家たちが、ハシッシュとどのように出会い、またその効果をどう解釈してきたかについて鳥瞰してきた。まず、この薬剤が「東洋 Orient」の（つまり当時のフランスの文脈で言えば「アラブ世界」の）エキゾティックな嗜好品という性格を付与されていた点を踏まえた上で、前記の鳥瞰図からは三つの態度を抽出できるように思う。一つ目は、比較的初期にこの物質に出会ったアルフォンス・カーに代表されるような、ハシッシュを主に酩酊と多幸感の源と捉えるような態度である。ボードレールの言葉を借りれば、これは唯物的（matériel）な効果のみの享受ということになるが、この受容スタイルにおいてハシッシュは、ほぼ東洋世界でのアルコール類の代替物といった位置付けしか与えられていない。

二つ目は、《ハシッシュ倶楽部》とゴーティエに代表されるような、物質の幻覚効果に着目しつつ、それが示す不可思議な体験の中に芸術的インスピレーションを期待するような態度である。ここにおいてハシッシュは、幻視剤としての全く新しい可能性を見込まれて大きな注目を浴びている。この傾向は一八四〇年代の後半に一つのピークを形成するが、後述するように、これはフランスの精神医学分野において「幻覚」概念がしきりに議論されていた時期とも重なり合っている。

三つ目の態度は、ボードレールやバルザックに見られるように、ハシッシュに何も期待せず、むしろこの薬剤が「意志の力」を害するとして、そこから離れていくような態度である。一九世紀の半ばを過ぎるとハシッシュへの興味関心は薄れ、文学では東洋趣味の小道具の一つとしての役割を除いて、ほとんど忘れ去られた存在となっていく。

カー、ゴーティエ、ボードレールの間にそれぞれ個人的な立ち位置の違いはあるが、文学における記述だけを取ってみても、大まかに上記三つの態度および時代区分を見出すことができるだろう。ここでとりわけ着目したいのは、一八四〇年代後半の「幻覚」の時期である。というのは、先取りして述べるならば、フランスで後にドラッグが危険視され、（公衆衛生学および新派刑法学的な観点から）薬物常用者の潜在的な犯罪可能性が指摘されるようになる時に問題視されたのは、その解離症状つまり現実感覚の喪失だったからだ。ハシッシュに関していえば、この物質が幻覚を（そして一時的な狂気を）引き起こすというイメージは、危険視への決定的な序曲《プレリュード》となった。フランスにおけるハシッシュは、例えば当時のエジプトのケースのように、無気力な民衆がもたらす労働力低下を懸念して危険視された訳ではない。阿片の事例と同じく、フランスにおけるハシッシュはあくまで東洋からの輸入品であり、マイナーな薬剤であり、したがって全人口を覆う集合的な害悪のレベルまで拡大したことは一度も無かったのである。

それでは、ハシッシュが幻覚を引き起こす、あるいは精神疾患を引き起こすというイメージは、フランスにおいてどのように形成されたのだろうか。それについて論じるため、次に医学および精神医学の分野へと視線を転じてみることにする。

2 『ハシッシュと精神疾患』

先に引用したゴーティエの《ハシッシュ倶楽部》に関する記述の中で、テーブルの傍に緑のジャムを調合しサーブする「医師」の姿が見られたが、この人物は一八四五年に『ハシッシュと精神疾患』をパリで出版した、精神医モロー・ド・トゥールであると見てほぼ間違いないと考えられている。ハシッシュの名をヨーロッパに広く知らしめたこの著作の中でモローが行ったのは、第一に、この薬剤を精神疾患の治療薬として用いるという試みだった。

ハシッシュが精神疾患治療に効果を上げると主張した彼の理論的根拠はおよそ次のようなものだ。モローはハシッシュが人体におよぼす生理学的および心理学的な影響を、時系列順に列挙する。それは「幸福感、興奮と観念解離、時間および空間感覚の錯誤、聴覚の発達と音楽の影響、固定観念と妄想の確信、情動の障害、抑え難き衝動、錯覚・幻覚」の八つだった。こうした症状が精神病患者にも見られることから、モローは、精神疾患の錯乱もハシッシュによる錯乱も、全く同じメカニズムによって引き起こされるものだと結論づける。つまり彼は、ハシッシュは（一時的にだが）精神疾患を引き起こすと述べているのである。

やや性急にも見える結論だが、もうしばらく彼の推論に耳を傾けてみよう。モローによれば、知能の座である脳は大別して二つの情報源を持っている。それらは外界の物理的世界（現実）と内面の精神世界（記憶と想像力）である。外界からの刺激は目や耳などの感覚器官を通じて脳へと伝達されるが、そこで情報は「観念」へと変換される。観念同士は互いに結びついて「観念連合」を形成するが、これらの観念は（自然界の法則に貫かれた）外界の正確な反映である限りにおいて、調和的で意味の通った美しい連合をなす。ところが、何らかの原因によって感覚器官が機能停止しこの外界への参照が上手くいかなくなると、「観念連合」の調和は崩れる。情報の参照先は内面世界のみに限られ、記憶と想像力を頼りに観念が誤って結合したとしても適切な修正が起こらない状態になる。モローは、固定観念、錯乱、幻覚といったものが、このようにして生成するのだと考えていた。そして、この外界への参照を不可能にするもの、つまり錯乱や幻覚を発生せしめるものは、脳への血液集中による「脳の超興奮状態 surexcitation cérébrale」であり、これこそがあらゆる精神障害の「根源事象 Fait primordial」なのだと彼は述べる。精神疾患の症状は多様だが、それらは表に現れた部分の差異に過ぎず、根本の部分では唯一の隠れた原因からすべて生じているのだと。

モローのこうした思い切った単純化は、現代の我々はもちろん、仔細な観察記述による症状の分類を旨としていた古典主義期の医師たちにとっても、決して受け入れられるものではなかっただろう。しかし、後述するように、「アリエニスム」と呼ばれた一九世紀前半の精神医学には、「心理学的」と銘打たれたこのようなアプローチを受け入れる土壌が存在していた。いずれにせよ、精神疾患の患者に対してハシッシュを投与するという彼のメソッドは、こうした理論的背景から立ち上がってくる。要するに、ハシッシュによる精神障害によって、もともとあった精神障害を追い払おうというのだ。

もう少し具体的に言えば、精神病患者の脳は「超興奮状態」にあるため、ここにハシッシュによるもう一つの「超興奮状態」を人工的に発生させ、そしてこの第二の興奮が静まる時に、最初にあった第一のそれが共に消え去るのを期待しようということなのであった。このアイデアはモローが（後述する）シュトルクから継承したものだが、彼の同時代人にとってもどこか奇異に感じられるものだったようだ。例えばボードレールは次のように述べている。

ハシッシュを狂気の治療に応用するべく最近行われた企てを、参考のためにだけ記しておく必要がある。

狂人がハシッシュを服用すると、一つの狂気を追い払うもう一つの狂気に罹るわけで、酔いが消えると、われわれにおける理性や健康と同じく、狂人の正常の状態であるところの真の狂気が、ふたたび支配力をふるうようになる。誰やらがこのことについてわざわざ一冊の本を書こうとした。この立派な方式を考案した医師は、いささかも哲学者ではない。

(Baudelaire 1851＝1998: 194)

ジャック・クレペによる註釈を待たずとも、この「医師」がモローを指しているのは明らかである。ボードレールの批判は厳しいが、それでもこの薬剤が「狂気」を引き起こすという点に関しては、この詩人がモローと意見を共有しているのが分かるだろう。ハシッシュ論におけるモローの論理的手続きはどこかアクロバティックな部分さえあるけれども、この著作からは、彼がこの薬剤に強い期待を寄せていたことが読み取れる。

＊＊＊

ここで簡潔に略歴を紹介すると、ジャック＝ジョゼフ・モロー（・ド・トゥール）は、一八〇四年六月三日にアンドレ・ロワール県のモントレゾールの町で生まれる。最初はシノン、続いてトゥールで学び、トゥール医学校では二年間ブルトノーに師事した。その後はパリで研究を続け、一八二六年七月六日、シャラントン王立病院の研修医《インターン》としてエスキロールに師事することになる。一八三〇年六月九日には「身体的なものの精神への影響」について書かれた博士論文の口述試問を終えた。この身体と精神というテーマは、当時高名だった生理学者の――もし当時の呼び名を尊重するなら彼は「イデオローグ」[＊5]と自称していたが――ジョルジュ・カバニスの研究を受け継ぐもので、これはモローの一生のテーマとなる。その後、エスキロールに才能を見出されたモローは、彼の患者の一人に付き添ってスイスとイタリアに治療旅行に出るよう指示を受けた。これはある種の転地療法であり、エスキロールは患者の「環境を変える」というスローガンのもと、患者を気候の穏やかな土地へ滞在させることを推奨していた。一八三六年に『心的能力』をパリで著した後、翌年四月から一八三九年にかけての約三年間、モローはやはり治療旅行で地中海のマルタ島、スミルナ（イズミル）、カイロ、コンスタンチノープル（イスタンブール）といった近東の町を回った。この「東洋《オリエント》」での長期滞在の間に、彼はハシッシュ使用を含むアラブの習俗に親しむことになる。パリに戻った後、彼は一八四〇年にビセートル医院に精神医としてのポストを得た。この時選抜試験によりサルペトリエールとビセートル両院で都合四名の新任医師が選ばれたが、残りの三名はバイヤルジェ、トレラ、アルシャンボーだった。一八四〇年一二月に師エスキロールが他界すると、モローとバイヤルジェはその遺言により、エスキロールの私設病院だったイヴリー医院の医師を兼任するようになる。

　モロー・ド・トゥールが物質の持つ精神作用に強く興味を持つのは、明らかにこのアラブ世界への治療旅行を経た後のことである。[*6]パリに戻った後、彼は一八四一年にダツラ（チョウセンアサガオ）論を、そして一八四五年には上述の『ハシッシュと精神疾患』を著すことになる。

＊＊＊

　ときに、今日においては非常にポピュラーとなっている「精神病患者に向精神薬を投与する」という手法は、一九世紀当時の精神医学および治療学の文脈では、現在とは全く異なった意味を持っている。そのことについて理解するためには、大きな迂回となるのを承知の上で、精神病とその治療の歴史的変遷について振り返っておかねばならない。

医療が科学と結びつき現在のような形になるのは、長く見積もってもここ数世紀のことに過ぎない。それ以前、前近代における西欧医学はほぼ迷信と経験論によって支えられていたと言っても過言ではないだろう。つまり一方にはまじないや祈禱による治療があり、他方には調合されたハーブ（薬草）による治療があった。後者の医療技法は何世代にもわたって蓄積された膨大な経験的知識によって支えられていた。また一六世紀頃にはこれらに加え、人間の身体を機械と見なし、病気をあたかも各パーツ（部品）の欠陥や誤作動のように捉える機械論的な潮流も起こる。西欧の解剖学はそうして発達を遂げていったのだが、近代以前の「心の病《やまい》」はといえば、病気全般に対する治療学的な知見から少し外れたところで、やや異なった位置付けを与えられてきたと言える。

かつて『狂気の歴史』のミシェル・フーコーが指摘したように、西欧中世の「狂気」は言わば外の世界の住人であり、「われわれ」人間とは別種の生き物であるかのように捉えられていた。彼らは阿呆船に乗せられ、町から町へと放浪する。それは端的に言えば排除と追放ではあったが、当時流行した宮廷道化師《アルルカン》の例に見られるように、中世における「狂気」は、生き生きと、滑稽なあるいはアイロニカルな教訓として描かれ、ポジティブかつ肯定的に捉えられていた側面がある。だがフランスでは一七世紀の大監禁時代の訪れに伴い、彼ら「労働していない者たち」は、犯罪者、放浪者らと共に一般施療院へと閉じ込められ、強制労働を課されることになった。パリでは、男性はビセートル施療院へ、女性はサルペトリエール婦人施療院へと、それぞれ監禁が行われた。

ここで一八世紀頃までの「狂気治療」の一般的方法について、手短かにでも確認しておくことは決して無意味にはならないだろう。一方には（フーコーが記述したような）監禁によって精神病患者を「大人しく従順にさせる」

という方法があった。そして他方にはもちろん薬草などの伝統的治療法があり、またヒエロニムス・ボスの絵画に描かれたような（頭蓋骨を切開し「愚者の石」を取り出す）外科手術も一部では存在していた。

近代精神医学の礎を築いた精神医フィリップ・ピネルは、厳罰による狂気治療システムが一八世紀を通じて存在したと述べている。[*7] それは患者を飢えさせ、叩き、鎖に繋ぎ、押さえつけるという方法だった。例えばスコットランド北部のある有名な農場では、精神病患者を厳しい農耕作業に従事させ、家畜のように働かせるという治療方法がとられていた。彼らが少しでも反抗の素振りを見せれば、容赦のない鞭が飛んだ。南フランスのある修道院では、患者が常軌を逸した言動を見せたり、大騒ぎをしたり、決まった時刻に就寝しようとしなかったり食事を拒んだりすれば、鞭打ち一〇回の処罰が宣告されたという。その遂行は常に厳密に守られ、必要と判断されれば何度でも繰り返された。そうして患者を従順にさせることが、治療することと同義だったのである。[*8]

ただしもちろん、フーコーらが強調していたようなこうした体罰が、当時の「狂気治療」のすべてだった訳ではない。例えば瀉血《しゃけつ》もこの頃の典型的な治療法の一つだった。ピネルはある田舎の事例を引いている。「ある一五歳の少女が家族から引き離され、深い悲しみの後でやがて理性を失った。田舎の外科医が呼ばれたが、彼は少女を縛り付け、こう宣言した。悪いのはすべて腐った血液のせいだ。これは紛れも無く狂気の血であり外へ排出せねばならない。さすれば治るであろうと」。[*9] 血液はヒポクラテス以来、四体液の一角をなしており、あまりに甚だしい活発性や暴力性は「血の気の多さ」ゆえに引き起こされると解釈された。それはまた「騒がしい狂気」（カント）の一因と考えられた。

他方で、薬草による精神病治療の試みも古くから存在した。古代から一八世紀に至るまで西欧医学のメインストリームには常に、薬草とそれを調合する薬剤師《ファルマコン》の姿があった。ギリシャを取り巻く地中海の島々では、ヒポクラテスの時代からすでに多種多様の薬草が採取されていたのである。例えば、古くより用いられてきた薬草のうち最も有名なものの一つにヘレボルス（クリスマスローズ）がある。ディオスコリデスの『薬物誌』には、プロメテウスの娘の狂気がこの薬草で治癒するという伝承が紹介されており、とりわけその葉の部分は、古来より狂気の特効薬として知られていた。ただしこの植物はまた、激しい下痢や嘔吐、痙攣、腸の炎症、そして死すら引き起こすことのある毒草としても知られていた。[*10] ヘレボルスは、他のいくつかの劇薬と同様に、投与量すなわち「さじ加減」次第で、毒にも薬にもなる物質だったのである。つまるところ伝統的な「薬草による狂気治療」とは、一言でいえば、劇薬を用いることで狂気の原因となっているものを——主に悪霊を——体外へ「追い出す」ことを指していた。

したがって、一八世紀の精神病患者を取り巻く環境を振り返ってみると、一方には体罰と強制労働により「従順にさせる」という治療法が存在しており、また他方では、それと併存するようにして、「除去する」という発想が、治療学上の高い重要性を持っていたといえるだろう。この除去という発想は、病気というものを侵入者のイメージで（すなわち人の体に外側から入り込むものというイメージで）捉えていたアレクサンドリア学派（古代エジプト医学）に起源を持っている。除去される対象は、時には悪い血であり、時には胃の内容物であり、あるいは病人に入り込んだ悪霊の類いだったかもしれないが、狂気治療にヘレボルスが用いられたのも、こうした考えによるものだった。それは瀉下作用をもった物質であり、嘔吐剤ないし下剤として作用することで、体内から何か悪いものを追い出すことを期待されていたのである。

モローの、ハシッシュの生み出す精神変容によって精神病を追い出すというメソッドは、ヘレボルスによる狂気「除去」の発想と類似しているように見えなくもない。だがそれらは似て非なるものである。というのは、古代人たちはこうした薬草が人の「精神」へ影響を及ぼすことそのものについては、特に考えを巡らせていなかったからだった。換言すれば、心身一元論の考え方に貫かれていた伝統的な西欧医学は、ある物質がまず物理的身体に作用し、そこからさらに精神の領域に作用するといった複雑なプロセスについては、そもそも思考の俎上に乗せる必要がなかったのである。

しかしながら、心身二元論の登場以降この事情は変化する。精神疾患と治療学との関連に話を戻すならば、思想的には依然としてデカルト的伝統の影響下にあった一八世紀フランスの医師たちが、精神作用を持つ薬剤、つまり「人間の心に影響を及ぼす可能性のある物質」について思いを巡らせることには、どこか困難が伴っていた。とりわけ二元論的な心身の実体的分離を念頭に置いていたパリ学派において、物質と精神との直接的な関連を論じることは難しかった。それは単純に、物質がマテリアルであるのに対し精神は非マテリアルだという事実に端を発していた。仮に「松果体」のような両者の接合地点を想定しようとすれば、それは脳の中に見つかる以外になかっただろう。一七世紀の解剖学はすでにこの「考える器官 organe pensant」(脳)の重要性を指摘していたが、一八世紀の終わり頃に、精神の座の所在を巡る知識人たちの意見は様々に分かれている。[*11]

要約すれば、モローの方法論は、心身二元論の文脈上で精神と身体との接続経路を模索しつつ、精神疾患の治療の道を物質(薬剤)に見出すという、二重の困難な課題を抱えていたのだった。今日の向精神薬による精神医療の基盤が、一八四〇年代に《薬理心理学の父》モロー・ド・トゥールによって築かれたというのは、しばしば言われることだ。ただ、ここで我々が指摘しておきたいのは、彼より八〇年ほど前のオーストリアに、その先駆的な試みが存在していたことについてである。

＊＊＊

一七六〇年の夏、ウィーンの宮廷医師アントン・フォン・シュトルクは、皇帝一家に付き添ってヘッツェンドルフの保養地にいた。この滞在の間、彼は余暇を使って皇帝の庭園や野山を自由に散策することができた。ヘッツェンドルフとその近郊、シェーンブリュンやペントリンク、ヒーツィンクを回り、しばしば近くの丘や谷あいに足を伸ばしつつ数々の薬草を採取していた彼は、ある日、野原に生い茂ったダツラ・ストラモニウム（チョウセンアサガオ）の群れに出会ったという。

私は、この植物がいかなる医療目的での使用とも無縁であって、人間や動物にとって極めて危険であると伝えられてきたことを知っている。私はまた、毒ニンジンの使用に対する古代人たちの意見も知っている。皆その強い毒性を懸念していた。しかし、この意見が誤りだったということは、何度も行われた実験によって最近になって証明された。……長い熟慮の後、私はついに決心し、ダツラを摘んである医学的実験をすることにした。……一七六〇年の六月二三日、私は早朝に全く何も食べずに家を出て、その植物の探索に身を投じ、そしてかなりの量を採取してきた。[*12]

ダツラ・ストラモニウムはナス科の一年草である。その背丈は最大で二メートルほどになり、一般的には白いラッパ状の花を咲かせることから、「天使のトランペット」の名で呼ばれることもある。他にも、とげのついたカプセルのような実をつけることから「トゲリンゴ」と呼ばれたりもするが、その中の種子は猛毒を含んでいる。

この植物には数多くの俗称があり、例を挙げれば、魔女の草、悪魔の草、裁きのトランペット、眠り草などである。こうした呼称にも現れているように、その毒性は古くから認識されていた。一九世紀に書かれたトルソーとピドゥーの『治療と薬剤概論』は、この薬草の効果を次のように紹介している。

ダツラは、中量の投与では軽いめまいと眠気を生じさせる。手足に力が入らなくなり、感覚は鈍り、瞳孔拡大によって軽度の視覚障害が起こる。脈は速まり、肌は熱を持ち、喉に渇きと軽い熱さを覚える。……大量投与では、めまい、無力感や倦怠、時に昏迷が引き起こされ、はっきりとした瞳孔拡大と視覚障害、痙攣と精神錯乱、継続的な幻覚、執拗な不眠、高熱、肌の乾き、時に猩紅熱が重ねて襲いかかる。……もしダツラ中毒が取り返しのつかないレベルに達すれば、激しい興奮状態に引き続き、虚脱、悪寒、そして最後には死が訪れる。[*13]

要するに、ヨーロッパにおいてダツラは毒物として認識されていたのに対し、シュトルクはそれを病の治療に用いようとしたのである。彼がその時根拠としたのは、（「最近になって証明された」という）毒ニンジンの毒性の無化に関する学説だったが、実を言えばこの実験は、シュトルク自身によって行われたものだった。彼はダツラに関する論考を発表する三年ほど前に毒ニンジンの研究を行っており、熱湯で煮詰めることによって有毒成分を分離できるという結論に至っていた。シュトルクはこの短い論考の中で、ひどい悪臭のするその薬剤を自分自身の体に試し、何ら弊害が出なかったのを根拠に、無害化に成功したと述べている。彼はまた、「全能の神が何の役にも立たないようなものをお創りになった筈が無い」と述べてもいる。[*14]

論拠の信頼性や薬剤への反応の個体差の問題はさておき、この実験で幸運な結果を得たことが彼の背中を押したのは確かだった。数年後、ダツラを扱うことになった時、シュトルクはまずこの植物をためらうことなく精神疾患患者に投与する。

ダツラが毒性と精神作用を持っており、正常な人間に精神の錯乱をもたらすのは確かだった。では逆に、精神病患者にこれを投与してみたらどうだろうか。彼らは正常な精神を取り戻すのではないだろうか。シュトルクの考えはそのようなものだった。現代の我々の目にはやや奇異に映るかもしれないが、こうした「毒を以て毒を制す」ような発想は、一八世紀末には「ホメオパシー」と呼ばれていた。まず、ひとりの人間の内に同時に二つの病が存在することはできないという古い仮説に則って、(あるいは、歯痛は胃痛を忘れさせるといった経験則に基づいて)何らかの病に罹患している患者に対し、第二の病を人工的に作り出す。その第二の病が治癒した際に、最初からあった第一の病も消えてなくなっているはずだという考え方および手法が、ホメオパシーと呼ばれるものだった。[*15]

この「置換する (substituer)」という方法は、ヘレボルスによる「除去 (éliminer)」の方法とは異なるものだった。前者において患者から追い出されるべき対象は、悪霊という病の原因から、病の症状そのものへとその位置を移している。こうした点にシュトルクの試みの新規性がある。つまり彼は二元論的な心身分離という前提において、物質が精神へ作用する可能性について論じ、先鞭をつけたのである。シュトルク自身はモニスト(一元論者)だったとも言われているが、ダツラの投与によって患者の「感覚中枢 sensorium commun」に働きかけるという彼の方法論は、脳および中枢神経系という心身の接合路を新たに考慮の変数に加えるだけの理論的射程を備えていた。

こうして向精神剤研究の扉を開いたシュトルクのダツラ研究は、オデリウス、デュランド、ベルギウス、シェマルツ、ハークストロム、レーフ、メッツァ、グレディンクらに引き継がれていく。けれども、ダツラの薬理的有効性に関するこうした研究は、西欧世界にそれほど広く知れ渡ることはなかった。植物学者たちは相変わらずこれを毒物と認識していたのである。一七七一年にモンペリエ植物園のボワシエ・ド・ソヴァージュは書く。「ワインに少量のダツラを加えれば強い睡眠導入剤となる。だが目覚めた時、人は狂っている」[*16]。また一八〇三年にラマルクは次のように述べる。「この植物の使用は、医学的には有用性よりもずっと多くの危険を孕む」[*17]。一九世紀初頭、医師たちの多くはこの植物にほとんど有用性を見出していなかった。ダツラが多少なりともその名誉を回復するためには、一八四〇年代を、つまりモロー・ド・トゥールの論文「ダツラによる幻覚治療についての論考」（一八四二）が発表されるまで待たねばならなかった。

アラブ世界への治療旅行からパリに戻った後、モローが最も関心を寄せていたのはハシッシュだったはずである。それでもなお彼がまずダツラ研究に着手したのは、シュトルクらの実験結果を自らの目で確認する意味合いもあっただろう。一八四一年にモローが幻覚に対するダツラの薬理的有効性について書いた時、彼はすでに（トルソーとピドゥーの著作を通じて）シュトルクの研究を知っており、その「置換」（ホメオパシー）の理論をそのまま踏襲している。「精神障害は本質的に神経系の病変（lésion）による」（Moreau 1841:7）というモローの言葉は、先駆者たちの研究に依拠しつつ、彼が新たに精神と身体（物質）との接続路を見出したことを示していた。言い換えれば、ダツラやハシッシュといった「物質」は神経システムに物理的・化学的に作用することで人間精神に変容をもたらすのであり、したがって薬剤の投与は精神の病理に対しても有効な治療手段足りうるというのが、モローの基本的な見解だった。

3　二元論の超克

精神疾患に対するモロー・ド・トゥールの物質主義的なアプローチやホメオパシーの技法は、当時のフランス医学界においては諸手を上げて賛同されるようなものではなかった。それどころか真っ向から批判されることもあった。彼がダツラ論を書いた翌年、マルセイユの医師エストルは、この物質による幻覚治療の失敗例を三件報告する（Estre 1842）。また、ビセートル施療院で同僚だったフランソワ・ルーレは、発熱や麻痺、激しい興奮と大暴れを伴うようなケースを除けば、患者の身体に働きかけるような治療法は完全に無用だとして（Leuret 1840: 5）、モローとは激しく対立していた。

こうした意見の対立は、黎明期の近代精神医学が、精神の病に対して科学的にアプローチする必要に迫られていたこと、つまりはデカルト的な心身二元論（による治療失敗）をいかにして乗り越えるかという難題に直面していたことを意味している。過度の単純化との批判を覚悟の上で簡潔に図式化して示すなら、一八世紀末から一九世紀初頭にかけての時期に提示されていた二元論超克のためのルートは主に三つあった。

一元論 monisme	パッション（情念）
精神主義 spiritualisme	動物磁気（流体 fluide）
物質主義 matérialisme	脳・中枢神経系

最も長い歴史を持つのは、心身一元論者たちが想定した「パッション（情念）」である。これは晩年のデカルトが描いたような、肉体から精神への働きかけによって生じる情念ではない。むしろ古代ギリシャにおける情念（パトス）は、人間に外から入り込んでくるような何かであり、このある種の不意打ちによって愛や憎しみ、喜びや悲しみといった感情が浮かび上がるのだった。それは人の魂を揺さぶり、精神面では感情の動きを生じせしめると同時に、肉体面にも脈拍の上昇や頬の紅潮といった変化を発生させる。パッション（情念）はこのように、古代の心身合一論において心身の重なり合う部分に位置付けられていた。一九世紀精神医学の文脈で言えば、この立場の代表的論者は初期のエスキロールになるだろう。

一元論者による二元論の克服がどこか古代への回帰という色彩を帯びていたのに対して、二元論者たちは精神と身体の両面から、別々にスタートを切ることになる。まず、スピリチュアリストと呼ばれていた精神主義論者たちは、心身の接合面に「動物磁気」ないし「流体（fluide）」という物質の存在を仮定し、これが物質世界と精神世界を貫流することによって両者の相互作用が生まれると説いた。精神主義が物質の存在に言及するというのは、やや逆説的に見えるかもしれないが、その点は今日「スピリチュアリスム」と呼ばれているものとの大きな相違だったろう。一七八〇年前後のパリにはメスメルが滞在しており、他にもメーヌ・ド・ビラン、ピュイセギュールといった高名な医師たちが、（例えば人工的に夢遊状態を作り出す、あるいは水桶から取り出した金属の棒で患部に触れていくといった方法で）主に催眠術による病気治療を行っていた。もちろんこのような方法は、実証主義的で科学的な手続きを重んじるオーギュスト・コントのような人物から批判を受けたが、その批判は当時のアカデミズムにおいてさしたる影響力を持たなかった。やがてピュイセギュール以降、こうしたやり方で患者が治癒することがあるのは（動物磁気の作用ではなく）「暗示効果」によるものではないかと認識が改められ、エスキロールやルーレを経由してこのアイデアは精神医学にも取り入れられるようになる。

他方で、マテリアリストと呼ばれた物質主義論者たちはといえば、ビシャやカバニスの生理学・解剖学的な知見を主に参照しつつ、脳を含む「中枢神経系」にこそ心身の接続路があるのではないかと考えた。仮にこの立場を極限まで押し進めるとすれば、ラ・メトリのような人間機械論に回帰してしまうことになるが、精神医療の臨床的実践に前線で携わる医師たちはそうした極端な態度を取らなかった。一九世紀前半のフランス精神医学(アリエニスム)の範疇では、モローやバイヤルジェといった、エスキロールの若き弟子たちにして「最後の精神医(アリエニスト)」の世代が、この立場の代表的論者となるだろう。

一九世紀の後半にはヴントの平行説(パラレリズム)のようなものも出るが、それはひとまず脇に置くとして、近代精神医学の初期には、大まかに整理して上記三つの立場の対立および治療法を巡る混乱が存在したという点を指摘しておきたい。

ここで再び歴史的背景を振り返っておくなら、一九世紀初頭には近代精神医学がピネルとその弟子のエスキロールによって立ち上がってくる。一七世紀の大監禁以来、パリのビセートル施療院には精神病患者たちが(犯罪者や放浪者たちと共に)閉じ込められ、鎖につながれ、また強制労働に従事させられていた。ピネルはフランス革命期の一七九三年頃に、(半ば伝説化されている節はあるものの)テュークと共に彼らの鎖を取り外し、いわゆる《鎖からの解放》を行ったとされている。一つ確認しておきたいのは、この解放は彼ら精神疾患患者たちを、決してビセートルの建物より外へと解放するものではなかったという点である。彼らは相変わらず閉じ込められ、言わば居ながらにして監獄から精神病院へと移し替えられたのであった。ただしこの時、彼らはそれまでのように家畜のような扱いを受けるのではなく、今や治療可能な病人として取り扱われることになった。

治療不能な狂気から治療可能な精神疾患へという、西欧精神医学の大きな転換点がここにはある。ピネルとエスキロールは患者を「人間として」扱い、心の治療をするという新体制の構築および、そのための理論と治療体系の整備に尽力した。彼らは利用可能なあらゆる手段を試みた。症状および症例の徹底的で詳細な観察記述から出発し、精神医学に生理学の知見を取り入れ、同時にまた（当時哲学から分離独立しつつあった）心理学に接近していく。近代精神医学の黎明期は、こうした力強い不断の努力によって支えられていた。

ところで先ほどの精神と身体の相関という難問に関して言えば、ピネルはこの問題には躊躇して立ち入ろうとしなかった。彼は茫漠とした議論を避け、あくまで目の前の症例の丁寧な観察と分類に集中していたように見える。初めて体系立った理論を与えたのは高弟のエスキロールだった。彼は繰り返しヒポクラテスを参照することで「パッション（情念）」の概念に到達する。

こうして初期のエスキロールにとって、精神疾患の第一原因＝「根源事象」はパッションであるということになった（Esquirol 1805）。この仮説に則って、当時の精神医療で重視されたのは、いかにして患者の環境を整え、そのパッションをコントロールするかということだった。例えばエスキロールは、メランコリーの患者については暖かい部屋に置き、体を温めるような食事を与えるのが良いと述べ、他方で「騒々しい」患者に対しては、風通しの良い涼しい部屋に置き、消化の易しいものを与えるのが良いと述べている（Esquirol 1820＝1998: tome I, 231; Esquirol 1818＝1998: tome II, 27–8）。こうした「温めたり冷やしたりする」というメソッドはヒポクラテスの四体液説をベースに置いたものであり、この頃の精神医療の方法――「心理療法 traitement moral」――の内実は、冷水浴や食餌療法を中心とするものだった。

その一方で、エスキロールは必要とあれば、拘束衣《キャミソール》を用いて患者の自由を奪うことも辞さなかった。フーコーが後に批判したように、当時は患者の強制入院（監禁）が推奨されていたのも事実である。しかしながら、こうしたこともやはり、患者の置かれる環境を（可能なら）医師が完全にコントロールすべきだという考えに基づくものだった。エスキロールは、気候、季節、患者の性別や年齢、職種、気質といったものに注意を払い、病室と廊下の配置など精神病棟の建築構造にまで口を出す。それらはすべて、患者の環境を整え、そのパッションを管理する（diriger）という目的でなされたのである。彼が「環境を変える（varier des circonstances）」を合言葉に、患者たちをしばしば気候の穏やかな土地へ治療旅行に赴かせるという転地療法を推奨したのも、同様の理由によるものだった。

その後一八一〇年代の後半頃になると、エスキロールは「治療的教示（indication）」と呼ばれる方法に興味を示すようになった。驚きや恐怖といった強い感情を患者に引き起こすことで、誤った観念の連鎖を断ち切ることができるのだと（Esquirol 1820）。それはまた、患者のパッションを直接的に揺り動かすことによって、その精神に影響を与えようということでもあった。しかしながら彼がここで、純粋に一元論的な意味でのパッションの概念から離れつつある点には注意が必要である。彼はピュイセギュール以降の精神主義論者《スピリチュアリスト》たちの「暗示」の技法に接近しつつ、患者の内観の世界（意味解釈の世界）へと介入し始めている。それまでの哲学と精神医学が着目してきたような、カント的な「騒々しい狂気／静かな狂気」という表象が一度後景へと退き、「意味の通らぬことを言う者」という側面が急に脚光を浴びるようになる。こうした患者の意味世界への直接的介入に関して、一八二〇年のエスキロールは古人の例を引きながら正当性の付与を行っている。

アレクサンドル・ド・トラレスは、蛇を呑み込んだと思い込んでいる女性を治癒させた。医師は彼女が嘔吐する壺に蛇を一匹入れておいたのである。またザクトゥスは、地獄ゆきが決定したと信じ込むある若い男性の患者について述べている。天使の仮装をした男が彼の家を訪れ、汝の罪は許されたと告げることで彼は治癒した。……あるメランコリー患者は、大地を大洪水に沈める恐れがあるため自分は放尿してはならないと思い込んでいた。だがある日、人々が彼の所にやって来て、町が火事だ、もし君が放尿してくれなければ全てが失われてしまうと懇願した。彼はその要請に応えることを決心し、そして治った。

(Esquirol 1820 = 1998: tome I, 234)

こうしたささやかな逸話は我々を微笑ませるかもしれない。だがこうした手法は、それまで行われていたような祈禱、嘔吐剤、瀉血といった精神医療の方法とは、はっきりと一線を画していた。ピネルとエスキロールの尽力により、一九世紀の精神医学は確かに大きな変化を成し遂げたはずだったのである。

しかしながら、この意味論への転回によって、精神医学は「狂気」を「非理性」と見なしていた古典主義期への逆行を見せることになる。換言すればそれは、我々（医師たち＝理性）が正しくて、彼ら（患者たち＝非理性）が間違っているというテーゼに再接近してしまう。フーコーは一九世紀前半の精神医学（アリエニスム）を「《真理》との関連において狂気を見ていた時代」と形容していたが、それはこの転回以降の時期のことを指しているのだろう。

ここから「患者の間違いを訂正する」という発想が生まれ、精神医学の中心的課題となっていった。エスキロールの弟子で「心理療法」の正統後継者と目されたフランソワ・ルーレは、患者たちと小さな子どもたちの間には多くの共通点が見られるし、精神医の職務とは患者を「再教育（refaire l'éducation）」することだとさえ述べる

(Leuret 1846: 30)。

ルーレが実際に行った治療の様子について少し紹介しておきたい。[*18] 一八三九年九月一二日の朝、ビセートルの院長に就任していた彼は、前任のフェリュから一人の男性患者を引き継いだ。アルコール中毒のこの患者は、敵に追われている、自分が寝ているベッドの下に地下室があって、そこから声がするのだとルーレに話した。医師はその話にじっと耳を傾けた後こう告げる。「それでは私の意見を言いましょう。あなたの話に本当のことは一つもない、すべて狂気の沙汰です。なぜならあなたは気がふれているからであって、だからこのビセートル病院に連れて来られたのです」。患者は、自分は狂ってなどいないし確かに声を聞いたのだと言い張るが、医師は意に介さずに、そもそも地下室など無いと言うのだった。ルーレは続けて言う。「もし私を満足させたければ、あなたは従う必要があるのです。なぜなら、私の要求はすべて理にかなったことだからです（parce que tout ce que je vous demande est raisonnable）。さあ、地下室のことはもう誰にも話さないと、約束できますか」(Leuret 1840)。

誤りを正すという考えから発生した医師と患者の力関係は、ほとんど大人と子どものそれに近い。施療者の権威が強いほど高い効果を上げるというのが、暗示の技法そして「治療的教示」の常識だった。一九世紀初頭、ドイツロマン派のハインロートやエッシェンマイヤーは、（狂気とは魂の病であり「原罪」に対する罰であるという古風な考え方に依拠しつつ）精神病の治療は医師よりもむしろモラリストに委ねられるべきだと説いたが、治療と再教育を重ね見るルーレの考え方もこれに近いものがある。

さて、この患者は後日、施療院の強制労働への参加を拒否したという理由で、「シャワー療法」を施されることになった。これは、ぬるま湯の張られた浴槽に患者を入れ、頭上二メートルの高さの蛇口から冷水を浴びせかけるというものであり、言わば滝修行のようなものだった。冷水は短ければ二秒、長ければ三〇秒かそれ以上の時間浴びせられたという。

（《シャワー》。患者は苦しみ、すぐに答えた）

——先生がそうしろと言うなら労働に参加します。さっき言ったことはたぶん私の気のせいです。人に聞かれてもあれは嘘だったと言います、頭の中だけの出鱈目だったと。

——今日は労働に行くかね？

——強制なので、それは行かないと。

——自分の意志で行くのかね？

——強制なので。

——あなたは、自分で関心があって労働に参加するのだと、了解したと、言わねばならない。自分の意志で行くんだね、イエスかノーか？

（ためらい。《シャワー》。一瞬の後）

——はい先生、私の言ったことは出鱈目でした、労働に行きます。

——ではあなたは、気がふれていたのだね？

——いいえ、そうではありません。

——気がふれていなかったと？

——少なくとも私はそう思いますが。

（《シャワー》）

——あなたは、気がふれていたのだよね？[*19]

これは喜劇の台本ではなく、ビセートルの公式記録である。端的に言えば、ここで目指されているのは、冷水の恐怖によって患者に自らの過ちを「自白」させることなのだ。確かに、このシャワー（douche）という治療法を最初に提案したのはピネルだった。だが「心理療法」は、時が移るにつれ、ピネルやエスキロールが当初デザインしていたような「これからは患者を人間として扱う」という友愛の理念を失っていった。

こうしたルーレの振る舞いに対して、他の医師たちが黙っていた訳ではない。王立医学アカデミーの終身書記官で、ルーレの二代前にビセートルの院長を勤めていたエティエンヌ・パリゼは、シャワーが患者を惨めに陥れていると遺憾の意を表明した。またモンマルトルのシルヴェストル・ブランシュは、一八三九年前後に出された二つの小冊子の中でルーレを激しく批判した。だがルーレ自身は、「シャワーは苦しみだが、それで患者が治るのであれば何をためらうことがあろうか」（Leuret 1840: 209）と、強気の態度で反論していた。

もちろん《嫌われ者 mal aimé》ルーレのような極端なやり方は、当時の精神医療の一側面だったに過ぎない。エスキロールの弟子は数多くいたが、彼らはあらゆる角度からの理論的・実践的アプローチを許され、またそれを奨励されてもいた。中にはバイヤルジェのように解剖学で医学アカデミー正会員の資格を得た者もある。ただ、ルーレが「心理療法」の名の下にシャワー療法を用いたという事実は、この頃のアリエニスムの混乱を象徴する出来事でもあった。エスキロールのような優れた巨人が出て近代精神医学の基盤が築き上げられたが、時代はそれをすぐには理解できなかったのだろう。換言すれば、医師たちはそれまでの古い狂気観念を簡単には振りほどくことができなかったのである。

そして、モロー・ド・トゥールが精神病患者に対して薬剤の使用を試みたのは、こうした時代の流れの中でのことだった。やや先取りして言うならば、彼はシュトルク（ホメオパシー）、カバニス（物質主義）、エスキロール（精神主義）という三人の先人から影響を受け、独自の薬理心理学へと辿り着いたのだったが、加えてもう一つ、当時モローの理論と治療実践を成立せしめた重要な時代的背景がある。以下ではそれについて詳しく見ていこう。

4　夢と幻覚

モローは一八四五年のハシッシュ論において、この物質が引き起こす「幻覚」について論じるために多くのページを費やしている。実は一八三〇年代から世紀の半ばにかけての時期、幻覚はフランス精神医学の中心概念の地位を占めていた。精神疾患はほぼ「幻覚を見る（聴く）こと」と同一視されていたのである。

幻覚概念の前史について、ドゥシャンブル版『医科学百科事典』（一八七八―一八八九）を参考にしつつ、手短かに振り返っておこう。中世ヨーロッパ、すなわち想像力がその翼を存分に広げていた時代には、幻覚は生活世界のあちこちに顔を出していた。森の奥には妖精や魔女や人狼が、夜の暗闇には吸血鬼や夢馬《ナイトメア》（インキュバス／サキュバス）がひそみ、この頃「ありもしないものを見る（聴く）」現象は、人間側の幻覚としてではなく、神もしくは悪魔の仕業と考えられていた。医学がこの現象に興味を持つのは一六世紀から一七世紀にかけての時期で、ランテリ＝ローラによればフランス語に幻覚（hallucination）の語が確認されるのは一六六〇年頃から、医学用語としては一六七四年以降のことだ（Lanteri-Laura 1991: 13）。しかしながらそれは空想の産物、言い換えれば肥大した想像力（imagination）によってもたらされるものといった位置づけだった。次に一八世紀の啓蒙哲学において、幻覚は感覚の誤謬《エラー》となる。ただしディドロの『百科全書』には、幻覚の項目は見当たらない。

一九世紀初頭のフランスにおいて、幻覚は、感覚における誤謬、誤った観念連合、あるいは単に想像力の効果といったものと混同されている。実際一八二〇年代になっても、医師たちはしばしばこれを「想像力」と呼んだりしている。最初に科学的な定義が与えられたのは一八一七年のパンクック版『医科学辞典』においてであり、この時執筆を担当したのはエスキロールだった。「錯乱状態にある人が、何らかの感覚を刺激する物体が外界に無いにも拘わらず、何かを実際に知覚したと思い込む時、彼は幻覚状態にあると言える。……いわゆる幻覚の感覚というのはイメージと観念であり、それは記憶によって再構築され、想像力によって結びつけられ、その人の習慣によって個性化される」（Esquirol 1817）。

この定義は曖昧な部分を含んでいて、後に大きな問題を引き起こすのだが、それについては措くとしよう。この概念が大きな影響力を持つようになるのは、一八三〇年代に入ってからだった。ピネルにとって幻覚の症状は単なる付随的現象に過ぎなかったが、エスキロールはこの現象に興味を示し、「一〇〇人の患者のうち少なくとも八〇人には幻覚がある」（Esquirol 1998［1820］, tome I: 99）と述べている。彼は一八三二年に幻覚を再定義し、錯覚《イリュジオン》（illusion）から厳密に区別する。もう少し具体的に言うなら、錯覚が見間違いや聞き間違いといった修正されない感覚の誤謬を示すのに対して、幻覚《アリュシナシオン》は純粋に心的な現象であるとされ、両者は分離された。この時境目をなすのは外界の事物が介在するかしないかである。例えば、周りに誰もいないのに誰かの声が聞こえた場合には、もし周囲が完全な静寂に包まれていればそれは「幻覚」であり、あるいは外の雨音や風の音を聞き間違えたのであれば、それは「錯覚」だということになる。

この後、幻覚はある種の流行概念となった。一八三四年にルーレが『心理学的断章』を、その二年後にレリュが『ソクラテスのダイモーン』を出版し、彼らはその中で、モーゼ、ソクラテス、エゼキエルといった偉人たちの精神疾患について書いたのだった。彼らは神と話したと言われているが、それは幻聴だったのではないかと。しかしこうしたどこかスキャンダラスな論調は、やがてカトリック陣営からの怒りを招くことになった。一八四五年、カルメイユがジャンヌ・ダルクの幻覚について書いたのと同じ年に、《シュヴァリエ》ブリエール・ド・ボワモンが大著『幻覚論』を世に送り出す。これでは聖人たちの尊い逸話もすべて精神病理になってしまうではないかというのが、彼の鳴らした警鐘だった。彼は、最高度の精神集中こそが神秘体験（幻覚）を生じさせるのであり、それは病理的現象ではないと主張し、このことがモーリ、スリーズ、マカリオ、バイヤルジェらを巻き込んで『心理医学年報』上に激しい論争（第一次幻覚論争：一八四五―一八四六）を呼び起こした。

このように、七月王政期つまり一八三〇年代から世紀中葉にかけてのフランスでは、幻覚と精神疾患とがまるで同義語のように用いられるようになっていた。ここではこの時代をさしあたり「幻覚の時代」と呼んでおくことにするが、では一体、この幻覚概念はいかにしてこれほど強い影響力を持つに至ったのだろうか。換言すれば、幻覚と精神疾患との同一視はどのようにして起こったのだろうか。この問いを解くための鍵は、当時の夢研究にある。というのは、一九世紀を通じて、幻覚と夢とは全く同じメカニズムによって発生すると考えられていたからだ。そしてこの「幻覚の時代」には、カントの古い狂気観――《醒めて夢見る者》――への回帰が見られる。

夢に関して言えば、まず中世以降の西欧世界は「夜」にあまり良いイメージを抱いていない。月の光は冷たく不吉であり、夢は使い魔によって紡がれるといったように。とりわけ一八世紀の理性の哲学にとって、人が眠っている間に夢を見るというのは大いなる矛盾だった。なぜなら夢は、意識が（すなわちデカルト的な自我＝「思惟する我」が）不在となるはずの入眠状態において、何らかの精神活動が存在することを意味していたからだった（James 1997［1995］）。こうして夢は病理的な現象と考えられた。このアポリアは、一八〇二年に生理学者ジョルジュ・カバニスが「精神（魂）は眠らない（L'âme ne dort pas）」と述べ、睡眠中も脳は一部活動を続けていると指摘したことによって解消される。カバニスによれば、睡眠時に目や耳といった感覚器官は眠りに落ち、その機能を停止してしまう。しかし心臓や呼吸器官、消化器官のようにそのまま活動を続けている器官もある。この状態において、脳は内臓から（あるいは脳自身から）シグナルを受け取り続けているが、それを感覚器官から来た情報と取り違えてしまうことがある。カバニスの説いた夢の発生メカニズムとはそうしたものであった。

この考えは一九世紀の夢研究および幻覚研究の方向性を大きく決定づけたし、先に見たように、一八四五年のモローのハシッシュ論の中の幻覚生成メカニズムを巡る議論にもそのまま継承されている[*20]。つまり「脳の超興奮」と外界情報の遮断によって、内観の世界が訂正されないままに立ち現れるのだと。またバイヤルジェは、一八四四年に王立医学アカデミー賞を受賞した論文の中で、健常人が入眠時および目覚めの時に幻覚を体験しやすいという事象に着目しつつ、「幻覚者は言わば覚醒と睡眠の交替の中で生きている」（Baillarger 1846: 455）と述べる。幻覚は「対象なき知覚（perception sans objet）」であると定式化したバイヤルジェもまた、幻覚および夢においては感覚器官による誤謬の訂正が起こらない点に注意を喚起している。幻覚とは眠りの時間を超えて拡大した夢のことだという考え方は、エスキロールをはじめとするこの時期の精神医（アリエニスト）たちに広く共有されていた。モローははっきりと、ハシッシュによる幻覚を「眠りなき夢の状態」と形容している（Moreau 1974［1845］: 48）。こうして幻覚と夢とを同一視するという結合路が一方では生まれていた。

他方で、夢を狂気と同一視する傾向は一六世紀頃からあったようだ。デュ・ロランは一六世紀の末に、メランコリーと夢は同じ起源から生まれると説く。一六七四年のザッキアスは、睡眠中に夢を生み出す運動は覚醒時においては狂気を生むと述べる。一八世紀、ソヴァージュはピットカーンを引きながら、精神錯乱とは起きている者たちの夢だと言う。またヴォルテールはその世紀の末頃に「不安な夢はまさに一時的な狂気だ」と叙述している（James 1997: 8）。こうした捉え方がどこに起源を持つのかは不明だが、我々の文脈でもっとも直接的な重要性を持つのは恐らく、エスキロールが参照していたカントの定式だったろう。カントは『頭脳の病に関する試論』において「狂気とはすなわち醒めて夢見る者である（Der Verrückte ist also ein Traumer im Wachen）」と述べている（Kant 1764＝1971: 222）。理性と非理性というシンプルな二分法が適用される磁場においては、夢の世界の支離滅裂な意味世界は、夜の間の意識の不在と相まって、あっさりと理性の不在ないしは非理性の顕現へと重ね合わされていく。

そして、こうした夢と狂気とをアナロジーによって捉えるやり方は、「幻覚の時代」に復活を遂げることになった。一八三〇年代に幻覚研究が盛んになったことで、古典主義期の《醒めて夢見る者》（rêveur éveillé）という古い狂気観が呼び覚まされる。なおかつそれは今や、脳の活動および感覚器官の機能不全（外界からの情報の遮断）といった生理学的な語彙によって、新たに科学的アプローチとしての正当性を付与されていた。このようにして、「幻覚の時代」のフランス精神医学（アリエニスム）には、《幻覚＝夢＝狂気》という、三重のアナロジーが形成されていくことになったのである。

これは本を糺せば、先述したような意味論的アプローチへの転回によって患者の内観世界がクローズアップされ、「正しい／間違っている」という価値判断の基準が、精神医学の言説空間内部において大きな力を持ち始めたことからの帰結でもあった。一八一五年から一八二〇年にかけての時期には、法廷で初期の精神鑑定が開始されていたし（Foucault 1999: 30）、また「暗示効果」の発見というスピリチュアリストの系譜からの影響も、エスキロールを経由して精神医学に変化を与えていた。

意味論的な正誤という判断基準は、ある種の単純化をもたらした。例えばルーレは精神疾患の本質を、観念やイメージにおける誤謬、調和的な「観念連合」の崩壊と見なしている。他方でバイヤルジェのような若い世代は、むしろマテリアリストの立場から、精神疾患の本質を脳や神経系、感覚器官の不調と捉えている。しかしながら、人が注意力（attention）を用いることで「外界の事物」を正しく知覚することができれば、（記憶と想像力によってのみ構成される）内観世界の誤りは修正されるはずだと考える点で彼らは意見を一致させており、つまり両者ともデカルトの二元論哲学からそれほど遠くへは行っていないのである。さらに踏み込んで言えば、「幻覚」の概念は、精神主義と物質主義という二つのアプローチを合流させ、矛盾無く包括してしまっていた。それは、根本的に対立するはずの二つの立場を、（一方は観念連合の不調和を、他方は脳や感覚器官の不調を強調しているのだといった具合に）単なる力点や論点の差異へとずらしてしまうことができた。一言でいえば、幻覚は訂正されるべき「エラー」（意味上の誤謬／器官の誤動作）だった。

二元論の超克が試みられたこの時代の精神医学において、幻覚概念が大きな重要性を持つようになり、ほとんど精神疾患と同義語と見なされるまでになったのは、およそ以上のような理由による。結局、七月王政期のアリエニスムにおける「幻覚」とは、心身二元論の乗り越えの失敗から生まれた時代の落とし子だったと言えるのかもしれない。

一九世紀の後半、一八八〇年代頃に編纂されたドゥシャンブル版『医科学百科事典』で「幻覚」の項目を執筆したクリスチャンは、半世紀も経たないうちにノスタルジーを込めてこう振り返っている。「幻覚はかつて精神疾患患者についてのみ研究されていた。それ故幻覚と精神疾患そのものを同一視することに、人はだんだん慣れていってしまったのだ。幻覚と精神疾患は同義語になった。そこに誤りがあった」(Dechambre 1878–1889, serie4, tome12: 79)。世紀の中葉を過ぎると、精神医学の中心は急速に大脳病理学へと移る。イギリスではレイコックとその弟子のジャクソンが、ドイツではグリージンガーが、フランスではバイヤルジェが、それぞれ大脳や神経系における不随意的で無意識的な「反射動作」についての研究を開始していた。一時期は精神疾患の本質とまで目された「幻覚」の概念は、もう重視されることはなくなり、精神医《アリエニスト》たちは新しい精神科医《プシキアートル》たちの世代に道を譲ることになる。こうして「幻覚の時代」は終焉を迎えた。

＊＊＊

前記のような事情を踏まえた上で、ハシッシュの問題に戻ろう。ハシッシュが「幻覚」を生じさせるという考えは、文学の内部から発生したものではなかった。それはむしろ精神医学の分野から起こり、《ハシッシュ倶楽部》という小さなサークルでの交流を通じて、芸術家たちに伝えられたものだった。モローやボードレールの、この物質が狂気を引き起こすというやや漠然とした言葉は、「幻覚の時代」という、当時の非常に特殊なコンテクストを鑑みた上で丁寧に聞き取られ、慎重に理解されなくてはならない。その証左に、一九世紀の半ばを過ぎるとハシッシュと精神疾患にまつわる言説は徐々に姿を消してゆくのである。

はっきり言えば、一九世紀後半のフランスにおけるハシッシュは、特に危険視されていた様子がない。公衆衛生学者たちが時おり警告を発することはあっても(Berthault 1854; Nicolle 1869)、深刻な中毒症例の報告なども見当たらず、大きな問題を引き起こしていた形跡も見られない。総じてこの薬剤の使用は社会的逸脱とは考えられていなかったと言って良いだろう。一八四〇年代から一八六〇年代にかけてパリの薬局には多種多様な大麻製剤が並ぶようになっていった。それは（インド麻を意味する）「カンナビス・インディカ」ないし「シャンヴル・アンディアン」の商品名を付けられてのことだったし、薬剤師たちはその正体が「ハシッシュ」と同じ植物であることを知っていたけれども、それでも小さな丸薬やシロップを嚥下することと暗緑色のジャム（ダワメスク）を大量摂取することとは、別々の二つのことと認識されていた。

一八七三年一〇月三日、パリのオデオン座で「ハシッシュ」というタイトルのコメディが封切られる。主人公の青年ラウルが、エジプト旅行から帰ったばかりの友人ネストールを訪ね、食事中うっかり「ある物」を口にしてしまうという話だった。

ラウル　　何が入ってるんだ？
ネストール　　ハシッシュさ。
ラウル　　なんてこった！
ネストール　　いや危なくはないさ。東洋人はよく食べてる。
ラウル　　ああ、俺はこれが何かよく知ってる。以前食べたことがあるんだ。
ネストール　　で、どんな効果があったんだい？
ラウル　　まず強烈な眠気、それから幻覚……優雅でグロテスクな。最後には窓から飛び降りたいという強烈な願望が。

ネストール　おいおい！[21]

このシーンの後、ハシッシュの幻覚に支配されたラウルは、（偶然ネストールの城を訪ねてきた）年老いた修道女を若くて美しい娘と見間違え、甘言の限りを尽くしてこれを口説くことになる。つまり劇作家ルイ・ルロワは、パリ・コミューン後の重苦しい空気の中で、ハシッシュを題材に喜劇を書いているのであって、ここではもう《ハシッシュ倶楽部》のゴーティエやボードレールが描いていたような、奇怪でミステリアスなイメージは影を潜めている。

今日のドラッグに付随する精神変容や幻覚のイメージは、このハシッシュの事例にその起源を持っている。それは一度忘れ去られたが、他の物質への社会的批判が高まった時に、「幻覚の時代」という元々の歴史的コンテクストから切り離され、テクストが一人歩きする形で掘り起こされ、ドラッグを攻撃する言説として利用されたと結論付けることができるだろう。

とはいえ、「狂気」に関して一九世紀前半に成立していた《幻覚＝夢＝狂気》という三重の類比《トリプル・アナロジー》が、以後の時代においては不成立となる以上、「薬物による狂気 folie」の概念自体に、ニュアンスの大きな横滑りが発生していく点には注意が必要である。すなわち一九世紀後半以降のそれは、もはや医学的言説として特定の精神疾患を指すというよりは、もっと広範囲に、薬物の摂取によって引き起こされる精神異常や精神変容を意味するようになっていく。さらに踏み込んで述べるならば、ある種異様でエキセントリックな、「普通＝正常《ノーマル》」ではない精神状態や行動のことを指すようになっていくのである。そしてここには、第1章で見てきたような、社会規範《ノルム》に適合していない、規範的《ノルマル》ではないといったニュアンスが挿入されていくことになる。

このことについてはまた後に詳述するとして、ここでは引き続き一九世紀の後半に何が起こったかについて、以下の各章で見ていくことにしよう。

第3章　モルヒネ中毒と法医学

現在「麻薬」と呼ばれている諸物質のうち、最も早く西欧世界に現れたものは、（麻布の原料として用いられた在来種の大麻を別とすれば）英国における阿片だった。しかし最も早く「ドラッグ」化の道を辿ったのはモルヒネである。この章では、とりわけ普仏戦争（一八七〇―一八七一）から一九世紀末頃の時期にかけての法医学の分野において、モルヒネへの危険視が顕在化していく様子について見ていくことにしたい。

1　モルヒネと医療

モルヒネという物質の歴史について手短かに振り返っておくならば、まず一八〇三年、フランスの薬剤師ドゥロンヌとセガンによって、阿片の天然アルカロイドであるモルヒネが発見される。一八一六年にドイツ人薬剤師ゼルチュルナーがその完全な抽出に成功し、ギリシャの眠りと夢の神モルベウスにちなんで「モルヒネ」（das Morphium）と名付けた。それ以降、この物質は、エーテルやクロロフォルムに代わる鎮痛剤、麻酔剤として、西欧の医師たちからの大きな期待を集めることになる。なかんずく一八五〇年代に「注射器」が発明され、局所麻酔が可能になってからは、皮下注射技術の高まりに伴って、モルヒネの鎮痛効果の即効性・確実性は広く知られるようになった。つまり、現在も多かれ少なかれそうであるように、一九世紀のモルヒネは徹頭徹尾、医療技術に貢献するものとして考えられていた。

その効果が最初に疑問視されたのは、普仏戦争後、一八七〇年代のドイツにおいてだった。モルヒネはこの頃、最高の鎮痛剤、麻酔剤として医療現場にはほとんど不可欠なものとなっていたが、戦争で負傷した兵士たちの治療に広く用いられることによって、多くのモルヒネ中毒患者を生んでしまったのだった。ドイツではまず一八七二年にレールが、一八七四年にフィードラーがそれぞれ、モルヒネを投与されていた患者がその物質を断たれた時に見せる激しい禁断症状と錯乱状態について報告し、この物質の危険性を指摘した。一八七七年、精神科医レヴィンシュタインはこれに「モルヒネ中毒（嗜癖《ズフト》）」（die Morphiumsucht）の名を贈ったが、彼によればその定義は、「ある個人の、モルヒネを興奮剤や嗜好品として用いることへの熱狂（Leidenshaft）、そしてこの医薬品の乱用の結果である病理的状態」（Levinstein 1877: 5）となっていた。

レヴィンシュタインがここでモルヒネ中毒を、「病理的状態」の他に「熱狂」によって定義していることは特に注目に値する。[*1] これは端的に、彼が二種類のモルヒネ中毒を区別したことの結果だった。鎮痛剤として医師にモルヒネを投与され続けることで起こる「モルヒニスム」と、その治療期間が終わった後でも患者自らがモルヒネ注射を打ち続けてしまうという「モルヒノマニー」との区別である。

一八世紀後半以降に産業革命を経験した西欧先進諸国は、産業化と工業化の発達とともに、その弊害として起こってきた種々の「中毒」に出会っている。すなわち、工場労働者たちが急に体調不良を訴えることがあり、その原因が、彼らが日々取り扱っていた鉛や水銀であることが分かってきたのである。「モルヒニスム」は、こうしたある種の職業病、あるいは事故としての中毒に類するものと当初考えられた。確かに、一八八〇年代初頭のモルヒネ患者のうち実に約半数は、モルヒネに触れる機会の最も多い医師たちと、その家族だった。

　これに対して「モルヒノマニー」は、全く異なる側面を備えていた。というのは、モルヒネ患者たちの中には、患者自ら進んでこの物質を摂取する者も多数存在したからである。レヴィンシュタインがこの時に説明概念として持ち出したのが、「モルヒネへの熱狂＝情念」だった。彼自身も何度か言及していたように、「モルヒノマニー」概念は、（一九世紀初頭よりあった）「渇酒症《ディプソマニー》」概念からの類比《アナロジー》によって導き出されたものであった。純粋に医学的見地からすれば、モルヒニスムの概念のみで必要にして十分だったはずである。しかし、レヴィンシュタインがここでわざわざモルヒノマニーという新たな概念を提示したのには、それなりの理由があった。それについてはまた後述するが、いずれにせよこのようにして、モルヒネ中毒患者たちの内面に存在する薬物へのある種の欲望が、医師の側から「想定された」のだった。またそれと同時に、モルヒネ中毒は、鉛や水銀による事故としての中毒から区別されることになった。

　早くからモルヒネ中毒に警告を発していたレールやフィードラーは、それを（先天的な）精神疾患の一種と考えていた。だがレヴィンシュタインはこれに異を唱え、モルヒネ中毒は患者の生来的な素因によって引き起こされるのではなく、物質の摂取によって引き起こされる体質の変化が原因だと述べた（Levinstein 1878［1877］: 6–7）。言い換えれば、それは後天的な病であり、モルヒネの長期使用が患者にこの物質への「熱狂＝情念」を生じさせるというのが彼の主張だった。そしてこのことの帰結として、彼はモルヒネ中毒が治療可能であり、病因となるモルヒネを断てば患者は治癒するのだという結論に到達する。フランス医学にもこの考え方は受け継がれ、モルヒネ中毒の治療の試みが開始されていった。

ところでフランス精神医学において、「マニー」(manie) という語はある種の精神疾患に関して用いられる接尾語だった。一九世紀前半の精神医学をリードする存在だったエスキロールは、一八二〇年代頃にフランスで頻発した猟奇的な殺人事件を前にして、犯人たちを「殺人モノマニー」と呼んでいる。モノマニー(単一狂)とは、普段は全く正常ながら、何か一つのことに対して理性を失ったようになるという事態を指しており、部分的な狂気と考えられていた。エスキロールはまた、普段は下戸の者が急にアルコールを欲するという渇酒症《ディプソマニー》についても、「酩酊モノマニー」という単一狂の一種であると述べている。

レヴィンシュタインの著作の仏訳の第二版が出された一八八〇年以降、フランスでも彼の論考は広く医師たちに読まれていたようだが、以上のことから鑑みるに、フランスにおける「モルヒノマニー」は、最初からどこか狂気のイメージを伴っていたということになる。

2　モルヒネ中毒と犯罪

一つ注意すべきことは、フランスにも普仏戦争敗戦後の一八七〇年代にはすでに、少なからずモルヒネ中毒患者が存在したはずだったということである。ところが、モルヒネ中毒に関する警句や研究は一八八〇年代に入るまでほとんど見られない。一八七〇年代のフランス医学界で緊急を要する課題となっていたのは(次章で扱われるような)アルコール中毒の問題であり、モルヒネ中毒の研究に関してフランスはドイツの後塵を拝していた。

一八八〇年代のフランスでは、モルヒネ中毒の病因論や患者の治療方法について議論がなされたが、それに加えてもう一つ大きな問題として認識されていたのは、彼らによって引き起こされる犯罪だった。レヴィンシュタインも触れていたように、物質を断たれた状態の患者たちは思慮分別を失って、モルヒネを手に入れるためにあらゆる手段を講じる可能性があったのである。実際、一八八〇年代の医学誌には、薬局からモルヒネや注射器を盗んだり、百貨店や小売店で窃盗を行って薬物を買うための現金を作ろうとしたりする中毒患者たちの事例が多数報告されていたし、中には錯乱状態での殺人事件まであった。モルヒネ中毒患者によるこうした犯罪は、司法上の重大な問題を引き起こす。というのは、フランスでは一八一〇年の刑法（ナポレオン法典）の第六四条で、被疑者が犯行時に心神喪失の状態にあった場合はその罪を問わないと定められていたからである。

精神科医が司法の現場に登場するのはこうした場面においてだった。被疑者に精神疾患の徴候が見られれば、法的責任は免じられ、その身柄は医師の側へと委ねられることになる。この責任能力の有無の問題、つまり精神鑑定は、一八世紀の末にピネルとテュークによる《鎖からの解放》が行われた後で、フランスの司法に現れる。フーコーによれば、当時新しく成立した精神医という職業は、専門家としての自らの有用性を示すため司法へと接近した。一方で司法は、処罰から監視へとその興味を移し始めていた。そしてここに、法医学という新たなジャンルが成立したのである。それは言わば医学的権力と司法権力の、相互貫入による版図拡大だった。

そしてモルヒネ中毒患者による犯罪は、精神病患者によるそれよりもずっと複雑な司法判断を要求した。その様子について見るために、以下では実際の事例を三つほど紹介しておこう。

事例1　H婦人（一八八六年）

初めに紹介するのは、一八八六年に医師ポール・ガルニエによって『心理医学年報』に報告されたもので、パリのプランタン百貨店（一八七〇年創業）で五五フラン相当の品物と注射器、およびモルヒネ溶液を万引きしたとして逮捕されたH婦人の記録である。三七歳のこの婦人は、貧困のため盗みをはたらいたものの、それはモルヒネの「めまい」がそうさせたのだと供述していた。彼女はその後サン＝ラザール病院に移され、ガルニエによる診察を受けることになる。

医師の報告によれば、この婦人が盗みに及ぶまでの顚末とは以下のようなものであった。彼女は神経質で感じやすい性格だった。ただし家系には特に変わった者はおらず、それは遺伝的欠陥ではなく質素な生活環境によるものだったと考えられる。数年前から内縁の夫がおり、健康な子がひとりあった。出産後に腹痛が現れ、やがてそれは心気症《ヒポコンドリー》が原因であると分かった。痛みは徐々に激しさを増し、彼女は入院してモルヒネの投与を受け続けた。この治療のおかげで痛みは治まり彼女は退院したが、以後モルヒネを手放せないようになってしまった。彼女は一枚の許可証を様々な薬局で見せることで、好きなだけ薬剤を購入することができたし、一日に〇・三グラムのモルヒネを打ち、特に健康にも生活にも支障はなかった。しかし、事件の数日前になって、彼女が長年針子として勤めていた工場が突然閉鎖され、彼女は不安定な状況に置かれることになったのだった。

サン＝ラザール病院での観察期間中に、彼女は何度も「ヒステリー変質」の発作を起こしたが、発作の無い時には意識もはっきりしていた。彼女は、モルヒネを打つのはそれに熱中しているからではなく、肝臓の痛みのためだと語った。発作前には肝臓のあたりに激しい痛みを感じ、それは肩から首、頭へと広がっていく。「まるで頭蓋骨と脳の隙間を獣が這っているようなのです」。するとまず視覚障害が起こり、めまいを覚え、そして意識を失う。モルヒネを投与しさえすれば発作は避けられる。H婦人が置かれていた状況とはそのようなものであった。二年前から彼女は、モルヒネが手元に無い時には似たような発作を起こしていたという。

彼女の発作は演技ではなかった。それは決まってモルヒネを断たれた時に現れた。観察期間中、彼女は「めまい」が盗みへと駆り立てたのだと繰り返し主張し、犯行前に次々と一〇本のモルヒネを打ったと言った。しかし逮捕時の状況はむしろ、彼女の精神状態が十全であったことを指し示していた。意気消沈や心的麻痺――つまり分別の欠如――を示す証拠は無かった。めまいについては、臨床データにおいても、様々な事実関係を基に熟慮された結果においても、否定された。したがって彼女は、犯行時にはモルヒネによる多幸感の状態にあったことが分かったのである。以上のことを考慮して、ガルニエ医師が最終的に下した結論は次のようなものだった。

一、H婦人は数年前からモルヒネ乱用に耽溺していた。この習慣は麻酔薬への欲望によるものというよりはむしろ、痛みを和らげる必要にかられて引き起こされたものであったが、日に日にそれは抗し難いものとなった。モルヒネ患者にしばしば見られる意気消沈や知性・精神の阻害は、観察されなかった。二、犯行時に彼女は心的障害によって動かされてはおらず、通常の分別や自由意志を損なうことはなかった。三、窃盗症の衝動は一切見られなかった。四、したがって、H婦人は、咎められた行為に対して責任能力が無かったとは言い難い。しかしながら、被疑者は神経病質な気質であり、有毒物質の本能的な乱用でそのもともとの興奮しやすさが増大させられていたことを鑑みるに、被疑者は犯行時に衰弱していたと認め、またその責任能力も弱まっていたと認めるのが妥当である。

(Garnier 1886a; Robbiola 1982: 26–31)

法廷はこの主張を受け入れ、六日間の投獄との判決を下した。この情状軽減がフランスの刑法に現れたのは一八二四年六月二五日の法律においてだったが、正気と狂気のあいだ、責任能力の有無の中間領域という問いが司法にまともに突きつけられたのは、このモルヒネ中毒者の犯罪というテーマが現れた一八八〇年代が最初であった。

この頃のフランス法医学は、「ピュイサンス（支配力）」と「アブスティナンス（絶つこと）」という二つの状態を、モルヒネ患者に想定していた。「ピュイサンス」はモルヒネの効果が訪れている状態、「アブスティナンス」は薬物を絶たれている状態のことをそれぞれ意味した。医師たちは、モルヒネを絶たれた状態にある患者が起こした犯罪に関しては、その法的責任を問わないということでほぼ意見の一致を見ていた。だが「ピュイサンス」の状態に関して彼らの意見は分かれた。患者の判断力はかえって冴え渡るという意見から、アルコール同様の酩酊状態に陥るという意見、意気消沈が訪れるという意見まで様々だった。結果として、一八八〇年代に犯罪を起こしたモルヒネ患者たちに関しては、前例の無いほど頻繁に、情状軽減が適用されていくこととなった。

H婦人の事例では、彼女は事件時に「ピュイサンス」の状態にあり、法的責任能力を保っていたとされた。だが結果として情状軽減の適用を受けている。その理由は、彼女がもともと「神経病質な気質」であり、モルヒネの使用によってこの傾向が強められていたためだとされている。この事例は、当時いかに容易にモルヒネ患者に対して情状軽減が出されたかを、そしてまた当時の法医学がいかにモルヒネに対して慎重な態度をとっていたかを示している。

事例2　弁護士X（一八八五年）

先に「ピュイサンス」の一例を示したが、次に「アブスティナンス」のケースを挙げたい。これは一八八五年に医師マランドン・ド・モンティエルによって報告された事例だが、このX氏は事件を起こしたものの実際には告訴に至っておらず、仮に法廷に出ていたらいかなる司法判断が妥当であったかについての、マランドンによる考察となっている。

弁護士のX氏は（一八七九年の時点で）二八歳だったが、肝臓を患っており、痛み止めとしてモルヒネを使用していた。しかし五ヶ月ほど使用を続けるうちに、ついに「正常な状態」を維持するのにもモルヒネを必要とするようになってしまった。薬剤を失った彼は、周囲が常にまぶしく見え、口は渇き、声も変わり、不眠で神経は疲れやすく、そして完全な不能であった。心身の均衡を回復するためにさえ、X氏は自らモルヒネを打つことを必要とするようになった。

それから数年後のある日、彼はジェノヴァからマルセイユへ向かう大型客船の中でたまたまモルヒネを切らしてしまった。客船の医務室でモルヒネを分けてくれるように頼んだが断られた。マルセイユに到着するまでは、まだかなりの時間が残っていた。彼はそれから数時間のあいだ苦しみに耐えていたが、ついに「誰にも発見されないように細心の注意を払って」船内の医務室からモルヒネを盗み出してしまう。医師マランドンは問う。さて、X氏には責任能力があったと言えるだろうか（Marandon de Montyel 1885）。

医師の意見は、もちろん否であった。マランドンによれば、X氏は「その身体的必要によってのみ駆り立てられていた」ため、善悪の判断はつかず、したがって法的責任能力は無かったという。これは「アブスティナンス」の状態に関しては責任能力を問わないという司法判断の典型的なケースである。

事例3　J婦人（一八八三年）

最後に紹介するのは、一八八三年にモテ医師によって報告された、パリ近郊サン゠ドニの百貨店で万引きをはたらいて逮捕されたJ婦人のケースである。

彼女は上流階級の生まれであり、事件時には二八歳で二人の小さな娘があった。彼女は非常に不幸な少女時代を過ごした。両親を早くに亡くし、知り合いの家に引き取られたが、或る日精神を患っていたその家の女主人に刃物で追い回されるという経験をする。この時J婦人に初めての神経系の発作が訪れたという。その後見人の死後、また別の後見人の家に引き取られた彼女は、そこに本当の家族生活を見出す。二〇歳で幸福に恋愛結婚し、第一子を宿した。この妊娠期間中に彼女はヒステリー性の痙攣発作に襲われ、一一日間視力を失ったが、幸運にも出産に影響はなく元気な女児に恵まれた。

数年後の一八七九年一月、彼女はまた痙攣発作に見舞われる。その後も幻覚を見たり、激しく興奮して壁に向かって突進したりした。療養所への入退院を繰り返した後のその年の三月、水浴療法でも阿片製剤でも収まらない強い腹痛を抑えるために、モルヒネが投与される。これが、J婦人がモルヒネと出会うまでの顚末である。

彼女は自分で痛み止めの注射を打つうちに、やがてモルヒネ中毒に陥った。あまりお金が無く、夫に内緒で家財を売り、また医師に貰った一枚の処方箋をあちこちの薬局で見せて薬剤を買っていた。一八八一年五月、彼女はそうした苦しい状況から解放される。パリで出会った或る薬剤師が、信用貸しでモルヒネを売ってくれるというのだった。それから約一年半のあいだ、この薬剤師は彼女の言うままに薬物を与え続けた。彼女のモルヒネ使用量は日に日に増えていった。

一八八二年一〇月、突然この薬剤師から、もうこれ以上モルヒネは売れないという手紙が届く。J婦人はすでに一六〇〇フラン相当のモルヒネを買っていたが、支払ったのは二〇〇フランだけだった。二通目の手紙には、三日以内に支払いが無ければ、ご主人にこのことを知らせると書かれていた。その時から彼女は生きた心地がしなくなったという。「私には夫にすべてを打ち明ける勇気はありませんでした。……お金を作らなくてはならないということしか頭にありませんでした。もう自分を止めることができなくて……運命の女神は、私がサン＝ドニの百貨店に入っていくよう望んだのです」。こうして彼女は盗みをはたらき、そして逮捕された。モテ医師の判断は以下のようなものだった。

渇酒症の場合と同様に……J婦人もモルヒネへの欲求という抵抗不可能な誘惑に屈した。……彼女は一〇年来、自身の行動の善悪も分からない、知的精神的に不安定な状態で生きてきており、結論として我々の意見は、J婦人は……この窃盗に対して責任を負わないということである。(Motet 1883)

法廷は医師の主張を受入れ、J婦人を無罪とした。そしてその代わりに、彼女にモルヒネを与え続けていた薬剤師に、八日間の拘留と一〇〇フランの罰金、さらにそれに加え、被害を受けたJ夫妻に賠償金として二〇〇〇フランを支払うように命じた。

この事例はやはり「アブスティナンス」の例であり、被疑者はほぼ無条件で無罪となっているが、興味深いのは薬剤師の側に厳罰が下っている点である。つまりこの事件は、言わば薬剤師がJ婦人に毒を盛った結果として起こったと捉えられており、モルヒネはここではヒ素のような毒物の延長上で考えられている。

3　半‐責任能力と「情念」

一八八〇年代のフランスでのモルヒネに関する議論は非常に混乱したものだった。法医学は「ピュイサンス／アブスティナンス」という区別を立てたが、ガルニエが一八八六年に別の論考で指摘したように、治療学的にはこのような区分は全く意味をなさなかった（Garnier 1886b）。臨床現場において問題となるのは常に、患者から物質を絶つことだったのであって、すなわちこの「ピュイサンス／アブスティナンス」の区分は、完全に司法のそれである。さらに言えば、いずれにせよモルヒネ中毒者であるというだけで、多くの場合には情状軽減が適用されてしまうというのが実状だった。このため罪を犯した者のなかには、モルヒネ中毒者を装って処罰を免れようとする者も現れた。

この混乱の原因は、端的に言えば、法医学に初めて「正気と狂気のあいだ」という問いが突きつけられたためだった。一九世紀初頭に猟奇的殺人事件の精神鑑定を行ったエスキロールたちは、被疑者に精神疾患の症候が見られるかどうかのみを判断の基準に据えていた。普段は正気を保っているため部分的な狂気と考えられていた「モノマニー」に対しても、同じ方法が取られた。というのは、モノマニーの原因もやはり「本能」という反証や論駁を許さない概念によって説明されていたからだった。このように一九世紀前半の精神医《アリエニスト》たちは、どこかで「理性／非理性」という二分法を、啓蒙期の意識の哲学から継承し保持している。つまり正気と狂気とは質的に異なる何か別の存在だったのであって、被疑者の法的責任能力は「全か無か」であった。

しかしモルヒネ中毒については事情が異なっていた。なぜなら、モルヒネ患者だからといって事件時に錯乱状態にあったとは限らず、さらに、モルヒネを大量に摂取することで、誰でもモルヒノマニーにかかる可能性があったからである。中毒の原因はもはや先天的な「抗えない本能」ではなく、後天的な物質の摂取という単純な事実だった。モルヒネ患者たちは、狂気から区別されなくてはならない。なおかつ他方では、正気からも区別されねばならない。正気と狂気とのあいだを明確かつアプリオリに分け隔てていた高い壁は崩れ始めていた。まさにこのようにして、一八八〇年代のモルヒネ中毒者たちによって引き起こされた犯罪行為は、法医学上の議論の大混乱を生んでいったのである。それはかつてないほど頻繁に出された情状軽減の適用にも見て取れる。

こうして、まずもって司法の問題として、法的概念としての「モルヒネ中毒」が形成された。ロビオラ（一九八二）の分析を参照するならば、それは「半‐責任能力」(demi-responsable) のカテゴリーでもあった。これは、一八七〇年代のフランスにモルヒネ中毒の研究が見られなかった理由の一つでもある。つまり、モルヒネ中毒者は一八八〇年代に突如出現して司法上の選択を迫ったのではなく、事態はむしろ逆で、犯罪者がモルヒネ中毒だったと分かった時にその責任能力を問う議論が開始され、それを正気と狂気のあいだの独立した一つの項目として設置する必要が発生し、「モルヒネ中毒」という法的概念、司法判断上のグレーゾーンが措定されたのだった。要するにフランスでは、一八八〇年代の前半にまず司法に「モルヒネ中毒」というカテゴリーが生まれて、それから医学的にもモルヒネに中毒していた状態の人々がそれとして取り扱われるようになったという流れが観測されるのである。

ロビオラはモルヒネ患者の「半‐責任能力」というグレーゾーンの出現について、一九世紀に（それまでの絶対的な概念に代わり）相対的な概念や考え方が登場したためであるとして考察を打ち切ってしまったが (Robbiola 1982: 8)、我々としてはもう少し考察を進めたい。まずモルヒネ患者の法的責任能力と、レヴィンシュタインの定義にあったような「モルヒネへの情念」とのあいだには関連が無いことに注意を払う必要がある。中毒患者が思慮分別を失うのは、端的に薬物が絶たれた時であって、少なくともそれがレヴィンシュタインの意見だった (Levinstein 1878: 10)。しかし一八八〇年代のフランス法医学は、患者たちの情状軽減の根拠として、「その情念が抵抗不可能であること」を据えてしまう。これは、ことに古典派刑法学的な司法判断において、被疑者の責任能力を問う時には、犯罪行為時の主体の「自由意志」(libre-arbitre)の有無が問題とされるからだった。自由意志でもって(この場合は「悪意」でもって)なされた違法行為に対して、人は責任を負わねばならない。逆に言えば、自由意志を失った状態でなされた行為に関しては、法的責任を認めないものとする。啓蒙哲学に影響を受けた一八世紀後半の古典派刑法学、および一八一〇年のフランス刑法にはそうした考え方が存在した。したがって、モルヒネへの情念が抵抗不可能であるというのは、情状軽減の有力な根拠となり得たのだった。

この「情念の抵抗不可能性」は、一見医学的な観念に見えるのだがそうではない。それは法的責任能力の問題に照らし合わせた時に初めて出てくる観念だった。医学の文脈でそれが観測されるのは、次のような臨床場面においてのみである。モルヒネ中毒患者の治療に際しては、いずれにせよ物質を絶つことになるのだが、この時患者の訴える激しい痛み(禁断症状)と、彼らが薬物を要求すること、これらが治療する医師の側の困難として発生する。確かにモルヒネを投与すれば、この痛みは一時的に、しかしながらたちどころに消え去る。だが仮にこうした状況を「モルヒネへの情念」と形容したところで、それが抵抗不可能かどうかは、ここでは問われていないのだった。治療学的にはむしろ、それは抵抗可能だと仮定されていた向きさえある。モルヒネへの情念を抵抗不能だと認めてしまうとすれば、すべての治療の試みは功を奏さないということになってしまうためである。

医学が患者の身体(あるいは精神)に生じている病理的現象と、その病理「状態」を取り扱うのに対し、刑法は或る個人の悪しき意図によってなされる犯罪「行為」を対象としていた。自由意志と法的責任能力を備えた主体というのは、当時の刑法における暗黙の前提であり、刑罰を与えるべき対象は常に何らかの個人である。モルヒネという物質そのものに刑罰が与えられることはない。薬剤を与えた医師や薬剤師、あるいは犯罪を犯した場合には中毒者本人といったように、常に誰かの罪と責任が問われる。なぜなら咎められる対象は「悪しき意図」だからだ。ところでモルヒネ患者は「意図的に」その犯罪を犯したのだったろうか？「モルヒネへの情念の抵抗不可能性」とは、こうした、主体の意図／非意図を巡る司法上の要請から、モルヒネ中毒者に「想定された」新たな特性の一つだった。

この問題をやや別の角度から眺めてみよう。言うなれば、一九世紀前半のエスキロールの時代の精神疾患には、先天的な素因の存在が想定されていた。これに対して一九世紀後半のモルヒネ中毒は、事故による脳の損傷等によって引き起こされたものと同様に、後天的な素因による精神疾患と見なすことができた。一八八〇年代の法医学で問題となったのは、ある意味ではこうした病因論に関することだった。医学の領域では、この中毒の原因が物質の摂取そのものにあることは明白だった。だからこそ物質の離脱が有効かつ必要な治療法となったのである。これに対して司法の側は、中毒の原因を少し別の場所に求めようとしていた。

例えば、先ほど引いたJ婦人のケースにおいて、観察を担当したモテ医師が類似の病として引き合いに出していたのは、渇酒症《ディプソマニー》という古い概念、つまりエスキロールの「酩酊モノマニー」だった。それはすなわち、モルヒネ中毒に先天的素因が絡んでいるのではないかという主張を意味している。法廷において情状軽減の適用を受けるためには、モルヒノマニーが先天性であり、被疑者にはそれを避ける術が何も無かったという説明が、極めて有効だったのである。マランドン・ド・モンティエルも、被疑者が享楽を求めて自らモルヒネを打っていたような場合には、その責任能力を問うてよいと考えていた。法廷におけるモルヒネ中毒患者たちは、「哀れむべき病者」として描かれることで、エスキロールの時代の狂気概念へと接近させられる。それは抵抗不能な先天性の病として語られたという側面を、確かに持っていた。

厳密に見ればここに、司法と医学のあいだの不協和音があったのだった。だがこの不協和音をハーモニックな解決の和音へと誘う導音として、レヴィンシュタインの「情念」の概念が鳴り響いていた。すなわち、モルヒネ中毒者はモルヒネへの情念からそれを使用するようになったのだ／モルヒネを使用したから薬物への情念が生じたのだ、という循環論法が、この概念によって可能となっていたのである。こうしてモルヒノマニーの病因論は、曖昧なループへと流し込まれていく。レヴィンシュタインの提示した「熱狂＝情念」という定義は、最初から、司法と医学の結び目として作用していたのである。

4　モルヒネ中毒者の潜在的犯罪性

しかし一八八〇年代の後半にはすでに、この「情念」の概念は法医学の解釈の上での位置を変化させ始めている。当初モルヒネ患者は、彼らが犯罪行為を犯した時のみ問題となっていたが、だんだんと、病理的状態としての中毒そのものが、社会問題としての色合いを帯び始めるのである。これは、フランスでアルコール中毒に対する警戒の声が強まっていったのと、ほぼ時を同じくしている。

この変化に関するキー概念の一つは「デジェネレッサンス（変質＝退化）」だった。ベネディクト・A・モレル（一八五七）によって精神医学の分野で提唱されたこの概念は、エスキロールの古い「モノマニー」概念が広くカバーしていた領域の地図を新たに塗り替えていくことになる。モレルは、変質者（デジェネレ）の大半は遺伝的要素によって本能を侵されていると主張して、そうしたアイデアはヴァランタン・マニャンやその弟子ポール＝

モーリス・ルグランへと受け継がれていった。

一九世紀後半の西欧では、ダーウィン進化論の影響と遺伝研究の高まりを受けて、刑法学の分野にも大きな変化が訪れている。イタリアの医師で犯罪学者だったチェザーレ・ロンブローゾ（一八七六）は、遺伝的欠陥による生まれつきの犯罪者が存在すると主張し、これを「生来的犯罪者」と呼んだ。フェッリやガロファロといった彼の弟子たちを加えて構成されたイタリア学派犯罪人類学は、新派刑法学と呼ばれる潮流の重要な部分を占めている。彼らの主張によれば、もはや法的責任主体の概念を捨て去り、犯人が「自由意志」に基づいて犯行を行ったかどうかではなく、社会への「危険度」に基づいて処罰を定めるべきだとされていた。ロンブローゾらはこうした「危険人物」の去勢さえ主張していた。なぜなら、彼らによれば、犯罪者の子は犯罪者になる可能性が高いからである。あごが大きい、目と目が離れすぎている、または近寄りすぎている、手足が長く毛深い等々。彼らは大量に収集した頭蓋骨や人物写真のデータを分析することで、犯罪者たちに特有の身体的特徴を「実証科学的に」見出したと確信していた。彼らはそうした特徴を「スティグマ」と呼んだ。遺伝的に何らかのスティグマ（刻印）を持つ存在が、すなわち社会への危険度の高い存在であるというのがイタリア学派の主張だった。

鉄道網の発達と人口移動の激化による社会不安の増大も手伝ってか、この学説は当時のヨーロッパを席巻した。だがこうした極端な生物学主義に対して、アレクサンドル・ラカサーニュらフランスの犯罪学者たちはやや距離を取っていたようである。一八八五年のローマで第一回国際犯罪人類学会が開かれた時、フランス学派を率いていたラカサーニュは、遺伝的要因を過度に強調するイタリア学派を批判している。「社会的環境が、悪徳もしくは犯罪的な本性を助長するのにあまり影響が無いと仮定したところで、改革がもたらされねばならないのは、この環境や活動条件の方だ」（Carol 1995: 128）。フランス学派は遺伝的素質の存在についても譲歩を示しつつ、犯罪への環境因の重要性を説く。一八八九年の第二回大会はパリで開かれたが、この時はマヌヴリエが手厳しい批判を加え、イタリア学派はやがて態度を軟化させていった。そして一八九二年の第三回大会をイタリア学派が欠席することによって、遺伝的要素と生物学的要因のみによって犯罪を説明しようとする立場は、事実上消滅することになる。一八九七年に精神科医フレーリは「遺伝は悪の性向の一要因をなすに過ぎない」と述べ、その数年後にラカサーニュは「犯罪者を作り準備するのは社会である」と述べた（Carol *ibid*.: 129）。この時期のフランスでは他にもガブリエル・タルドが「模倣」をキーワードにして環境因を重視する議論を展開しており、遺伝研究を中心とした生物学的運命論は一方では強い反発を受けていたと言える。

当時、遺伝か環境かを巡る議論は活発になされていたが、もちろんすべての論者がその両極端に分散した訳ではない。両者のあいだには、気質、性格、習慣といった、先天的に決定されることもあれば後天的に獲得・変更されることもあり得るという要素が、いくつも介在していた。一八八〇年代の後半頃から、モルヒネ患者の記述に「習慣」（habitude）という述語が多く見られるようになる。「情念」が、モルヒネを摂取するという一回ずつの行為に対応していたのに対して、「習慣」はその長期的使用のみならず、病理状態そのものをも指す用語だった。モルヒネを摂取することは「病的な習慣」と呼ばれ、デジェネレッサンスの病《やまい》の一つに数えられるようになった。

この習慣概念は、一方では（行為と状態という）法学と医学との不協和を調停する役割を果たしつつ、他方では、法医学の観察対象が、過去に犯された犯罪行為から、行為傾向や性格といった個々人の性質へと移行していくのを可能にしていた。言い換えればこの時、モルヒネ中毒という病理そのものから、「モルヒネ中毒者」の個人へとターゲットが移動しているのである。本を辿ればこの変化も、イタリア学派犯罪人類学のもたらしたショックに、つまり――犯罪行為研究から犯罪者研究へという――犯罪学上のパースペクティブの大きな変化にその直接の原因を探ることができる。これもすなわち、医学上の議論から始まった変化というよりは、司法の側からの影響によってもたらされた変化だった。

一八九一年に医師ガンバイユの手により「モルヒネ中毒者の犯罪」という論考が発表される。彼はこの中で、モルヒネ中毒者によってなされた犯罪行為は無罪か情状軽減にすべきであるという、一八八〇年代にも見られた主張を繰り返すのだが、中毒者の「潜在的な犯罪性」について言及している点で新規性を持っていた。

モルヒネに依存している者による犯罪は、ほとんど例外なしに、マニャンが変質状態における症候エピソードと呼んだ種類の衝動と比較可能な点をいくつか示している。そう考えると、モルヒネの役割は煽動的作用因であるように思われる。それは潜在的な傾向のみを発達させる。それは隠れた本能を明るみに出す。モルヒネは何も生まない。ただ病的な傾向を受胎させるだけである。(Guimbail 1891: 495)

法医学の対象としての「モルヒネ中毒者」は、この潜在的犯罪性によって、未来において犯罪を犯す可能性を秘めた者たち、つまり病理状態にあるモルヒネ中毒者の全体へと、裾野を広げ始める。こうしたポテンシャルとしての危険性がはっきりと咎められ、非難の対象となるには一九二三年のルグランを待たねばならないが、しかしながら一九世紀の末頃にはすでに、このような拡大の動きが始まっていたのだった。モルヒネの「情念」や「習慣」は、それ自体でデジェネレッサンスを示すスティグマとされていくようになる。司法の興味が、犯罪行為から、潜在的な犯罪傾向へと、換言すれば危険性を秘めた個々人へと、その力点を移していったのである。

一八八四年にノタは次のように述べている。「皮下注射がモルヒネ中毒の母だと言えよう。しかしこれが主要な原因であるとしても、唯一の原因という訳ではない。もうひとり罪人がある。それは医者だ！」(Notta 1884: 15)。また一八九五年の医師会で、ブルアルデルはモルヒネ中毒の災禍を広げないためには、薬剤師をしっかり監視すべきだと述べている (Brouardel 1906: 139–46)。これは所謂「病因論」ではなく、モルヒネ中毒の原因を「誰か」へと求めている言説であるが、モルヒネ中毒が医学よりもむしろ司法の領域で登場してきた概念だと考えれば、なぜ彼らが (この病を引き起こした) 責任の所在を追求しなくてはならなかったかについて理解できるようになる。

ここではまだ中毒患者たちはいたわるべき犠牲者として扱われているように見えるのだが、ドラッグを取り巻く状況はすでに大きく変化しようとしていた。一八八〇年代から世紀の末にかけて起こったこの転回については、本章とは双子の章として対をなす次のアルコールの章で、もう一度別角度からより詳しく見ていくことにしたい。

第4章　アルコール中毒と社会病理

一九世紀のフランスにおいて阿片とハシッシュは輸入品であり、その使用は比較的裕福な階級に限られた。また優れた鎮痛剤だったモルヒネの場合、その最初にして最大の犠牲者は医師たちだった。しかしながらこうした薬物による被害は、ブルジョワジーやエリート層にのみもたらされた訳ではない。今日の「ドラッグ」にはもう一つ系譜学的に重要なルーツがあり、それはアルコールである。アルコールはもちろん現在麻薬や危険薬物と呼ばれる諸物質の中に含まれていないが、二〇世紀初頭にドラッグというカテゴリーが形成される時に、それは非常に大きな役割を果たすことになるのである。[*1]

アルコール中毒は明らかに、一九世紀後半のフランス公衆衛生学にとって最大の懸案の一つだった。その災禍は下層階級を中心にして全人口を覆いつくし、一つの「疫病」として捉えられた。イギリスの労働者階級は阿片に安価な逸楽を見出していたが、フランスにおいてその役目を担ったのは蒸留酒《オー・ド・ヴィー》だったのだ。この章が取り扱うのは、一九世紀後半、特にパリ・コミューン（一八七一）後のフランスにおいてアルコール中毒が辿った足取りについてである。第1章で述べたように、ある問題が個人のそれに留まらず何かしらの集合性を得る時、それは社会全体の問題として捉えられ「社会病理」と形容される。しかしそれがいたわるべき病から非難すべき社会的逸脱へと転じるためには、問題が再び個人レベルへと折り返されねばならない。つまりその問題の原因は個人

（逸脱者）の側にあるという発想の転換がもたらされない限り、それは非難すべき逸脱とはならない。本章ではこの折り返しのプロセスについて、アルコール中毒に関する医学と精神医学の言説を中心に見ていきたい。

1　新しい疫病

女房は死んでしまった、おれは自由だ！
いやこれで、思う存分、飲めるというもの。
（ボードレール『悪の華』より「殺人者の葡萄酒」、阿部良雄訳）

まずは若干の数値データから、アルコールとその中毒症状を巡る大まかな流れを把握しておきたい。一九世紀を通じてフランスにおけるアルコール消費量ははっきりと増大している。ランスローによれば、一八六五年当時のルーアンでは一年に五〇〇〇万リットルの蒸留酒、林檎酒、葡萄酒およびビールが、アミアンでは一日に八万杯の蒸留酒が消費されていた（Lancereaux 1865: 686）。またアルマン・ユッソンの計算によれば、一八二〇年代から一八五〇年代にかけて、パリで消費されたスピリッツ類（四五度のアルコール）は以下の通りである（*ibid.*: 686）（次ページ表）。

当時の統計データを信頼するなら、フランスでアルコール消費量が増大するのはまず一八三〇年代、次に一八五〇年代のことである。一八三〇年代は産業革命と鉄道網の整備開始の時期に、そしてとりわけ貧しい労働者階級において飲酒の習慣が拡大した時期に相当している。より早い時期に産業革命を経験していたイギリスでは、

表　パリで消費されたスピリッツ類の消費量（1825–1854 年）

（単位：リットル）

年	全体	1 人当たりの平均消費量（／年）
1825–1830	690 万 7,100	8 万 9,600
1831–1835	723 万 1,500	8 万 7,400
1836–1840	915 万 3,800	10 万 1,500
1841–1845	1,107 万 6,200	11 万 1,400
1846–1850	1,162 万	11 万　300
1851–1854	1,500 万 4,700	14 万 2,500

注：「1 人当たりの平均消費量」は、パリの人口増加を考慮に入れつつ換算したもの

出典：Lancereaux, Étienne, l'article « Alcoolisme（pathologie）», *Dictionnaire encyclopédique des sciences médicales*, Dechambre, Amédée (dir.), série 1, tome 2, Paris, Masson, 1865, p. 686.

一九世紀の初頭には、工業都市の労働者たちが阿片の丸薬に安価な逸楽を見出すようになっていったが、同様のことがフランスでは、一八三〇年代にアルコールに対して起こるのである。そして一八五〇年代の変化はより急激なものだった。（精神医バイヤルジェの甥にあたる）リュジェ・リュニエによれば、フランス北部地方での一八四九年と一八六九年のデータを比較してみた場合、アルコール消費量はほぼ二倍になっており、また男性におけるアルコール精神病（folie alcoolique）の報告例は実に四倍になっているという（Lunier 1872: 321–58）。また別のデータを示そう。リヨンの医師メイエは、一八三〇年代から一九世紀の末にかけての一人当たりの純アルコール年間消費量を計算している。それによれば、一八三一年にそれは一・一二リットルに過ぎなかったが、一八四〇年には一・五五リットル、一八五〇年に一・四四リットルと微妙に増減した後、急上昇に転じ、一八六〇年に二・二七リットル、一八七〇年に二・三二リットル、一八八〇年に三・六四リットル、一八九〇年には四・三五リットルにまで到達していた（Sournia 1996［1986］: 101）。

サンタントワーヌ医院の医師エティエンヌ＝ジュール・ベルジェロンは、こうした現象の原因が蒸留酒の生産増加にあるのではないかと述べていた。「かつてはワインや林檎酒、ビールが、人々の必要に応じて生産・消費

されていたに過ぎなかった。……蒸留酒は昔は稀であって、だからアルコールによる酩酊が大きな問題を引き起こすようなことは、その頻度においても、それに続く結果においても、無かったように思われる」（Bergerons 1872: 9）。確かに、当時の産業技術レベルにおけるイノベーションは軽視されるべきではない。大型の蒸留機械の発明は、強いアルコール飲料の工場生産と低価格化を可能にした。そうした事情も手伝って、フランスにおけるスピリッツ類の消費量は、一九世紀半ば頃にかつてないほどの増加を見せたのである。

そして一八七〇年代、普仏戦争の敗戦はこの傾向にさらに拍車をかけた。先ほどのベルジェロンは、一八七一年一二月五日、医学アカデミーで次のように演説している。

> パリ包囲戦の間ついに、ライン軍の名に値しない幾人かの屑どもと、武装蜂起したパリ市民の一部が、アルコール疫病（épidémie alcoolique）の餌食となった。彼らが宿命的に行き着く先は、恐るべき急性および慢性アルコール中毒の発作であって、誠実な市民たちはこの二ヶ月の間それを目の当たりにしている。残念ながらそれはあまりにも明白な事実だ。しかしもう一つ、同様に明白なことがある。それは、防衛戦の失敗において、コミューンの恥辱において、アルコールは二次的な役割しか果たしていないということ、そしてアルコール中毒が、我々の不幸のもっと一般的でより深い原因から発生した、みすぼらしい釣り銭のようなものに過ぎないということだ。
>
> （Bergeron 1872: 6–7）

パリ包囲戦の最中、プロイセンの宰相ビスマルクがヴィルヘルム一世をヴェルサイユ宮で戴冠させ、ドイツの統一が成し遂げられたのは一八七一年一月のことだった。その後三月にはドイツ軍がパリ入城を果たし、古都は陥落する。抵抗を続けたコミューンも激しい市街戦の末、五月には命脈を断たれた。国家存亡の危機の経験は、フランス国内におけるアルコール消費をますます激化させていった。今やそれは下層労働者階級ばかりではなく、すべての階級へと飛び火していた。

こうした状況下で、一八七二年の一月には「フランス反アルコール乱用協会（Association française contre l'abus des boissons alcooliques）」が立ち上げられ、程なくして「フランス禁酒会（SFT: Société française de tempérance）」へと改名される。ベルジェロン、リュニエらの発案で開始されたこのフランス禁酒会（SFT）は、中毒患者の断酒を手助けするための団体組織であり、その初期メンバーには、イポリット・テーヌ、ルイ・パスツール、そしてパリ大改造のオスマン男爵の名前もあった（Sournia 1996［1986］: 203）。結果としてこの会は当時のアルコール中毒の拡大にそれほど強く歯止めをかけることはできなかったものの、アルコール乱用に対する医師たちの問題意識は、その後も引き続き高まってゆくことになる。

ところで、一九世紀にアルコール消費量が急増するという現象は、ヨーロッパの他の国々にも幅広く見られるし、またその主要な原因は、一般的には産業構造の変化と都市への人口集中だったと言えるだろう。各国はそれぞれアルコール中毒の蔓延への対応を迫られていたが、この点に関してフランスには一つ特殊な事情があった。それは、当時「アサイラム」と呼ばれていた、アルコール中毒患者専用施療院の未整備の問題である。一八九四年の夏、クレルモンフェランでフランス精神医学・神経学学会大会が催された時、ジュネーヴの医師ルイ・ラダムは開会宣言で次のように切り出す。

アルコール中毒の治療には、何よりも専用の保護施設の設立が必要です。国立のこうした保養所は、今のところアメリカとイギリス、そしてオーストラリアにしかありません。しかし私設のものであれば、ヨーロッパの多くの国にすでにあります。ノルウェーに二つ、フィンランドに一つ、スウェーデンに三つ、オランダに一つ、ドイツに一〇ヶ所ほど、そしてスイスに四つです。そうした保養所での心理療法の基本方針は、アルコールを完全に断ち、労働させ、規律を身につけさせるといったものです。……彼らを、アルコール精神病の患者やてんかん患者、犯罪者たちと一緒に［精神病院や監獄で］扱うべきではありません。あくまで彼らは特別な施設に入れられるべきなのです。同様に、たとえ治療不能であることに疑いの余地が無いようなケースであっても、あるいは彼らの暴力によって、彼ら自身そして社会が危険にさらされるようなケースでも、彼らは拘留されるべきなのです。[*2]

ラダムはチューリヒでグリージンガーに、パリでラゼーグに師事し、ジュネーヴ大医学部にポストを得た神経学者・精神科医だった。それゆえか彼はフランスの国内状況を、プロテスタントそして新世界の国々と見比べつつ、どこか外の視点から眺めているように見える。アメリカでは施設に入ったアルコール患者を最低三ヶ月から六ヶ月は留めておく。完全な断酒と強制労働によって患者の約三分の一は完全に治る。そしてまた、品質の悪い偽造酒の販売を法律で禁止するというのも重要なことだ。彼の話はそのようなものだった。

フランスの医師たちがアサイラムの必要性を意識するようになったのは、パリ・コミューンの直後の時期である。一八七二年一月二九日の心理医学学会の定例会議において、こうした施設がフランスにも必要ではないかという提案が（欠席したリュニエの原稿を代読したジュール・ファルレ議長から）なされた。だが議論はすぐに中毒患者の強制入院の可否の話となり、公衆の安全かそれとも個人の自由かという果てしないループへと流し込まれてしまう。[*3] これは何も、彼らが抽象的な議論を好んでいたからではない。背景にはアングロ＝サクソン風の自由主義の台頭と、（精神病患者の強制的な閉じ込めを一部認可していた）一八三八年六月三〇日の法を巡る問題があった。フランスでは第二帝政（一八五二―一八七〇）の末期より、自由主義および人権保護の見地から一八三八年法を改正しようという議論が盛んになっており、したがって当時の精神科医たちにとって、強制入院は非常にセンシティブな話題だったのである。

その後、大きな改革が見られたのはようやく一九世紀の末頃になってからのことだった。フランスは一八九〇年代に入ってから、医師や政治家たちからなる視察団をスコットランドに派遣している。そこには「オープン・ドア」と呼ばれる開放型保護施設が存在した。精神科医マランドン・ド・モンティエルは、建築構造の問題もあって、こうした自由主義的な理想をフランス国内にある現行施設でそのまま実現するのは難しいと嘆きつつも、それは「全く絵空事の夢という訳ではない」との希望を抱いている（Marandon de Montyel 1898: 507–8）。

一八九四年にマランドンは、フランスで初めて、自らの病院に七四病床を備えたアルコール中毒患者専用の病棟を用意した。しばらくして彼はまた、てんかん患者とアルコール患者のための施設をオープン・ヴィレッジ（開かれた村）の形で設立する。同年、パリ・コミューン直後のＳＦＴの「失敗」を受けて、マニャンとセリユ、ルグランらは「フランス反アルコール連合（UFA: Union française anti-alcoolique）」を立ち上げ、さらに一八九九年にはルグラン婦人がパリのサン・ベルナール通り四三番地に「禁酒レストラン」を開く（Pierre Morel 1996: 152）。そこには多くの中毒患者たちが集まり、一定の成果を上げたという。ベルジェロンらの「禁酒会」（ＳＦＴ）が主に学者や知識人や医師たちで構成されていたのに比して、この「反アルコール連合」（ＵＦＡ）はより民衆的な協会だった。ルグランらは会費を抑え、より貧しい者に開かれた協会を目指していた（Sournia 1996［1986］: 204）。

ただし、冷静かつ総合的に振り返ってみると、一九世紀後半から二〇世紀初頭にかけてのフランス国内のアルコール中毒への対策は、公的機関と私的団体のいずれがイニシアティブを握った場合であれ、他のヨーロッパ諸国に比べてあまり高い効果を上げたとは言えない。患者数の増加に比して病床数および保護施設の不足は深刻であって、医師たちは専用の施設の必要性を繰り返し政府に訴え続けていた。実を言えば、ラダムが鼓舞のための批判を行ったように、フランスでは必要に応じ彼らを「アルコール精神病」扱いとして精神病院に収監していたという実状があったのである。一例を示すなら、例えばオーギュスト・ヴォワザンは、ビセートル施療院に入院したアルコール患者の数が、一八五六年には年間九九人だったのが一八六〇年には二〇七人に増えており、数年の間に倍増したと証言している (Voisin 1864: 2–3)。

一言でいえば、一九世紀後半から二〇世紀初頭にかけてのフランスは、アルコール中毒の拡大を止めることができずにいた。その販売や流通そのものを制限するという議論はもちろん存在したが、酒税の上昇は実際には単に非正規ルートでの消費を増やすだけだった。パリの城壁のすぐ外側には一七世紀中葉よりガンゲット (guinguette) と呼ばれる安酒場《やすさかば》がいくつもあり、そこでは無税のワインが振る舞われた。パリ市内に一歩でも入ればワイン販売に税金の支払いが発生するため、それを逃れるためだった。ベンヤミンによれば、第二帝政期頃にこの質の悪い安酒は「関《せき》の酒 (vin de la barrière)」と呼ばれていた。それは下層階級に許されていたほぼ唯一の愉《たの》しみであり、また彼らの不満の矛先を政府に向けさせないための安全弁として作用していると、フランスの知識人たちは長らく考えていた (Sournia 1996 [1986]: 63–4; Benjamin 2002 [1955]: 34–5)。大革命の後、復古王政、帝政、共和政がめまぐるしい交代劇を見せた一九世紀フランスの政情不安もあってか、各政体はアルコール飲料の規制に本腰を入れた様子は見られない。

2　アルコール中毒の医療化

　ときに、医学の領域では「アルコール中毒」という概念の出現時期は意外に遅い。ヨーロッパでは古来、酒は神からの贈り物であり、これに対して度を過ぎた飲酒は恥であり「悪徳」とされていた（Conrad & Schneider 1992＝2003: 149）。フランスではかつて、過度の飲酒は「飲酒癖（ivrognerie）」と呼ばれており、日常的に酒に溺れて仕事を怠けたり周囲に暴力を振るったりすることは、道徳的堕落の一つの象徴だった。こうした「酔っぱらい」が「病」として再解釈・再定義されるようになり、すなわちアルコール中毒の「医療化」が起こるのは、実に一九世紀のことなのである。アルコール飲料（とその乱用）の非常に長い歴史を考えると、医学がその禁断症状にさしたる注意を払ってこなかったのは驚くべきことのように思われるが、それは一方では、中毒者がかつて医師よりはモラリストたちに委ねられてきたからだったし、他方では、その症状が単なる激しい熱狂や神経熱と長いあいだ混同されてきたためだった（Rayer 1819: 7）。

　この頃のアルコール中毒の医療化を押し進めた要因としてしばしば挙げられるのは、一九世紀半ばにスウェーデンの医師マグヌス・フスによって提唱された「アルコーリスム（alcoolisme）」の概念である。フスは長期間にわたる強い酒類の摂取が神経系を蝕むのであって、したがってそれは病であるという研究を発表し、その考えは瞬く間にヨーロッパに広がった。ただし、その直前の時期にもアルコール中毒を病と見なす研究はいくつか見られる。

アルコールの禁断症状は最初、一八一三年の英国の医師サットンにより「振戦《しんせん》せん妄（delirium tremens）」と名付けられた（Rayer *ibid.*: 1）。これは突然の断酒による離脱症状により、手足の激しい震えや意識障害が現れるというものである。レイエルとエスキロールによれば、同様の症状はサットンよりさらに四〇年ほど前にサンダースによって報告されている（Rayer *ibid.*: 71）。振戦せん妄の原因は習慣的な飲酒だと考えられた。エスキロールは、この症状は飲酒をしない者には決して現れず、また安価で品質の悪い酒によって最もよく引き起こされると述べている（Esquirol 1819; Rayer *ibid.*: 73）。

他方で何人かの医師たちは、普段全くアルコールを口にしない人々が急に飲酒に走るという奇妙なケースについて報告している。それはまず一八一七年のモスクワで、続いて一八一九年のベルリン、そしてやや遅れて一八二〇年代のフランスで見出され、「渇酒症（dipsomanie, Trunksucht）」の名を贈られた。この病はアルコールへの抵抗し難い欲望によって特徴づけられ、エスキロールはこれをモノマニー（何か一つの対象についてのみの狂気）の一種と考えていた（Esquirol 1998［1838＝1820］, tome I: 367）。モルヒネ中毒を扱った前章での議論を踏まえて述べるならば、振戦せん妄と渇酒症との対比からは、「習慣」と「抑えきれない欲望」という二つのタイプの原因が想定されていたのが確認できるだろう。

そして一八四九年になると、前に触れたようにマグヌス・フスが慢性アルコーリスムについて報告し、この新しい概念によってヨーロッパのアルコール中毒を巡る言説は刷新されることになった。アルコール中毒の本質は（手足の震えや意識の障害ではなく）それが引き起こす恐ろしい禁断症状であるとされ、今やそれは悪徳ではなく病《やまい》となる。フランスでかつて「飲酒癖」と呼ばれていたものが、アルコール中毒の医療化が起こることによって、治療すべき／治療可能な「病」として認知されるのである。こうしてそれは医師の手へと委ねられることになっていく。

一九世紀後半とりわけ一八七〇年代以降、フランス国内でのアルコール消費量が増大し大きな社会問題として浮上した時に、専用の保護施設の問題が、つまりは中毒患者たちの監禁と治療の問題が頻繁に議論されるようになったのも、上記のような事情を踏まえてのことだった。アルコール中毒はこうして集合的な病となり、「社会病理」として認識されることになる。二〇世紀に入ってからも状況はさほど変化しない。第一次世界大戦の後、反アルコール連合（ＵＦＡ）の設立メンバーだったルグランは、依然拡大するアルコール中毒を倒すべき「敵」と呼び、ペストやコレラのような大きな疫病と同じように考えるべきだと、強い口調で語っている（Legrain 1922: 172）。ここに見られるのはアルコール中毒をある種の伝染病の比喩で捉えるという発想なのだが、果たしてそれは（拡大することはあっても）人から人へと伝染することがあるのだろうか。一八七一年のベルジェロンが「アルコール疫病」の語を用いた時、それはレトリックに過ぎなかったかもしれない。しかし二〇世紀の初頭には、興味深いことにこれには幾ばくかの「科学的根拠」が用意されていた。ここでは便宜上、当時想定されていた伝染の経路を、（ａ）水平的で空間的な伝播と、（ｂ）垂直的で時間的な伝播の二つに分けて見てみよう。

ａ　水平的伝播

ルグラン（一九二二）の表現を借りれば、アルコール中毒は「インクのしみのように」（tache d'huile）空間的に周囲へと拡散していくのだが、そのメカニズムは不明だった。それは例えばペストやコレラなどの他の疫病のように、病《やまい》を引き起こす病原菌が小さな昆虫やネズミによって運ばれることによって感染伝播していく訳ではない。むしろ飲酒するという個人的な振る舞いが問題なのである。アルコール中毒の外見上の伝播に関して援用されたのは、「模倣」[*4]という社会心理学の概念だった。

エドゥアール・トゥールーズやドイツの医師レヴィンは、アルコール患者やモルヒネ中毒者に見られる「自発的中毒」(intoxication volontaire)に着目し、とりわけ下層階級におけるこうした自己破壊的な行為の伝染傾向について指摘している(Toulouse 1892: 121–2)。一九世紀末期には他にも「犯罪の伝播」に関する懸念があり、例えばポール・オーブリー(一八八七)が模倣殺人の原因として挙げたのは、家族や監獄からの、あるいは公開処刑やメディアからの影響だった。ポール・モロー(・ド・トゥール)[*5]も、新聞雑誌などの犯罪報道が同様の手口の犯罪を生む原因となっているとして、ジャーナリズムへの敵意を隠さない。彼は、殺人や自殺のようなショッキングな犯罪が、他所へ伝播する性質を備えているということにもはや疑いの余地は無いのであって、それは「真に一つの疫病、すなわち不特定多数の人に襲いかかるという明白な特徴を備えた病理的現象」であると述べている(Paul Moreau 1889: 162)。

b　垂直的伝播

当時、アルコール中毒の親からはアルコール中毒の子が生まれると言われていた。つまりこの垂直的伝播において問題となるのは病の世代間連鎖であり、「遺伝」の問題である。これに関してはまず、血統と血の表象が依然として力を持っていた点に注意を喚起しておきたい。ドゥロベル、ニクルー、トリブレ、マチューといった医師たちにとって、アルコール中毒の伝染は血液そのものによって引き起こされるものだった。彼らが言うには、新生児は最初からアルコールの悪影響にさらされている。というのは、父親の血液は酒を運んでおり、その内臓は酒浸りだからだ。そしてまたアルコールは、母親の胎盤および母乳を通じて子どもに注がれるのだと(Delobel

1916: 348)。子どもの体には文字通り親の「血が流れている」と信じられた。分子生物学の発達以前には、遺伝は血液と切り離して考えることのできない現象だった。

しかしながら、アルコール中毒の垂直的な伝播に関して、より重要だったのは「デジェネレッサンス（変質）」のドグマだろう。もともとベネディクト・A・モレル（一八五七）によって提唱されたこの概念は、一八八〇年代にマニャンによって引き継がれ、また彼とその弟子ルグランによってアルコール中毒の文脈の中へと組み込まれる[*6]。マニャンら（一八九五）が与えた定義は次のようなものだった。

> デジェネレッサンスとは、直近の世代と比較して心的・身体的な耐久性の面で体質的に衰えており、生存の遺伝的競争における生物学的条件を不完全にしか実現しないような、存在の病理的な状態である。恒久的なスティグマとして現れるこの衰弱は、本質的に進行性のものである。例外的に併発性の再生が起こることはあるが、これが欠けていれば遅かれ早かれ、生物種の消滅という結果を招く[*7]。

デジェネレッサンスの学説にはダーウィン進化論からの色濃い影響が見られる。フランスでは反進化論者のキュヴィエが影響力を持っていた関係でその受容は遅れたが（Conry 1974: 30–2）、それでもなお、進化論は一九世紀のヨーロッパで最も大きな影響力を持った教義《ドグマ》の一つだった。デジェネレッサンスにはこうして、徹頭徹尾「劣化・劣性」のイメージがつきまとうことになる。それはある種の弱さであり、個体としての劣化であり、進化に対する退化だった。それはまたどこかで、ダーウィン的な自然選択、ないし他の個体との生存競争における敗北を意味していた。一九世紀の末頃、アルコール中毒はデジェネレッサンスの病（maladie dégénérative）と呼ばれるようになるが、それはつまり、もしこの病が全人類に拡大すれば、人間という種は次第に劣化して生物間闘争に敗れるようになり、最終的には絶滅に至るであろうというニュアンスまでを含んでいた。マニャンやルグランが反アルコール連合（UFA）を設立し、アルコール中毒撲滅運動の旗手となったのは、そうした危機感も手伝ってのことだったが、要するに、この垂直的伝播において問題となっているのは、これからの世代――「子孫たち」への影響なのである。

このようにしてアルコール中毒は、共時的な周囲への拡散にせよ通時的な将来への影響にせよ、その伝染可能性を科学的に根拠付けられることで集合的な病となった。換言すれば、それは単に個人レベルでの病であるだけでなく、国家そして社会全体への害悪と見なされるようになっていく。アルコール中毒はこうして撲滅すべき「社会病理」となり、コレラや梅毒のような疫病とのアナロジーによって語られるようになった。

3　原因としての「意志の弱さ」

次に、この集合的な病が、個人レベルの病理へと折り返されてゆく様子について見ていくことにしよう。一九世紀中葉にフスが提唱したアルコーリスムの概念が医師たちの注目を集め、それから半世紀が経たないうちにアルコール中毒は一つの疫病とまで見なされるようになる。ただし、こうした医療化の動きによって、かつて単なる「酔っぱらい」だった人々が総じて「いたわるべき病人」へと変化した訳ではない。それを悪徳と見なすような旧来の意見も、依然として存在し続けていた。

フランスでは一八七三年二月一三日の法律によって、公道、広場、カフェ、レストラン、キャバレーといった公共の場での酩酊が禁じられる。違反者には一フランから五フランの罰金、また再犯時には刑法四七四条が適用され、三日以上の収監が課される。さらにこれより一二ヶ月以内に再犯を犯した者については、刑法四八三条の適用により、一六フランから三〇〇フランの罰金に加え六日から一ヶ月間の禁錮が待っていた。

公衆の風紀風俗を乱すこの「公衆の面前での酩酊（ivresse publique）」の取締り開始は、アルコール中毒を恥や悪徳、モラルの欠如と見なしていた旧来の態度に、単に法的追認が与えられたもののようにも見える。しかしながらここには、一八三八年法の時と同様、医師たちと法学者たちの意見の対立が見え隠れしていた。前者は中毒患者を「病人」と見なし、専用の保護施設の必要性を説く。後者は対照的に、懲罰《サンクション》と監獄こそが「風紀を乱す者」の更生への早道だと見ている。第1章の阿片のケースで見られたような「治療されるべき患者」と「非難されるべき社会的逸脱者」という二重の定義付けが、アルコール中毒に対しても行われるのである。ただ阿片の場合と大きく異なるのは、フランスにとってのアルコール中毒が、実際に我が身に降り掛かった甚大な災禍だったという点だった。

それはさらに愛国心《パトリオティスム》を巡る言説と結合することによって、阿片よりもずっと容易に、社会的逸脱の側面を強調されていった。第三共和政（一八七〇―一九四〇）の初期というのは、しきりに愛国心が称揚された時期であり、例えば普仏戦争直後のアルザス地方を描いた児童文学「最後の授業」（一八七三）で、アルフォンス・ドーデが「フランス語は世界で最も美しい言語だ」と書いたのもこの頃のことだ。一八三八年には医師たちが一応の勝利をおさめた格好になったが、パリ・コミューン後の一八七〇年代という時代の空気は、むしろ法学者たちにとって有利に働いた。この時期のフランスは、ナショナル・アイデンティティの確立と近代国民国家の完成期に当たっている。アルコールはそこで、国家を危機にさらすもの、国家の「敵」といったニュアンスを加味されていくのである。

とはいえ一九世紀の後半には、法学者たちと医師たちの対立は見かけほど深刻なものではなくなっていたとも言える。なぜなら、前者は社会への危険を、後者は患者自身への危険を主に問題視するという違いはあるものの、(監獄なり病院なりへと)中毒者を監禁・隔離し、何らかの然るべき処置を施すことによって彼らに社会復帰を目指させるという点では、両陣営は意見の一致を見ていたからである。また、すでに生じてしまったアルコール中毒ではなく、これから起こるであろうそれに着目した場合、この対立はますます薄まることになる。

当時、刑法学の分野には大きな変化があった。ロンブローゾらイタリア学派の犯罪人類学が、犯罪者の身体的・心理的性質に着目した新派刑法学を立ち上げるのである。フランスではこの動きに歩調を合わせるようにして、一体どのような人物がアルコール中毒に陥りやすいのかといった医学的研究が開始されている。振り返ってみれば、一九世紀の前半頃にはアルコール中毒の原因は「貧困」に求められていた。下層労働者たちが日常生活の惨めさを忘れるために過剰飲酒し、そして中毒に陥るのだと。しかしベルジェロンが述べていたように、この「快楽に対する病的なまでの忍耐力の無さ」は、一八七〇年代初頭にはすでに上流・中産階級までを呑み込み、すなわち全階級へと拡大している。「要するに、酒飲みが何よりもまず求めているのはアルコールの刺激であって、それはその人物がどの社会階級に属していようと関係がない。この刺激こそがアルコールへの情念(passion)を生み、育むのである。多かれ少なかれ重苦しい目の前の現実を忘れさせ、同時に未来への盲目的な信頼を抱かせてくれるような夢の誘惑に、人は抗うことができないのだ」(Bergeron 1872: 36–7)。ここではもう、飲酒の原因が貧困にあるとか、あるいは下層階級には飲酒癖があるといった古いタイプの説明は通用しなくなっている。労働者階級というのはアルコール中毒を蔓延させる土壌ではあったかもしれないが、その胚芽ではなかったのだ。

病因論あるいはアルコール中毒の原因として、貧困の次に白羽の矢を立てられたのは、「個人差」だった。法学者たちは中毒者たちの中に道徳心の欠如を見た。だからそれは、周囲に及ぶ迷惑も考慮に入れた上で、罰せられるべき罪として法制化されていった。他方で、医学はまず「体質」（idiosyncrasie）の違いを疑ってかかった。体格や身長、とりわけ体重の大小が薬剤の適切な投与量を左右することに関して、薬剤師たちは膨大な経験的知識を蓄積していた。彼らはまた、四体液説のような古い理論を通じて、あるいはある薬がこの患者にはよく効くが別の患者には効果を上げないといった実践を通じて、体質に個人差があることを熟知していた。アルコールに対しても、その分解速度が人によって異なることや、全く酒の飲めぬ者（下戸 sobre）が存在することは経験則から知られていた。しかしながら、自らの限度を超えて飲み続け、公衆の面前で前後不覚となるようなことを繰り返し行う者に関しては、それを「個人的な体質の違い」のみから説明するのは容易ではなかった。だからこそベルジェロンは、それを「病的なまでの忍耐力の無さ」と形容していたのだった。

普仏戦争後のベルジェロンの報告から三ヶ月ほど経った一八七二年二月二六日、リュニエは心理医学学会の定例会で次のような発言をしている。彼は、アルコール中毒患者の中にはさしたる不都合もなく回復する者と、逆に宿命的なまでにその衝動から逃れられず、とても退院させることのできない者がいると述べ、後者の「著しく危険な性格」に注意を促した。つまりここでは、先ほどの個人差の問題は、身体的な「体質」から心理的な「性格」（caractère）へとシフトさせられている。酒に溺れるかどうかは個々人の性格の問題だというこのアプローチは、一九世紀前半の階級の言説による説明に比べれば幾ばくかの前進だったものの、また同時に後退の一歩でもあった。というのは、個人の資質に中毒の原因を求めるこの方法は、（医療化される以前の）「飲酒癖」の概念とより親和性の高いものだったからである。アルコールへの耽溺は恥であり不道徳であって、したがって飲酒する本人に咎があるという考え方が、ここで再び顔を出している。この動きはまた、公衆の安全と社会の秩序を守るという共和主義の法学者たちの主張への接近でもあった。

こうして一八七〇年代初頭にはすでに、アルコール中毒の蔓延を前に法学者と医師たちが足並みを揃え始めていたが、それより一〇年ほど後に現れたシャルル・ラゼーグの分析は、よりストレートなものだった。彼はアルコール中毒の原因が当人の「意志の弱さ」にあると喝破する。「渇酒症とアルコーリスム」（一八八二）の中で彼は、遺伝的な欠陥等により飲酒への抵抗不能な衝動が発生するものが渇酒症《ディプソマニー》であり、長期にわたる飲酒そのものによって引き起こされるのがアルコーリスムだとして、まず両者を厳密に切り離した。この分離は、アルコーリスムがパーソナリティの異常であり、遺伝的要因や精神疾患の関与は薄いという主張を含んでいたが、ここからラゼーグは、アルコーリスムにおける飲酒への欲望は「意志の力によって抵抗可能である」という結論を導き出すのである。

これは重要な逆転だった。例えば世紀初頭のエスキロールが殺人モノマニーについて記述する時、この疾患における殺人への衝動は抵抗不能（irresistible）なものとして描かれている。また前の章で扱ったモルヒネ中毒のケースでも、レヴィンシュタインは禁断症状として現れるモルヒネ摂取への情念を、抑えられないものと定義していた。それらの情念《パッション》は抵抗不能なのであって、それ故彼らは病者であり被害者だったのだ。しかしラゼーグはついにこの前提を転覆させ、そうした衝動が、強い意志の力（volonté）によって克服可能であると再定義したのである。

この考え方は当時、それほど受け入れ難いものではなかった。例えば、アルコール中毒とのアナロジーで語られることの多かったモルヒネ中毒に関しても、同様のことが起こっている。異なる時期に書かれた次の二つの記述は、モルヒネ中毒に関して医師たちの着眼点が推移していく様子をはっきりと我々に示してくれる点で、極めて興味深いものである。

> 体が強かろうと弱かろうと、病理的な原因か何かでモルヒネ注射に慣れてしまい、しかもそれを自由に用いることができる場合、すべての個人にはモルヒネへの情念が形成される。モルヒネを自ら注射するような情念（passion）が、人間の他の情念、例えば煙草、賭け事、儲け、女への情念といったものと同列に数えられるのは、そうした理由による。（Lewinstein 1878: 6–7. 強調引用者）

> 我々はレヴィンシュタインと同じように考えている。つまり、体が強かろうと弱かろうと、病理的な原因か何かでモルヒネ注射に慣れてしまい、しかもそれを自由に用いることができる場合、すべての個人にはモルヒネへの情念が形成されるのだ。モルヒネを摂取する習慣（habitude）が、他の堕落した習慣、例えば煙草、賭け事、女といったものと同列に数えられるのは、そうした理由による。（Lutaud et Deering 1899: 53. 強調引用者）

最初の記述は一八七八年のレヴィンシュタインのもので、次は一八九九年にリュトーとディリングが記したものだ。後者は前者をほぼそのまま引用しているのだが、そこにはささやかな（しかしながら決定的に重要な）語句の変更が見られる。つまり、「情念《パッション》」が「習慣《アビチュード》」に置き換えられているのである。モルヒネ中毒においてこうした転回が起こったのは一八八〇年代の後半以降のことであり、モテ、マランドン（・ド・モンティエル）、ポール・ガルニエ、ガンバイユ、ベリオン、ブルアルデルといった医師たちは、この「習慣」——それは当時「第二の本性」（une seconde nature）と呼ばれた――という表現を好んで用いるようになっていた。

「情念」は抵抗不能であり、それ故モルヒネ患者の情状酌量を勝ち取るためのツールとして法廷の言説に登場することがあったのは、前章で述べた通りである。だがその次に、モルヒネやアルコールが心の弱さとの関連で語られる時期がやってくる。誘惑に負けない強い心が大切なのであって、そうした悪しき「習慣」と契約を結ぶのは、その当人の弱さに問題があるのだという言説が、力を持つようになるのである。

先に紹介したラゼーグ（一八八二）は、「アルコール化可能者」（les alcoolisables）という奇妙な造語を用いて、アルコール中毒に陥る危険性の高い者の特色について述べていた。彼らはアルコールの快楽のみならず、賭け事などの他の様々な誘惑にも簡単に屈してしまうパーソナリティの持ち主であり、友人からの酒の誘いを断ることもできず、いつの間にか酔いつぶれているような、要するに「弱い人間」（gens faibles）なのだと（Lesègue 1882: 269）。彼らは怠惰で意志が弱く、また知能も低いと言う時、ラゼーグが念頭においていたのは主に下層階級だった。その証左に彼は、渇酒症が社交界の病であるのに対し、アルコーリスムは庶民のそれだと述べている（*ibid*.: 271）。ここには病《やまい》の原因を階級と貧困の中に見出そうとする古いタイプの考え方が見え隠れしているけれども、しかしながらつまるところ、この「アルコール化可能者」の観念が示していたのは、アルコール中毒という病の本質を、意志薄弱という個人のパーソナリティの障害[*8]として読み返そうという動きだったのである。

マグヌス・フスはアルコーリスムの原因を、単に飲酒の習慣そのものと見なしていた。一八七二年のヴィヤールも、中毒者における心身の衰弱は、長期にわたる物質の乱用によって引き起こされると考えていた。だがラゼーグは、そうした習慣的摂取の更なる原因として、意志の弱さ、心の弱さといったものの存在を指摘する。これは逆に言えば、意志の強い人間であれば、アルコールの快楽という誘惑を退けることができることをも含意していた。こうした「意志の力」は、治療学上の重要性をも兼ね備えている。具体的に言えば、中毒患者に断酒治療を施した場合に、治癒の最後の拠り所とされたのが本人の意志の力だったのである。

ラゼーグのこのような見解は、医師たちと法学者たちとの対立を氷解させ、アルコーリスムの蔓延という敵に対して共同戦線を張らせるだけのポテンシャルを備えていた。しかし逸脱の医療化という観点からこの一連の流れを眺めるとすれば、ここにおいて「アルコール中毒」という病への非難が、「アルコール中毒者」への非難にすり替えられようとしている点は、見落とされるべきではない。一八七〇年代にリュニエらがフランス禁酒会（SFT）を立ち上げる時、彼らが目標として思い描いていたのは拡大する病の撲滅であって、中毒者たちの社会的排除ではなかった。しかし、一九世紀の末にマニャンやルグランがフランス反アルコール連合（UFA）を立ち上げる時、すでにアルコール中毒患者たちは、社会にとって、国家にとって、そして子孫たちにとって、危険な存在と考えられていた。それは医師たちの間においてすらも、排除すべき逸脱者という烙印をはっきりと押されていたのである。

4　スティグマ

変質者（Le dégénéré）は原則として責任を持たない。だが社会的な見地からすれば、彼には責任がある。なぜなら有害だからだ。

（マニャン＆ルグラン『変質者』）

我々はここでもう一度、「デジェネレッサンス（変質）」のドグマについて振り返っておかなくてはならない。なぜならこの言説こそが、一九世紀末の知的布置において、病としてのアルコール中毒と悪徳としてのそれを結びつける接合面をなしていたからだ。ある種の「退化」として描かれたデジェネレッサンスは、「正常なもの」(le normal)が衛生主義と進歩思想に支えられつつ擁立された当時の文脈の中では、「病理的なもの」(le pathologique)の一つの典型だった。

アルコール中毒やモルヒネ中毒が「デジェネレッサンス（変質性）の病」の名を贈られたのに引き続いて、やがてそれらの中毒患者たちは「デジェネレ」（変質を被った者、変質者）と呼ばれるようになる。最初にデジェネレッサンス概念を提示したモレルにおいて最大の懸案だったのは、種としての人類が退化頽廃してしまうことだったのだが、マニャンにおいてはむしろ個々人の劣化変性の方に目が向けられるようになっていた。「変質者」という概念はそうして追記的に生み出される。

恐らくここには遺伝研究を重視したイタリア学派犯罪人類学からの強い影響があっただろう。前述したように、『犯罪人』（一八七六）を発表したチェザーレ・ロンブローゾ、そしてその弟子のフェッリ、ガロファロらは、犯罪は遺伝するという「生来的犯罪者」説を唱え、犯罪者の去勢までを主張した。彼らはまた犯罪行為研究を離れて「犯罪者」の性質に着目する。そして多くの犯罪者に共通して見られる身体的特徴を抽出し、それらを「スティグマ」として示した。主要なものを列挙すれば、まず身体的特徴としては、異様に長い腕、中指と同じ長さの人差し指、ふくらんだ肉付きのよい頬、異様に近い（離れた）目と目の間隔、大きな歯、耳たぶのない耳、突起した頬骨、曲がった鼻、多すぎる体毛、突き出ているあご、大きい唇、数の合わないあばら骨、風変わりな目の色、などが挙げられた。そしてまた行動的特徴としては、良すぎる視力、標準以下の聞き取り能力、痛みに鈍感であること、道徳的感受性の欠如、残虐さ、復讐心、衝動性、ギャンブル好き、入れ墨好み、などがあった。こうした特徴を備えた人物は犯罪に走る可能性が極めて高まるというのが、イタリア学派の主張だった。彼らは最終的に、犯罪を起こすということそのものが、すでに一つの病的なスティグマなのだという結論に至る。マニャンはこうした主張を概ね受け入れたものの、それを全面的に肯定することには躊躇を覚えていた。彼はイタリア学派について言及した箇所で次のように述べている。

確かに、変質者がしばしば犯罪者と重なりあうというのはその通りである。だがそこから犯罪と変質状態の間に因果関係があるとの結論を導き出す必要があるだろうか。軽犯罪に手を付けない変質者もかなりの数にのぼり、しかも彼らの心的・身体的形態は、犯罪を起こす変質者、再犯する変質者とも何ら変わりないのである。……つまり、デジェネレッサンスと犯罪性とを混同する理由は存在しない。

（Magnan et Legrain 1895: 186–7）

誤解を避けるため明確に述べておきたいのだが、当初デジェネレッサンスにおいて問題とされていたのは、（法学の分野で問題視されていたような）潜在的な犯罪性ではない。マニャンやルグランが懸念していたのは、変質が個々人の退廃を生み、そしてそれが結果として将来の国家の退廃を生むことだった。弱い国民と弱い国家は、繰り返される戦争という当時のリアリティの中で、そして愛国心《パトリオティスム》の高揚という時代意識の中で、決して歓迎されるものではなかったのである。

他方、一八八〇年代にフランスで精神疾患の分類表を書き改める動きが起こった時、マニャンはそこに遺伝性の「変質性精神障害」（folie des dégénérés）を付け加えることを提案している（Magnan 1882, 1884）。より具体的に示すなら、一八九五年にマニャンらが列挙したデジェネレッサンスの症候エピソードは次の通りである。疑惑狂（folie du doute）、接触狂（délire de toucher）、広場恐怖《アゴラフォビア》、閉所恐怖《クラストロフォビア》、場所恐怖《トポフォビア》、渇酒症《ディプソマニー》、渇食症《シティオマニア》、放火癖《ピロマニア》、火恐怖《ピロフォビア》、窃盗恐怖《クレプトフォビア》、窃盗症《クレプトマニア》、乱買癖《オニオマニア》、賭博癖（manie du jeu）、殺人衝動（impulsion homicide）、自殺衝動（impulsion au suicide）、名称強迫《オノマトマニア》、数量狂《アリスモマニア》、おうむ返し《エコラリア》、汚言症《コプロラリア》、動物嗜癖《ズーマニア》、性的倒錯（anomalies, perversions, aberrations sexuelles）、意志欠乏（aboulie）（Cf. Magnan et Legrain 1895: 154–8）。なお性的倒錯には、サディズム／マゾヒズム、窃視症、露出症、同性愛、小児性愛、被愛妄想《エロトマニア》、色情症（サチリアジス／ニンフォマニア）などが含まれる。一九世紀の終わりの三〇年間は、こうした「普通ではない」行動傾向が急速に病理（精神疾患）として登記されていった時代でもあった。

ときに、このリストの中に「渇酒症《ディプソマニー》」は存在しても、「アルコーリスム」は存在しない。その理由は、マニャンがアルコーリスムを遺伝性の原因で起こる病とは考えていなかったためである。ただし彼は、一度獲得されたそれが子孫に悪影響を及ぼすと考えていた。「飢饉や窮乏といった集合的要因、不健全な仕事や中毒（アルコーリスム、モルヒニスム等）といった個人的要因。それらはもう、ただ個々人のデジェネレッサンスを生み出すだけではない。それは遺伝によって引き継がれ、確実に広まりつつ悪化するような一連のデジェネレッサンスの最初の一歩となると、我々ははっきり理解している」（*ibid.*: 84）。こうしてラマルク風の獲得形質の遺伝を認めることで、マニャンはアルコーリスムをデジェネレッサンスの範疇へと招き入れる。

今や我々は、「デジェネレッサンスの病」というカテゴリーの中で、アルコール中毒とモルヒネ中毒が隣り合い、ほぼ同種の病として認識されている様子を確認できるだろう。この同一視が起こった背景には、一方には、アサイラム不在の問題を抱えていたフランスにおいて、双方の患者が（ビセートルなどの）同じ精神病院へと収容され、なおかつ（その物質の摂取を断つという）全く同じ治療法で処遇されていたという臨床実践上の事情があった。そして他方には、これまで見てきたように、二つの病が「社会にとって危険である」という共通項目によって一括りにされたという理由があった。もともとそれらに想定されていた「危険」は異なっている。モルヒネ中毒の場合は潜在的犯罪性が、アルコール中毒の場合は子孫への悪影響が、それぞれ懸案となっていた筈だった。しかしながらそれらは徐々に溶解させられ、デジェネレッサンスおよび「社会への危険」の名の下に融合していくことになる。

結局、病そのものから病者へと医師たちの視線が向け変えられた時、「弱さ」と「責任」の言説が中毒患者たちを包み込んでしまったのだ。マニャンは言う。医学的に見れば、変質した者はいたわるべき病者である。だがそれは社会にとって有害であり、故に彼らは、自らの状態に社会的責任を負うべきなのだと（*ibid*: 210）。ここに浮上しているのはある種の自己責任論である。アルコール中毒にせよモルヒネ中毒にせよ、その最も直接的な原因は物質の長期乱用という客観的事実だった。だがその背景に、ドラッグの快楽の誘惑にあっさり負けてしまう「意志の弱さ」が見出されると、責任は個人の側へと転嫁されていくようになる。ラゼーグの言う「弱い人間」（homme faible）は、彼らは衝動に打ち勝つべく意志の力を行使するのを怠っている訳ではなく、初めから強い意志を持ち合わせていないのであって、すなわちそうしたパーソナリティの持ち主なのだという推論を経て定義されていくのである。これは裏を返せば、アルコーリスムの拡大を各々の個人レベルの努力によって食い止めようという発想の出現でもあった。つまり、一人一人が節制すればこの災禍は止み、未来における蔓延を予防することもできるのではないかと、個々人の意志の力に期待する態度が現れたのだった。

フーコーがベンサムのパノプティコンを引き合いに出しながら語っていたように、近代西欧型の主体は自分で自らを見張るように規律訓練されていく。ラゼーグやマニャンにおいて顕著に見られるようなアルコーリスムにおける個人への着目は、そうした事態とパラレルなのであり、またその延長線上を丁寧にトレースしていくように思われる。フロイトが彼の第二次局所論で「超自我」の概念を提示するのは一九二〇年代に入ってからのことだったが、こうした自らを見張る役目を担う道徳的な心的審級は、一九世紀の末頃にはむしろ（「エス」に対抗する）フロイトの「自我」の位置に置かれ、「意志」(volonté) と呼ばれていた。

この章を締めくくるにあたって指摘しておきたいのは、当時のフランスに、生命・生活 (la vie) に関する責任のようなものが、社会あるいは個人の側に、新たに出現していることである。ここではパトリス・ブルドレの表現を借りて、それを「生‐責任」(bio-responsabilité) と呼んでおきたい。それは初め、公衆衛生の分野で確認された。一九世紀の末に、劣悪な労働環境や衛生状態に関して、労働者たちが市を相手に訴訟を起こすといった事態が頻発したのである。彼らは自分たちが衛生的（健康的）に暮らし、働く権利を主張し始めており、そしてその責任の所在は行政側にあった。これは、医学と衛生学がプロパガンダしていた理想的な健康（健全さ）のイメージと、労働者階級の目にしている現実との間にあまりにも大きなギャップが存在したために起こる。

この場合の「生‐責任」は行政エリートの側のそれだったが、これと時を同じくして、市民一人一人の側にも、健康的で健全な暮らしを送る「責任」が発生している様子が確認できる。それは社会的責任の一種であり、マニャンやルグランに言わせれば「人としての責任」(responsabilité humaine) なのだが、手短かに言えばそれは、不健康（不健全）を避け、自らの健康は自らで管理すべしというものだった。このことは、一八八〇年代後半以降の「習慣」概念の重視にくっきりと現れている。例えばすでに見たように、かつてアルコール中毒の根本命題は抵抗不能な情念《パッション》にあったが、個人の自己管理が求められるようになった時に、それは生活習慣の問題へと変化していた。健康に良い習慣と悪い習慣が対置されて列挙され、後者は時に退化の徴候とされることもあった。ここでもやはり、当人および社会にとって有害な悪しき習慣と契約してしまうことに、換言すれば心の弱さと個人の責任に、光が当てられているのである。

健康であることが社会的価値を持ち、強く求められるようになったのは、一重に、将来における国家のためであり、子孫たちに遺伝的悪影響を残さないためであった。公衆衛生学が未来への進歩発展という光に満ちたヴィジョンを強調していたとすれば、デジェネレッサンスのドグマは退化や劣化といった闇の側面を描くものだった。いずれも未来を指向しているという点において両者は表裏一体なのだが、「生‐責任」はこうしたどこか（天国と地獄にも似た）強制的な二者択一の中から生まれてくる。撲滅すべき疫病であったはずのアルコール中毒は、このようにして（将来の）社会への危険を指摘され、そしてまた、中毒者個人の責任を問われる形で、非難されるべき社会的逸脱へと転じていったのである。

第5章　ドラッグの誕生

先の各章において我々は、一九世紀における阿片、ハシッシュ、モルヒネ、そしてアルコールがそれぞれ辿った歴史について見てきた。それらを縦糸に見立てるならば、この最後の章で目指されるのは、そこに横糸を通し一枚のタペストリーに織り上げることである。

二〇世紀の初頭まで、「ドラッグ」という統合的カテゴリーは存在しなかった。言い換えれば、例えば阿片中毒とハシッシュ中毒が同種の問題として語られることはなく、それらは別々の二つの病と認識されていた。ところがそうしたいくつかの病は、やがて「ドラッグ」として統合され、同列かつ同質なものとして語られるようになっていく。では何がこの統合をもたらしたのだろうか。また社会的逸脱としてのドラッグが出現したのは、いかにしてだったのか。この論考ではこれまで主に一九世紀の事例を中心に分析を行ってきたが、本章ではさらに歩を進め、「ドラッグ」というカテゴリーが公式に出現した二〇世紀の最初の四半世紀までを射程におさめつつ、こうした問題について論じていきたい。

1　国際阿片会議

見通しを良くするためにまずは出口を示そう。二〇世紀の前半に催された二つの国際阿片会議（ハーグ、ジュネーヴ）は、麻薬の存在を国際条約によって公式に認可したという意味で、歴史的にも大きな重要性を持っている。まず準備段階として一九〇九年二月一日、アメリカ大統領セオドア・ルーズベルトの呼びかけで、上海に国際会議が招集された。主要な議題は中国における阿片使用の問題についてだった。一三ヶ国から成るこの「万国阿片委員会」[*1]は、阿片規制に関する国際条約を取り決め、これを中国国内および参加各国で適用することになったのだが、条約を批准するかどうかは各国の裁量に委ねられた。その取り決めは勧告の域を出なかったものの、この「万国阿片委員会」は次のハーグ阿片条約への重要なステップとなる。

次いで一九一一年一二月一日より、ハーグにて第一回国際阿片会議が開かれた。参加国はオーストリア＝ハンガリーの不在を除けば上海の時と同様だった。阿片の製造、流通などについての話し合いが持たれ、一九一二年一月二三日にハーグ阿片条約が締結される。そしてアメリカ主導の国際会議が二度開かれた後、一九一五年の一月一五日に――つまり第一次世界大戦の最中に――ハーグ条約はまず、アメリカ、オランダ、中国、ホンジュラス、ノルウェーにおいて批准された。その他の国々は批准にそれほど積極的ではなかったものの、大戦集結時の一九一九年六月二八日に調印されたヴェルサイユ条約の中に、ハーグ条約に調印した各国は一二ヶ月以内にこれを批准するという条項が盛り込まれたことで（二九五条）、それは半ば強制的に適用されることになる。翌一九二〇年一二月一五日には、国際連盟内に（現在の麻薬委員会の前身である）「阿片及び他の危険薬品の取引諮問委員会」

(Advisory Committee on the Traffic in Opium and Other Dangerous Drugs) が設立され、国際的な麻薬災禍に目を光らせることになった。

阿片規制を巡るこれらの国際会議において、主導権を握ったのは常にアメリカだった。コンラッドとシュナイダーが言うように、アメリカは二〇世紀に入ってから急に「麻薬」の危険性を強調するようになる。彼らは人道的立場からこれを「悪」と見なし、薬物規制運動の先頭に立つようになった。確かに少なくとも表に現れた言説のレベルにおいて、彼らのモチベーションは常にピューリタン的な道徳精神に支えられている。アメリカが阿片会議に送り込む代表団には毎回必ず、熱心に薬物の危険性を説く牧師たちが含まれていた (Conrad & Schneider 1992)。危険薬物に関する国際条約が締結されたことで有名な第二回国際阿片会議 (ジュネーヴ) は、こうした流れの延長線上に位置している。国際連盟の呼びかけによって一九二四年一一月一七日から翌年二月一九日にかけて行われたこの会議は、国際的影響力の大きさという点でドラッグの誕生に際してさらに大きな重要性を持った。

このジュネーヴ会議は、主に各国内のドメスティックな薬物問題について協議する第一会議と、国際的なルール設定と協調の必要性について話し合う第二会議の二つのセクションに分かれており、前者にはアメリカ、中国、イギリス、フランス、オランダ、ポルトガル、インド、シャム (タイ)、日本といった国々が、後者にはそれらを含む四〇ヶ国余りが参加していた。イニシアティブを握ったのは今回もアメリカであり、彼らは (阿片をはじめとする) 危険薬物に関する国際的規制の必要性を訴え続けていた。だがアメリカのこうした態度は、必ずしも無私無欲なものだった訳ではない。ムストの指摘にもあるように、米西戦争 (一八九八) でフィリピン諸島を得た後のアメリカが、東アジア市場における経済的影響力の拡大を虎視眈々と狙っていたのもまた事実だった。要するに、正義の名の下に東アジアから阿片貿易を駆逐することは、アメリカの市場シェアの拡大に直結していたのである。[*2] このことはやがて、東アジアにおいてすでに阿片貿易の既得権益を握っていた欧州各国との間に軋轢を生じさせた。事実、ジュネーヴにおける国際阿片会議は紛糾し、結果としてアメリカと中国は途中で舞台を去ることになる。ジュネーヴ会議はハーグ阿片条約を補足する形で二つの条約を取り決めたが、一九二五年二月一九日に調印される「危険薬物に関する条約」（Convention relating to Dangerous Drug）は、前記の二つのセクションのうち第二会議より提出されたものだった。

政治史および経済史の観点から鳥瞰すれば、ドラッグへの逸脱視は、アメリカの東アジア市場進出の思惑と、その強力な政治的リーダーシップによって開始されたようにも見える。ピューリタン的な道徳精神は、食品医薬品法（Pure Food and Drug Act、一九〇六年）やハリソン法（一九一四年）によるアメリカ国内でのコカイン規制にも深く関わっていたし、二つの国際阿片会議によるドラッグ規制はその拡大版だったという捉え方もできるかもしれない。つまり「悪徳」ないしは社会的逸脱としての「ドラッグ」の成立を、ある種のアメリカン・スタンダードの世界伝播と見なすことも可能かもしれない。しかしながら、これはあくまでも、阿片問題およびアメリカの覇権拡大を軸にして見た場合に浮かび上がってくるストーリーであって、ドラッグの誕生という出来事のすべての側面を説明している訳ではない点には注意が必要である。

我々がここで注視したいのはむしろ、麻薬（narcotics）およびドラッグというカテゴリーがいかにして定義され、登場するに至ったかである。例えば阿片中毒とコカイン中毒は医学的には別種の二つの病である。一九世紀にはモルヒネ中毒とハシッシュへの耽溺が同種のものとして同列に取り扱われることは無い。それらが薬物中毒というカテゴリーへと統合されたのは二〇世紀の最初の四半世紀のことだったが、前記のような阿片問題を軸に据えた政治史・経済史的なアプローチからは、こうした定義やカテゴリー化の問題についてあまり有効な説明を与えることができないのである。

やや仔細に立ち入るが、先述の各条約においてどのような物質が規制対象とされたかについて、ここで少し確認しておきたい。まず一九〇九年の上海会議で問題となったのは阿片だったが、一九一二年のハーグ阿片条約において規制の対象は、阿片に加えて（阿片製剤である）モルヒネやヘロインまで広げられている。そして一九二五年に締結されるジュネーヴ阿片条約でその範囲はさらに拡大された。第四条に列挙された「危険薬物」をここに引用しておくとすれば、それらは「医療用阿片、生コカイン及びエクゴニン、モルヒネ、ジアセチルモルヒネ、コカイン及びその塩酸塩、薬用もしくは非薬用の調合物で〇・二％以上のモルヒネあるいは〇・一％以上のコカインを含むもの（阿片の効果を打ち消すと言われている薬品を含む）、ジアセチルモルヒネを含む調合物、インド大麻の（抽出物やチンキ剤といった）混合調合物」だった。[*3] ここではハーグ条約からさらにコカインと大麻が、規制対象薬物のリストに加えられた様子が確認できる。

現在「ドラッグ」と呼ばれるもののプロトタイプは、こうして一九二五年のジュネーヴで出現した。だがこの危険薬物リストが、あまりに一貫性を欠くものであることは明白だった。そもそも「ドラッグ」に医学的な定義を与えることには困難が伴っている。例えば激しい離脱症状（禁断症状）や肉体面・心理面における依存を共通の特徴として抽出しようとすると、大麻はその例から洩れる。幻覚を伴う強い精神作用のようなものを想定すれば、モルヒネが例外となる。また逆に、長引く倦怠感や無気力のイメージは、「アッパー系」のコカインのイメージとは相容れないものである。そしてもし仮に、習慣性や精神作用のある物質という大きな括り方を試みるならば、コーヒー、紅茶、チョコレート、アルコールといった嗜好品、あるいはベラドンナ、ヘレボルス、ダツラといった毒草をドラッグに含めない理由が無くなってしまう。したがって、ドラッグのカテゴリーは、物質の生化学的・心理的効果における何かしらの共通項によって括られることで形成されたのではなかったということになる。

こうした「ドラッグ」の定義の曖昧性に関してしばしば言われるのは、それが医学的な観点によるカテゴリー化というよりは、行政的な理由からのカテゴリー化だったということだ。端的に言えば、国際会議という舞台上で生じたのは、各国の抱える国内の薬物問題が一斉に提示されて一堂に会するという特異な状況だったのである。最初に議題として挙げられていたのは中国における阿片使用だった。阿片戦争の頃にはそれはほぼ中国国内のみの問題に留まっていたが、一八九〇年代には阿片喫煙の風習が（中国人移民の拡大と共に）世界各地へ散らばり、ロンドン同様パリにも阿片窟の増加が見られる。

また一九世紀末から二〇世紀初頭にかけてのヨーロッパとアメリカで、阿片と同じくありふれた物質となっていたのはモルヒネとコカインだった。それらは優れた鎮痛剤として用いられたものの、他方では深刻な依存症状を引き起こすことが確認されていた。阿片から抽出されるモルヒネの使用は、普仏戦争以降のヨーロッパで急激な広がりを見せている。コカインはといえば、一方には中南米から北米に持ち込まれる生コカイン（コカの葉）があったが、他方一九世紀末のヨーロッパで使用された粉末コカインは、モルヒネ中毒の治療にも当てられていた。それは新たなコカイン中毒を生んだが、さらにその特効薬として次に登場したのが（モルヒネから生成される）ヘロインだった。阿片からヘロインまではこのように一連の流れを形成している。

異彩を放っているように見えるのはインド大麻だが、これはジュネーヴ会議において主にアメリカおよびエジプト政府からの要請で、危険薬物のリストに加えられた経緯がある。一九世紀の後半にはすでに、エジプトは「国民を怠惰にする」ハシッシュの使用を法律で禁じていた。

こうして各国の事情が寄せ集められた結果、ある種のキメラとして一九二五年の危険薬物リストが出来上がったとすれば、そこにさしたる一貫性が無いことにもある程度納得できる。つまり、中国には阿片があったのに対して、欧米の「阿片」はモルヒネ、コカイン、ヘロインといった物質であり、またイスラム圏のそれは大麻だったのだと考えれば、それらがドラッグの名の下に結集させられたことに何ら不思議は無いようにも見える。ドラッグが行政的なカテゴリーだというのはそうした事態を意味しているのだが、しかしながらこのアプローチ方法は一つ重大な見落としを含んでおり、それはヨーロッパにおけるアルコール中毒の問題だった。一九世紀に中国での阿片災禍が報告されるようになって以降、「西洋における阿片」と呼ばれていたのは、モルヒネでもコカインでもなく、アルコールだったのである。もちろん、アルコールは現在「ドラッグ」と呼ばれるような諸物質には含まれておらず、だからこそこれまで分析上の盲点になっていたと言える。だが我々の考えでは、ここがドラッグというカテゴリー成立について考察する上での重要な失われた環《ミッシングリンク》となる。つまり、アルコール中毒を軸にしてドラッグの問題を再考することによって、阿片からのアナロジーとしてそれを捉えた場合には説明不可能だったような、諸物質の間の隠れた共通項に光を当てることができるようになるのである。

我々が、阿片ではなくアルコールを分析の軸に据えようと主張するもう一つの理由は、単純な歴史的事実にある。ドラッグが一つの類として統合されるためには、先ほどの例示で言えば、各国それぞれのドメスティックな薬物事情が一度（国際会議の場で）集合し、同時に取り扱われるという手続きが必要となった。だがこれには強力な反例が存在しており、例えばフランスは、「毒物嗜癖」（toxicomanie）という概念を用いつつ、ジュネーヴ阿片条約に約一〇年ほど先駆けて、一九一六年の法律ですでに、阿片、モルヒネ、コカイン、そしてハシッシュまでを危険薬物に指定しているのである。そしてこの統合は、先取りして言えば、アルコーリスムからのアナロジーによって達成されていたのだった。

これまでに政治史や経済史が示してきたような、まず中国の阿片問題があり、それが第一次世界大戦における薬物使用の規模拡大を経て二つの国際阿片会議に至るという流れは、ドラッグの登場および薬物問題成立の言わば表側のストーリーだった。だが我々は、むしろドラッグのどのような側面が危険視されたのかについて十分な注意を払いつつ、この問題に対して別角度からのアプローチを試みる必要があると考えている。以下では、当時何が正常と見なされ何が「異常」(病理的)と見なされたかといった点までを考慮に入れつつ、逸脱の社会史、文化史、精神医学史といった側面から、ドラッグの誕生という歴史上の出来事について再考していくことにしよう。

2 「毒物嗜癖」とフランスにおける薬物規制

フランスにおけるドラッグ統合の動きは早い。すでに一九世紀末の一九〇〇年一月八日、臨床医学外科学会よりエリゼ宮医師会に提出された請願書には、「毒物嗜癖者」(toxicomane)の語が見られる。それは「モルヒネ中毒者、コカイン中毒者、エーテル中毒者、渇酒症者など」を指す包括的な述語だった。イヴォレルによれば「毒物嗜癖」の語を最初に用いたのは一八八五年のルニャールだったが、それはレトリックに過ぎなかった(Regnard 1886; Yvorel 1992: 90)。だが今回請願書を提示したポール・ギヨンたちは、医学用語としてそれを用いているのである。請願書の内容は、こうした患者たちは適切な治療を受けるべき存在であり、それ故一八三八年の法を拡大する形で、彼らの一時的な隔離(監禁)を法的に認可して貰いたいというものだった(Guillon 1901: 10)。

この「毒物嗜癖」の概念の登場は、実を言えば監禁と隔離を巡る議論に端を発している。先の請願書が提出される約一年前、パリ臨床医学外科学会では、モルヒネ中毒患者の治療法についての議論がなされていた。一八九九年二月二日木曜日の定例会ではリュトーがモルヒネの即時断薬による治療法について紹介し、その二週間後の定例会ではジョリーが漸次的断薬の臨床観察例を三つ報告する。前者はドイツのレヴィンシュタインらが提唱したもので、患者から一気にモルヒネを断つという方法だった。これに対して後者はフランスのシャルコー、バル、マランドン・ド・モンティエルらが採用していたもので、投与量を少しずつ減じていくという方式を採っていた。両者の折衷案を探ったエーレンマイヤーのメソッドを合わせれば、当時のヨーロッパには大きく分けて三つの治療法が存在しており、どのやり方が適切かを巡っての議論がなされていた。

フランスの医師たちが好んだのは漸次的な断薬だったが、ここにはやはり彼ら特有の事情が絡んでいる。まず、アルコール中毒のケースと同じく、フランスにはモルヒネ中毒専用の監禁治療施設が存在しないという理由があった。そうした施設は(患者の厳しい監視・管理を前提とする)ドイツ式の即時断薬のメソッドを取り入れるにあたって不可欠のものだった。また、一八三八年の法を改正しようという機運が高まっていた当時のフランスにおいて、意識明瞭な者を無闇に監禁すべきではないというリベラルな風潮が強まっていた点も看過できないだろう。それでも、薬物中毒の激しい禁断症状や再発率の高さといった現実を目の当たりにした医師たちの間からは、有効な治療のためには患者を入院させ、徹底した医師の管理下に置く必要があるのではないかという声が上がり始めていた。つまるところモルヒネ中毒の治療法を巡る議論とは、患者の監禁を巡る論争の一つの変奏曲《ヴァリエーション》だったのである。一八九九年四月二〇日、やはりパリ臨床医学外科学会の木曜の例会において、ポール・ギヨンはモルヒネ患者の監禁治療の必要性を説いている。

モルヒネ中毒者をある程度、痴呆患者と同じように考えられないでしょうか。それ［監禁］はそもそも唯一の治療方法なのです。今や立法者たちは、アルコーリスムと同様にモルヒネ中毒についても大いに心を砕くべき時期なのではないでしょうか。（Guillon 1899: 6）

彼はモルヒネ中毒を「富裕層における飲酒癖」（ivrognerie des gens riches）と呼び、それを精神疾患およびアルコール中毒と重ね合わせることで、監禁という彼の主張の正当性を裏付けようとする。専用の治療施設のないフランスにおいて、ギヨンがどこかで念頭に置いていたのは精神病院への強制入院だったが、ここでは「薬物の快楽への情念《パッション》は抵抗不能である」というエスキロール風の古い考えが――つまりモルヒニスムよりはモルヒノマニーのモデル、アルコーリスムよりはや飲酒癖や渇酒症《ディプソマニー》のモデルが――顔をのぞかせていた。ギヨンのこの報告を聞いたリュトーは、法医学の観点からすぐに賛意を示す。しかし逆に監禁への慎重論を唱える医師もあった。ベリヨンはまず一八三八年法について、これは現存する法律の中で最も美しいもので医師の責任を明確に謳ったものだと述べた上で、次のように続ける。

リュトー氏の提案はぱっと見たところ非常に魅惑的ですが、あまり現実的ではないと言えます。これには医師と司法官からなる特別委員会で、患者の閉じ込めを事前に審議することが望まれていると思うのですが、みなさんとつながりのある医者たちの中にも、実は隠れたモルヒネ中毒者がたくさんいるのです。何人か非常に賢明な人もいて、彼らは投与量を増やさずに長生きしますし、それに自分は別に治りたくないと言うの

です。ちょうど毎日少量の飲酒が必要な人々と同じようなものです。（*Ibid*.: 9）

ベリヨン自身の個人的習慣についてはここでは問わずにおくとしても、一九世紀の末、モルヒネを嗜むことが知識人の娯楽の一つとなっていたのは事実だった。会議はこの主題について引き続き議論することを決定し、リュトー、ギヨン、コマールの三人を調査委員に任命する。その結果報告は六月一五日の例会でなされ臨床医学外科学会の承認を得た。こうした手続きを踏まえた上で、先述したような請願書が半年後のエリゼ宮の医学会議に提出される運びとなったのだった。一九〇〇年一月のエリゼ宮での報告に際して、ギヨンは次のように述べる。

私は本日、新たな議論をいくつかご紹介しながら、問題の範囲を少し拡大してみたいと思います。つまり、モルヒネ中毒者の問題のみならず他の毒物嗜癖者の問題へと、例えばある種のアルコール中毒、特に渇酒症の問題へとつなげて考えてみたいのです。そして、アルコール中毒に関する他の国々の法規制と比較して、フランスの法律がいかに不十分なものであるか示したいと思います。（Guillon 1901: 12）

ギヨンは監禁治療の必要性を軸にしてモルヒネ中毒とアルコール中毒を接続し、話はさらにコカイン中毒やエーテル中毒まで広がっていく。「毒物嗜癖」の概念はこうしてエリゼ宮に提出されたのである。ただし付言しておくなら、この報告は彼の同僚たちにとっても寝耳に水だったようである。ギヨンが報告を終えた後、共同報告者として同席していたリュトーは驚きを隠さなかった。「臨床医学外科学会の委員会の時は、我々はモルヒネ中毒のことしか話し合っていなかったのですが、しかしギヨン氏が問題の輪をすべての毒物嗜癖者へと広げて一般化することには賛成です。私は彼の結論を大いに支持いたします」(*ibid*.: 18)。調査委員会の第三のメンバーだったコマールはこの日欠席していたが、彼もとりわけ臨床的・実践的な観点から、いくつかの種類の薬物中毒が同列に扱われてよいという意見の持ち主だった。どのみち「物質を断つ」という共通の治療法が存在する以上、患者たちの私生活までを管理できる「監禁」の方法が最善であることは、彼らにとっては自明の理だった。

エリゼ宮医師会からは反対意見も出た。ル・ピルーやプラトーは、モルヒネ患者の監禁が個人の自由に抵触すると述べる。それは患者自身にとって危険であるに過ぎず、患者は遺言を遺したり、正常な判断をしたり、選挙に投票したりできるではないかと。だがディニャのように、ギヨンらの意見に積極的に賛同する医師もあった。現在、患者の強制入院に関して責任とリスクを負うのは医師だが、患者保護の観点からしても今やそれを法律が保証すべき時期であり、国会もこの問題を無視できないだろうと。彼は知り合いの下院議員を通じて、アルコーリスム、モルヒネ中毒、そして他の毒物嗜癖の問題について審議してもらえるよう働きかけると述べた (*ibid*.: 19–20)。結局ギヨンらの請願書は、反対二名を除く全員一致という票決によってエリゼ宮で採択されることになる。

以上が一九世紀末のフランスにおける「毒物嗜癖」登場の顚末だった。そこにおける諸物質の統合と同一視は、一言で言えば (物質の遮断と監禁の必要性という) 治療上の都合によってなされていた。麻酔剤だったエーテル中毒が彼らのリストに含まれていたのもそうした理由による。ギヨンらがとりわけこだわっていたのは、モルヒネ中毒とアルコール中毒の類似点を強調しそれらの間にリンクを確保することだったが、ここには (フランスで一九世紀末より盛り上がりを見せていた) アルコール反対運動の流れに合流しようとする彼らの意図が見て取れる。特に一八九〇年代以降、医師たちの間ではアルコール中毒専門の治療施設の設立を求める声が高まっていた。[*4] 既存の精神病院への収容にも限度があったため、何か「監獄と病院の中間地点」に位置付けられるような特別施設が設立されることで、アルコールやモルヒネその他の中毒患者をより適切に処遇・治療できるようになるのではないかというのが、彼らの主張のエッセンシャルな部分だったのである。

こうしたドラッグ規制の要請は、しばらく収穫の果実を実らせることはなかった。議会は監禁を巡る直接的決定には慎重にならざるを得ず、特別施療施設の開設は見送られ続けた。しかしながら、医師たちの責任の一部を法律で肩代わりすべきだという要請の方は、一九〇八年一〇月一日の政令《デクレ》によって間接的にある程度まで達成される。この政令は、（阿片製剤の購入には医師の処方箋が必要だと定めた）一八四五年の法を補足するという体裁を取っていたものの、阿片製剤の個人間譲渡を完全に禁止することで、薬物乱用への規制強化を行っていた。事実上のターゲットとなったのは露店に立つ薬物の売人たちであり、阿片やモルヒネを医師の処方箋無しに入手する行為が違法化されたことで、そうした人物を犯罪者として取り締まることが可能となったのだった。主にヒ素と阿片を禁じた一八四五年の法律が、それらの物質の毒性を懸念するものだったのに対して、一九〇八年の政令は明らかに、薬物の中毒性と社会的影響を念頭に置いて作成されたものだった。

ただ残念なことに、この政令が有効に機能していた形跡は無い。例えば一九一三年七月四日付けのル・タン紙は、あるモルヒネ中毒者の死について伝えている。記事によれば、ある日パリに住む若い娘リュシエンヌ・ロラン（二〇歳）は、ドゥエー通りのバーで同年代の娘ジョルジェット・デゾルム（二一歳）と知り合ったという。ジョルジェットがモルヒネを持っており、共通の趣味によって結ばれた二人は最寄りの薬局に注射器を買いに走った。その晩、彼女たちはジョルジェットの部屋にこもり密やかに薬物を楽しむ。だがリュシエンヌはモルヒネを過剰に摂取し、苦しんだ末午前二時頃についに息を引き取ってしまう。半ば狂乱状態となって警察に駆け込んだジョルジェットは、聴取を受けた後で逮捕されたという。同日のル・タン紙はまた、マルセイユのホテルの寝室からピアノ教師フリッツ（三二歳）の遺体が発見された事件についても報じていた。彼女の体には最近のものと思われる注射の痕が二七ヶ所あったという。同じ時期のル・プチ・ジュルナル紙は、ピガールやレ・アールといったパリの歓楽街でコカインの売人が逮捕された記事を二つほど掲載していた。[*5]

同じ年、パリ検察庁長官の検事正テオドール・レクーヴは、セーヌ県警の警視に宛てた通達状の中で、危険薬物を規制した一八四五年法と一八四六年の行政命令《オルドナンス》および一九〇八年の政令がそれほど遵守されていないことに注意を促している。「パリのいくつかの地区では、モルヒネ、コカインや阿片を、さしたる苦労も無く入手することができる。こうした毒物の分別なき使用が公衆衛生（santé publique）[*6]にとって最大級の危険となり、また人体に最悪の結果をもたらし得ることは、諸君も知らない訳ではないだろう」[*7]。レクーヴのこうした叱咤にも拘らず、二〇世紀初頭、一九一〇年代半ば頃までのヨーロッパでは、時代の空気はまだドラッグに対して比較的寛容だった。アメリカ主導で招致されたハーグ国際阿片会議における決定や、危険を察知した医師たちの鳴らす警鐘は、人々の日常生活の中ではそれほど大きな影響力を持たなかったのである。むしろベリヨンが述べていたように、医師たちの中にも阿片やモルヒネを嗜む者が数多く含まれていた。いずれにせよこの時期にはまだ、麻薬使用そのものを逸脱と見なす視点は存在しない。法的責任を問われたのはそれを渡す側の医師や薬剤師、および売人たちだった。使用者の側はといえば、一方で軽度の麻薬使用は「大したこと」ではないと考えられ、他方で重度の中毒者はあくまでも保護されるべき患者であり、犠牲者であると考えられていた。

ヨーロッパでのこうした雰囲気を転覆する上で大きなターニングポイントとなったのは、疑いなく第一次世界大戦（一九一四―一九一八）だった。戦場とならなかったアメリカにとってそれは言わば対岸の火事に過ぎなかったが、ヨーロッパにおける変化は顕著だった。鎮痛剤としてのモルヒネの需要は再び急上昇し、また兵士たちの士気を高める目的で大量のコカインが使用されるようになる。

フランスで一九一六年七月一二日の法（＝「阿片、モルヒネ、コカイン等の有害物質の輸入、販売、所持、使用に関する法律」）が議会を通過するのは、そうした状況下においてのことだった。この法律によって麻薬使用は犯罪化され、最大三〇〇〇フランの罰金と六日から一〇ヶ月の収監（再犯は最大一万フランの罰金と三ヶ月から一〇年の収監）が科されることになった。処罰は大変厳しいものであり、裁判所は必要に応じて一年から五年の間、当該人物の市民権を剥奪することすらできた（第二条）。これに続いて定められた九月一四日の政令《デクレ》は、その前文で次のように謳っている。

> 現在の状況は、かつて無かったほどの必要性と緊急性を要している。全力を挙げて麻薬売買を取り締まり、乱用を抑制するための特別措置が講じられなくてはならない。こうした関心が議会をして一九一六年七月一二日の法を議決させたのである。これは何よりもまず国益の問題である。阿片、なかんずくモルヒネとコカインの乱用はここ数年来あまりに大規模化しており、また現行の法制度がこの災禍を食い止めるのに無力であることから世論は動揺している。こうした毒物の販売を完全に禁止するのは不可能である。というのは、それらは或る場面では医療技術に高い貢献を為すものだからである。然れども、違法な使用を避ける上でも、これらの毒物の流通販売を、それがフランスに持ち込まれた瞬間から厳しい統制下に置くことや、医師の認可なき引き渡しを妨げるような手続きを、**個人的にまた一定の期間内のみ、対象となる特定の患者に義務付ける**ことは、必要不可欠な措置である。
>
> (Dupain 1923: 287–8; Ghelerter 1929: 170–1. 強調引用者)

この一九一六年法において、ついに薬物使用者の側にも法的責任が付与され、彼らは「犯罪者」となった。一九世紀後半のフランスでアルコール中毒に起こったようなことが、ここでもう一度起こっている。つまり薬物中毒に陥ることは「悪徳」であり、そのことに関しては当人に咎があるというように責任の送付がなされるのである。これに対する知識人や芸術家たちからの反発は大きかった。彼らの中には少なからず阿片の愛好者が存在したからだ。詩人にして無声映画の著名な俳優だったアントナン・アルトーは、『冥府の臍』(*L'Ombilic des limbes*)に次のような記述を残している。「一九一七年七月の麻薬政令で飾られた一九一六年法の立法官氏よ、君は馬鹿だ。……病的な毒物嗜癖者など、享楽的な毒物嗜癖者に比べればほんの僅かだというのに」(Arraud 1925; Richard & Senon 1999: 262)。こうした声は当時の一部の知識人たちの意見を代弁していたものの、議会の決定を覆すような力を持つことはなかった。

他方で、マニャンと共に反アルコーリスム運動の旗手を務めた精神科医ポール＝モーリス・ルグランは、一九二三年にこう回想している。「一九一四年の戦争［第一次世界大戦］は、麻薬の歴史に感動的な貢献をなした。戦争理事会はいつか恐らく、現在の研究に大いに役立つような統計資料を示してくれるだろう。しかし私を含む精神医学の専門家はすでに、軽犯罪や重犯罪がアルコールのみならず阿片、モルヒネ、コカインによっても引き起こされるという豊かな収穫を得ている」(Legrain 1923: 13)。第一次世界大戦終結後の一九二〇年代は、ヨーロッパにおけるドラッグへの危険視が強まり、また(戦争で一時中断していた)規制強化のための議論が再活性化する時期に相当しているが、このルグランの記述からは、ドラッグ中毒者をある種の潜在的犯罪者あるいは「危険人物」と見なそうとする眼差しが出現していることが読み取られるだろう。

ドラッグの使用そのものに対する非難は、フランスの法制度の変遷を見る限り、およそ第一次世界大戦のあった時期から開始されているようだ。それ以前には麻薬使用者は哀れむべき犠牲者であり、責任を問われたのは医師や薬剤師の側だった。しかし一九一六年以降、麻薬使用者は彼ら自身の法的責任を問われるようになり、社会的逸脱者となっていく。これは無論、気まぐれに一つの法律が制定されることによって起こった変化ではなく、また戦争による薬物使用量の単なる数字的増大による変化でもなかった。それはむしろ、政治的エリートや医師たちの考え方の中に、そしてまた民衆の感覚の中に、ある程度の下地が準備された上で生じた変化だった。

3　犯罪、狂気、病

ここでやや視点を転じ、当時危険視されていた物質の側に着目してみたい。我々が特に注意を喚起しておきたいのは、フランス一九一六年法の危険薬物リストに、ハシッシュが含まれていることである。その第二条に挙げられていた危険薬物を確認しておくと、それらは「薬用の生阿片、阿片エキス、モルヒネおよびその他の阿片のアルカロイド（ただしコデインを除く）とそれらの粉末や派生物、コカインおよびその粉末や派生物、ハシッシュとその調合物」だった。これらのうちハシッシュは、（阿片、モルヒネ、コカインといった物質に比べれば）ヨーロッパでは依然としてマイナーな薬物の地位に留まっていたのだが、にも拘わらずフランスではこの時期に規制対象となっているのである。

簡潔に整理しつつ振り返っておくなら、アメリカ主導で開かれた二度の国際阿片会議においてハシッシュが議論の俎上に載せられたのは、ようやく一九二四年末のジュネーヴ会議でのことだった。第一回阿片会議に伴う一九一二年のハーグ条約でそれは問題となっていないし、条約が批准される一九二〇年頃になっても状況は等しい。他方フランスにおいても、一九〇〇年の「毒物嗜癖」概念および一九〇八年の政令の中にハシッシュの名は見られない。したがってこの物質は、少なくともヨーロッパでは、一九一〇年代半ばのフランスにおいて突如としてドラッグの仲間入りを果たしたということになる。

ここに植民地政策からの影響が全く無かったとは言えない。一八三〇年のアルジェリア侵攻以降、とりわけ一八七〇年代から二〇世紀初頭にかけてのアフリカ横断政策の時期に、北アフリカの国々からフランス本国に大麻が流入する可能性は常にあった。一九一三年から一九一四年にかけて何人かの下院議員たちが阿片規制に関する法案を議会に提出していたが、その中にはフェリックス・ショートンのように、植民地における規制に言及しているものも確かに存在する。[*8]

しかしながら、この時期のフランス国内でのハシッシュは、目立つような大きな災禍を一切もたらしておらず、とても危険視されるような状況には無かったと言わざるを得ない。ニームの薬剤師リロンの記述（一九〇六）は、ハシッシュがむしろ二〇世紀の初頭より医療分野で再評価されていた様子を伝えている。パリのサルペトリエール精神病院ではてんかん、ヒステリー、神経性舞踏（chorée）に対して大麻製剤が大規模に用いられ、（期待されたほどの成果は上げなかったものの）特にヒステリーに関しては一定の効果があったという。またそれはアルコール漬けにされて、抜歯の際の局所麻酔として用いられることもあった（Liron 1906: 16）。薬剤の形態は他にも、アルコールやエーテルに溶解させた大麻チンキ、粉末、シロップ、丸薬など様々だった。それらはとりわけ（咳止めなど）呼吸器系の疾患に効果がある医薬品として、薬局で販売されていた（Bouquet 1912: 143）。

それでは一体、ハシッシュへの危険視はいかにして起こったのだろうか。また、それを危険薬物の仲間に含めるような知的布置が、フランスではどのように形成されたのだろうか。この二つの問いは互いに関連し合っているとはいえ、厳密に区別されなくてはならない。

第一の問いに関して言えば、第2章で示したように、ハシッシュに対する警戒は、この物質がフランス医学界に紹介された一八四〇年代の初頭より存在したことが確認されている。アジャッソン・ド・グランサーニュの家で催された小さな実験会でエスキロールが下した判断は、この物質が理性の欠落をもたらすというものだった。「狂気を引き起こす物質」というイメージは、モロー・ド・トゥールの著作『ハシッシュと精神疾患』や、あるいはゴーティエやボードレールの文学によって広められる。しかしそれでもなお、ハシッシュはマイナーな薬剤の地位に留まっており、その後のフランスで大きな社会問題と認識されることはなかった。にも拘わらず、それは二〇世紀に入ってから危険薬物の一つに数えられるようになる。我々が着目したいのは、特に先記の第二の問いについて、すなわちハシッシュを危険薬物に含めるような知的布置の形成についてである。我々の結論を先に述べるならば、この変化を促進する上で重要な鍵を握っていたのは、公衆衛生学と「デジェネレッサンス」の学説だった。

この問題について論じるにあたって、まず一つのエピソードを紹介しておきたい。パリ・コミューン後の一八七二年五月二七日、精神医モロー・ド・トゥールはパリ心理医学会の例会に出席していた。もうじき六八歳になるところだった。議長ジュール・ファルレに指名されたオーギュスト・ヴォワザンは、彼の師だった老モローに敬意を示した後、最近発表されたばかりの或る医学博士論文の紹介を始める。題目は「ハシッシュについて」だった。著者のフェルディナン・ヴィヤールは、ハシッシュの薬効と医療への貢献に期待をかけていて、概ね好意的な記述を残していた。ただし彼は、エジプト滞在中に見聞した当地のハシッシュ事情について報告する中で、この物質のあまりに長期にわたる習慣的使用が人を廃人のようにすることや、その慢性中毒患者が痴呆患者(déments, 現在の認知症)とほとんど変わらないことについても記していた。ヴォワザンの報告を聞き終えたモローが静かに口を開く。

> ハシッシュについて私が本を出した時、当時他にまともなハシッシュ研究は無かったのだけれども、私は良い効果の方を紹介することに特にこだわっていました。毒性についてはほとんど何も書かなかったし、それは無害だと述べるに留めていました。ヴォワザン氏の報告とは食い違ってしまうけれども、私の中でその考えは今でも変わっていないのです。……要するに薬剤として考えた場合、ハシッシュは扱いが簡単で、ほぼ危険の無いものと考えるべきなのです。我々が治療の現場で日常的に使っている阿片や麻酔薬や、特にヒ素化合物と比べれば、明らかにそうでしょう。[*9]

長くハシッシュ研究に携わり、また《ハシッシュ倶楽部》の一員でもあった精神医《アリエニスト》のモローと、若い世代の精神科医《プシキアートル》であるヴォワザンやヴィヤールの間には、意見のずれが生じている。確かにモローのハシッシュ論は、物質の大量摂取による一時的な生理的・心理的変化について膨大なデータを提供していたが、その「慢性中毒」がもたらす結果については特に注意を払っていなかった。同様のことは、ゴーティエやボードレールのような文学作品にも言えるのだが、つまるところこの慢性中毒への眼差しの有無が、旧世代と新世代の間の議論を噛み合わないものにしていたのだった。

時計の針を七月王政末期まで戻そう。モローがハシッシュ論を発表した一八四五年、トレビゾンドからコンスタンチノープルへ向かう大型客船の中では、とあるピストル殺人事件が起こっている。六月二二日付けのラ・プレス紙は、幾人かの目撃者の証言から、犯人たちはハシッシュで「酔っていた」模様だという記事を載せた。[*10]不思議なことにこの年には、ドラッグの歴史にとって重要な出来事が集中している。一八四五年法の成立により阿片が危険物質とされたのも、ブリエール・ド・ボワモンらが幻覚論争を開始したのも、また《ハシッシュ倶楽部》の初回会合が開かれたのもこの年だった。ゴーティエやボードレール、精神医たちの記述から読み取れるのは、この頃のハシッシュに、酩酊や幻覚を生じさせ、理性を一次的に失わせる薬物という位置付けが与えられていたことである。また「幻覚」を精神疾患の本質と見なしていた当時の精神医たちにとって、幻覚を生じさせる物質は、「狂気を生じさせる物質」と同義であった。それは無論、薬物使用者の潜在的な犯罪可能性、言い換えれば市民の安全な社会生活への脅威といったニュアンスを、どこかで含んでいる。一部知識人の間に存在していたのは、一つには狂気への恐れであり、いま一つには犯罪への懸念だった。

フランスにおけるハシッシュへの危険視はこのように、一九世紀中葉より存在していた。とりわけ衛生学者たちは、早くからこの物質の危険性について注意を促している。エドゥアール・ベルトー（一八五四）が挙げていたインドのある地方の例では、ハシッシュ中毒者が村に入ってくると人々は家にこもって厳重に扉を閉め、通りを歩く彼らに対して「まるで危険な動物でも追い払うように」窓から銃で威嚇射撃をするのだという。ハシッシュは情念を燃え上がらせるため、人を窃盗や殺人、放火に走らせるが、時には最も勇気ある美しい行為へと導くこともある。そしてその長期使用は人類にとって大きな害悪をもたらすと彼は言う（Bertaux 1854: 26–7）。またユジェーヌ・ニコルは、煙草とハシッシュと阿片を併置しながら、それらが性暴力、殺人、自殺といった極めて遺憾な行為へと結びつく危険性について懸念を表明していた（Nicolle 1869: 32）。

予防することを旨としていた衛生学は、まだ起こっていない災禍に対しても警鐘を鳴らす。確かに、公衆衛生あるいは社会体の健康（健全性）という観点からすれば、ハシッシュが敵視されるのは当然のことだった。より具体的には、一方では公衆の「安全性」の確保が問題となり、他方では「人口＝労働力」へのダメージが懸念された。これらはそれぞれ、ハシッシュの急性中毒によってもたらされる害悪と、慢性中毒によるそれに照応している。

前者は先述したように、薬物依存者の犯罪性の問題と密接に関わっていた。ドラッグによって分別を失い、「何をするか分からない」状態に置かれた存在に対する目に見えない恐怖が、公衆の安全を確保するという公衆衛生（および社会防衛）の言説に裏付けられて、薬物依存者に逸脱者のレッテルが貼られるという結果を生んでいく。これに関しては、一九世紀の後半に司法の領域で新派刑法学が力を伸ばしている点も看過できない。ベッカリーア、ベンサム、フォイエルバッハらの古典派刑法学が主に犯罪行為に着目していたのに代えて、リスト、ロンブローゾ、プリンスらの新派刑法学は「犯罪者」の性質に着目し、どのような身体的・心理的特徴を持った人物が犯罪に走る可能性が高いのかといった研究に着手している。社会契約論と意識の哲学から出発し、観念論的アプローチを取っていた一八世紀の古典派刑法学において、犯罪行為とはあくまで個人の自由意志（悪意）によって引き起こされるものだった。だからそこでは（一般的には）法秩序への侵犯に対する応報的な処罰が重視された。これに対して、統計的で実証科学的なアプローチを取った新派刑法学は、（悪意ではなく）個人の「反社会性」を犯罪の原因と見なし、危険度の測定を試みる。彼らにとって処罰とは、犯罪の特別予防、すなわち犯罪者から反社会性を除去し、更生させ社会復帰を目指させることを意味していた。ここで刑罰の根拠は、もはや法秩序（社会契約）の存在そのものではなく、社会を防衛すること、ないし市民の安全を守ることへと移り変わっている。

しかしながら仔細に見てみると、この急性中毒および市民の「安全性」という視線は、ドラッグの逸脱化には大きな役割を果たしたものの、ドラッグというカテゴリーの統合そのものに関しては、それほど直接的な貢献をなした訳ではなかった。というのは、もしも潜在的な犯罪とのつながりがドラッグ問題の中心的課題であったなら、ハシッシュはもっと早い段階で危険薬物のカテゴリーに入れられていたはずだし、また一時的に理性を失わせるという意味では、アルコールの酩酊も典型的な同種の危険として取り扱われることになっていたはずだからである。史実はそうしたデータを示しておらず、したがって、ドラッグ統合に関して重要だったのは、むしろ薬物の慢性中毒の方だったと考えられる。

もう一つの社会防衛、つまり先ほど挙げた後者の慢性中毒および「人口」への害悪の方に話を移そう。端的に言えば、そこで中心的役割を果たしたのは廃人のイメージだった。日がなパイプの耽溺にふけり、あまりに早く老化して、怠惰で無気力で働こうともしない人々の集う阿片窟の薄暗いイメージは、例えばヴィヤール（一八七二）がエジプトの或るカフェの奥の部屋で見てきたような、「まるで痴呆患者（déments）のような」ハシッシュ中毒者たちの光景と重なっていた。ベルトーは衛生学の立場から述べる。「衛生や道徳の観点からハシッシュの効果を考えてみよう。この物質の長期かつ継続的な使用が、人類を愚鈍化させ、知的障害や精神疾患まで引き起こし得ることは、すべての識者の知る所のものである。それは東方における多くの観察例を見ても明らかだ」（Berthault 1854: 26）。『人工楽園』のボードレール（一八六〇）ですら、こうした病が全人口に拡大してしまえば、その国はもう国としての機能を果たさなくなるとの懸念を抱き、早くからハシッシュの法規制に踏み切ったエジプト政府に理解を示している。

こうした薬物の慢性中毒の問題は、特に一八八〇年代半ば以降になって医師たちの関心を集めた。アルコーリスムとのアナロジーによって、モルヒネ中毒の中心的課題が（抵抗不能な）情念《パッション》から、（意志の力によって退けられるはずの）習慣《アビチュード》の問題へと言い換えられ、再解釈されるのもこの頃のことである。ときに、阿片に関しては、かつてリトルやトマス・ド・クィンシーが報じていたような災禍が、一八九〇年代以降のフランスでも現実のものとなりつつあった。同時期のモルヒネやコカインは、すでに一部の知識人を中心にポピュラーな「嗜好品」として知られていた。だがそれに対して、ハシッシュは依然としてマイナーな薬剤の域を出ておらず、二〇世紀初頭からようやく医学的使用の大規模な試みがなされていくところだった。

結局のところ、当時のフランスにおいては、ハシッシュの慢性中毒についての何らかの情報があったとしても、それは（阿片のケースと同様に）すべて東洋世界からの伝聞情報に過ぎなかったということになる。それでもなお、公衆衛生学が社会防衛の名の下にハシッシュまでを危険視するに至ったのは、先に述べたような急性・慢性中毒による健康被害の言説の他にもう一つ、強力な後ろ盾を得ていたからだった。先取りして言えばその後ろ盾とは以下で述べるような「デジェネレッサンス」の学説だったのだが、薬物中毒を巡って存在した、犯罪と公衆の安全、無気力・怠惰と人口への害悪という二つの問題軸のクロスポイントに、精神疾患と「子孫への悪影響」という第三の軸が重ね合わせられたのは、この変質と退化に関する精神医学の学説の周辺でのことだった。

4　ドラッグの誕生

一九世紀の後半には衛生学者たちの（どこか誇張された）警告が存在したものの、フランスにおけるハシッシュへの危険視は、それとはまた別の地点から立ち現れてくる。事の起こりは、一八八〇年代に精神科医ヴァランタン・マニャンがモレルの「デジェネレッサンス」（変質＝退化）の学説を再評価し、アルコーリスムの問題をこの概念によって捉えようとしたことだった。そこでは酒に溺れることは、個人の退廃、国家の退廃、ひいては人類の退化を引き起こすとされていた。さらに、この概念を継承した弟子のポール＝モーリス・ルグランは、同様のことが他の薬物にも言えると考え、毒物嗜癖を「デジェネレッサンスの病」であるとした。つまり毒物を愛するというこの性向は、性的倒錯と同じように、嗜好における病的異常であると考えられたのだった。

ルグランは一八九一年から一八九二年にかけて『心理医学年報』に掲載された「知性の毒」という長い論文の中で、そしてジュネーヴでの第二回国際阿片会議の数年前に書かれた『アルコーリスム概論』（一九〇〇）および『毒物嗜癖者の犯罪性』（一九一三）といった書物の中で、阿片、モルヒネ、ハシッシュといった物質をひとまとめに「知性の毒」（poisons de l'intelligence）と呼び、断罪している。例えば「知性の毒」において、彼は次のように書き記す。

リシェは才気煥発にも述べた。「人は自らの知性の状態に不満足で、毒物の中にそれを刺激する方途を探すのだ」と。中国とインドではそれは阿片である。メキシコではコカの葉だ。西洋では煙草、アルコール、モルヒネで、他所ではそれはハシッシュ、カワなどだ。どの民族もそれぞれの知能の毒を持っており、知能の中毒は普遍的である。(Legrain 1891: 34)

ルグランは、すべての麻薬は兄弟(frères)であると明確に述べた。阿片は東洋のアルコールであり、アルコールは西洋の阿片である。それらは最初つかの間の快楽を、やがて欲望を、最後に精神の混迷をもたらす点で同じであって、また同様のことが、ハシッシュ、エーテル、モルヒネ、コカインにも言えるのだと。「注射もしくは鼻腔からの粉末吸引による多幸感は、真性の精神障害者の特性に変わる。それはデカダンスの極致であり、感覚の錯乱である。そしてこの虫食いの建物の上部には崩壊しばらばらになった人間知性があり、それはいつでも痴呆(démence)へ崩れ込もうとしている」(Legrain 1922: 344–5)。要約すれば彼はここで、それらの物質は精神疾患を引き起こす「知性の毒」であり、その点で同じ仲間と見なしてよいと述べているのである。

これは一見、精神科医の立場から述べられたドラッグ統合論のようにも見えるかもしれないが、彼にとって重要だったのは、個人レベルで引き起こされる精神疾患よりむしろ社会レベルで起こる「デジェネレッサンス」だった。ルグランは薬物中毒者たちを、麻薬への「奴隷の精神」(mentalité d'esclave)を持つ者であり、社会に退化と劣化をもたらす変質者(デジェネレ)であると見なしていた。マニャンと同じくルグランも、中毒者たちの中に、弱さ、社会的責任、子孫への悪影響といったものを読み取っているのである。

こうした視点に立った時、ハシッシュは難なくドラッグの(この場合は「知性の毒」の)カテゴリーへと招き入れられる。ルグランは一八九〇年代の初頭にはすでにそうした考えを抱いていた。その後反アルコーリスム運動に身を奉じた彼が、他の精神作用物質をアルコールからのアナロジーで眺めていたのも当然のことだったろう。時代的背景も手伝って、アルコールを含むそれらすべての物質による中毒は、打ち倒すべき「国家の敵」として描かれていった。薬物依存を「デジェネレッサンスの病」と捉えようとする態度は、やがてこの病をある種のスティグマと見なそうとしていた公衆衛生および新派刑法学の態度と合流し、結託することになる。第一にそれは怠惰な国民を増加させ、究極的には国家を滅亡へと追い込むことが懸念された。第二に薬物依存は精神錯乱および（薬物に隷属する）意志の弱い主体を生み出し、子孫に悪影響を、社会に退化をもたらすものと考えられた。そして第三に、薬物は（将来において起こるかもしれない）犯罪との関連を疑われ、市民の安全を脅かすものとして認識された。

ドラッグの統合と逸脱視は、こうした三種類の社会防衛によって同時に開始されている。薬物依存者たちは、三重の意味で「反社会的」だと考えられたと言ってもいい。一九世紀の末にギヨンらが「毒物嗜癖」の概念を提示した時、諸物質の統合は（断薬と監禁の必要性という）治療学上の要請に基づいているように見えた。また二〇世紀最初の四半世紀に行われる二度の国際阿片会議において、ドラッグの統合は、参加各国の国内の薬物問題の寄せ集めとして、行政的な要請に従ってなされたようにも見えた。しかし、それが「ドラッグの誕生」に必要な手続きのすべてだった訳では決してない。薬物問題がそもそも由々しき問題として認識されるその背景には、（我々が「例外」としてのハシッシュのケースについて再検討しながら）ここまで述べてきたような、三重の反社会性といった意味付けが不可欠だったのである。

ややトートロジカルな言い方になるけれども、ハシッシュは「危険である」という理由によって、危険薬物の仲間入りを果たしていったと言える。他の薬物も、単に監禁の必要性によって一括りにされた訳ではなく、あらかじめやはり同様に危険であるという理由によって、緩やかな連合体をなしていたのだった。当時言われていたこの「危険」とは、いみじくも検事正レクーヴの手紙に書かれていたように、一つには本人の心身に及ぶダメージのことを指しており、もう一つには、周囲の人々および社会に与えられる害悪のことを意味していた。このうち後者の「社会への危険」が市民の安全性と生産人口の減少という二つの意味を持っていたのは先述した通りだが、デジェネレッサンスの学説はここに、未来における人口の質的劣化という第三のファクターを追加したのだった。つまるところ、ドラッグへの危険視は、将来の「健康（健全）な社会」の実現を目指す公衆衛生学の予防的政策を背景に、《犯罪・狂気・病《やまい》》という三つの「反社会性」の言説が重なり合ったところで生み出されたと言えるだろう。

＊　＊　＊

ここでさらに一歩を進めて「そこまでして防衛すべき社会とは何だったのか」という問いを立てることが可能かもしれない。つまり、ドラッグがどういった正常性に照らして逸脱となったのかについて問うことは有効だろう。ただしこの問題を、単なる自由主義と共和主義の対立の問題として、すなわちアングロ＝サクソン的な個人の自由と、市民社会全体の平等や幸福との対決の問題として考えるならば、そこから実りある結果を引き出すことはあまり期待できないだろう。例えば、第三共和政下のフランスでは個人の自由よりも社会全体の利益を優先する傾向が強かったので、周囲に害悪を及ぼす可能性のあるドラッグはすべからく禁止すべしといった風潮になったのだろうと考えたのでは、あまりに多くのことが見落とされてしまう。

むしろ考慮すべきは、ハンナ・アレントが指摘していたような、西欧近代における「社会的なもの」の領域の出現についてである。「社会」はまるで一つの人格のように、唯一で共通の利害を持つものと考えられた。そうした理念はホッブズの頃から、人々に主権を委ねられた国家のイメージ（リヴァイアサン）として存在していたが、国王の首が断頭台の露と消え、市民革命と産業革命を経た後の西ヨーロッパ世界において、それは（後に「世論」と呼ばれるような）ただ一つの代表的意見を持った市民社会のイメージとして受肉することになった。仮にその本質がブルジョワジーの価値観に貫かれたものだったとしても、つまり「社会」の安全や利害が事実上ブルジョワジーのそれとほぼ一致していたとしても、一九世紀に新たに国家理性の位置を占めたのは、労働者階級を含む「人口＝大衆」（population）だったのである。世紀の後半になって統計学に裏付けられた（公衆）衛生主義が力を持ち、社会の医師の役割を自認するようになると、統計的平均と正常《ノーマル》なものとが、健康（健全さ）の名の下に重ね合わされていく。平均的であること、多数派であること、凡庸で他人と同じであること、そうしたことが「正常」であるとされ、社会に画一化を促すようになった。そして、その社会の構成員たち（市民）は、社会体の健康（健全さ）に対してある種の社会的責任を負わねばならなかった。裏返して言えば、ドラッグへの依存は、平均からの偏差の大きい事象であり、異常な現象であると同時に病理的なものであって、それ故、社会への危険度の高い「反社会的な」ものとされていったのだった。

一九世紀末にマニャンやルグランが、変質者（デジェネレ）それ自体には責任が無いが、彼らは社会的に責任を負うと言う時、「社会的なもの」の領域は、ほぼ「国家」に外縁を一致させている。つまり彼らにとって、デジェネレッサンスが人口に蔓延することは、将来における人口（子孫）の弱体化と、国家の衰退を意味していたのだった。そしてまた当時のフランスにおいて、一八七一年の普仏戦争敗戦とパリ・コミューン、一九一四年から始まる第一次世界大戦における総力戦といった歴史的出来事は、この学説にリアリティを付与するのに十分な力を持っていたのである。パトリオティスムおよびナショナリズムの高揚は、国家の発展に寄与せず、それどころか逆にそれを阻害するような「危険な」ドラッグを、反社会的であるとして、デジェネレッサンスであるとして、あるいは「国家の敵」として、ひとまとめに逸脱視することを可能にしていた。二度の国際阿片会議に先駆けて、フランスにおける「ドラッグ」という統合的カテゴリーは、このようにして誕生したのである。

＊＊＊

以上で述べてきたのは主に、危険薬物のカテゴリーの内部に含められた諸物質の持つ共通性や親和性についてだった。以下ではこのカテゴリーの外縁部について述べつつ、この章を閉じることにしたい。現代の我々の感覚からすれば、以下のような問いが生じるのは当然のことである。例えばアルコールは、なぜドラッグに含められなかったのだろうか。他にも、(精神作用と習慣性を持つ)チョコレートやコーヒー、紅茶のような物質について、あるいはベラドンナ、ヒヨス、トリカブトといった劇薬についても同様の問いが立てられるかもしれない。そして、それら「ドラッグの周辺」をなす物質の中で最も注視すべきものは、疑いなくアルコール中毒のケースである。それは一九世紀末期以降、「デジェネレッサンスの病」の表象を通じて危険薬物のカテゴリーの原型となるモデルを提供したものの、その後自らはドラッグの仲間から離脱していくという奇妙な軌跡を描いているようにも見える。我々はその軌跡を丁寧に振り返ることで、ドラッグとそれ以外の物質を分け隔てる境界線が、当時どのように設定されたのかを確認できるだろう。

この境界線は第一に医療の実践の中に観測される。アルコール中毒は「撲滅すべき国家の敵」として認識されたが、先の第4章で述べたように、その撲滅の試みは入院と断酒という治療実践を通じてなされ、その担い手となったのはベルジェロン、リュニエ、マニャン、ルグランといった医師および精神科医たちだった。これを同時期のモルヒネ中毒のケースと比較してみても同様の試みがなされているのが分かる。すなわち中毒の治療には結局のところ「原因」となる物質を断つより他に方法はなく、患者を医師のコントロール下において物質の摂取を中止させるべきであると考えられていた。フランスでアサイラム（専用の保護施設）の建設が希求されたのも、そうした文脈においてのことだった。

だがアルコールとドラッグとの間には決定的な差異がある。それは後者が医療実践および医学の進歩に有益な物質であると考えられていた点だった。奇跡の鎮痛剤として西欧医学に珍重され続けた阿片系の薬物は、医師たちにとってはむしろその使用が推奨されるような何かだった。また大麻は、モロー・ド・トゥールによって精神病治療に用いられた後も、細々と医療分野での研究が続けられていた。それらの物質は（少なくとも当時は）あくまでも「医薬品」としての存在意義を持ち、医療への貢献を期待されていたのである。

つまり、ドラッグというカテゴリーにとって本質的だったのは、一方で医師と薬剤師たちにとってそれが「有益な医薬品」であり、他方で一般人にとってそれは「害悪をもたらす危険物質」であるという、双面神ヤヌスのようにどこか矛盾した二つの顔を持ち合わせている点だったと言える。こうした捉え方は一九世紀前半の阿片使用を巡る医学言説の中にすでに存在し、また二〇世紀に入ってからの一九一六年法においても繰り返し現れる。そして、この「毒でもあり薬でもある」といったファルマコン的な二面性から導き出されたのは、ドラッグ災禍の主要な問題はそれらの「本来的ではない」（非医療目的での）使用であるという言説だった。

第二の境界線はこの命題からの帰結として出現した。つまりドラッグとアルコールに対しては、フランスでは異なるタイプの法規制がなされていくことになった。前者に関しては、一八四五年法にせよ一九一六年法にせよ、そこには薬物の販売ルートを正規かつ公認されたそれに制限しようという立法者の意図が明示されている。あくまで医師の処方箋を携えて、正規の薬剤師から定められた分量のみを購入すべしというタイプの法規制は、阿片の丸薬が街角の露店で入手できるような（つまりはそれらが裏市場で出回っているような）状況を廃する目的でなされた。また一九一六年法で禁じられた薬物の「所持や使用」は、乱用すなわち非医療目的での使用を念頭に置いたものだった。ドラッグの流通を正規ルートに限るというこれらの法規制が、医学界や製薬産業の利益保護に協調的なものだった点についても注意を払うべきだろう。

他方でアルコールに関する法規制は、これとはやや趣を異にする。もちろんフランスにおいても、酒類の非公式な流通に制限をかけるような法規制が（国家に税収が入らなくなるという理由で）近世以降に幾度かなされていたのは事実だが、そこに「非本来的な」使用というファクターが介在することはなかった。一八七三年法によって公的な場での酩酊および迷惑行為を禁止するというタイプの規制がなされたが、酩酊はある意味では、アルコールの「本来的な」（しかしながら過度の）使用からの帰結だったのである。こうしてアルコールについては法による規制と並行して、医師たちが反アルコール中毒のキャンペーンを張り、その危険性を社会に訴えていくという方法が取られることになった。そこでは、アルコールの製造や販売に対して法による規制をかけることで、国内の蒸留酒製造業およびカフェやバーなどの飲食業界全体からの反発を引き起こすような事態は回避されていた。

したがって、結局のところ、一九世紀末から二〇世紀前半にかけての時期に「ドラッグ」のカテゴリーに含められることになった諸物質は、先述の「医学的には有益だが社会的には有害」という二重の定義にかなっていたということになる。換言すれば、アルコールはこの条件を言わば片方しか満たさなかったがために、危険薬物の範疇の外に置かれたのである。またベラドンナなどの劇薬について付言しておくならば、それらは一九世紀にはもう医療実践への貢献をそれほど期待されておらず、ゆえに単に「毒物」のカテゴリーへと収められることになった。

ドラッグというカテゴリーの成立期に見られるこの二重の定義は、極めて示唆に富むものである。なぜならそれは、医学を含む近代科学全般が保持していた価値規範と、近代社会が保持していたそれとの間に位相のずれがあることを、我々の眼前に示しているからである。一九世紀に科学と社会とは、「近代化＝脱魔術化」のプロセスを通じて共に進歩発展の神話を築き上げていったけれども、カテゴリーとしての「ドラッグ」は恐らく、近代化に内在する矛盾を示す一つの破れ目から誕生したと言えるのだろう。

終　章　この不安の世紀に

社会的逸脱は常に「どこか」からの逸脱であり、その「どこか」とはそれぞれの社会において正常であると定義付けられているものを指している。異なる社会規範の下では異なる逸脱が生まれ、時代や場所、文化や社会によって何が逸脱と見なされるかは変化する。こうした逸脱の相対性については一九世紀末にデュルケムが早々と看破していた通りだったし、したがって逸脱研究は常に正常性研究の裏付けを要求することになるのだが、それではドラッグの問題は、いかなる正常性に照らし合わせて逸脱となっていったのだろうか。本書の主要な問題意識の一つは、およそそうしたものであった。結論部となる本章では、ここまでの歴史的研究で得られた知見から、現代のドラッグ問題にまで通じるようなより普遍性の高い理論枠組みが抽出できないかどうか、さらに考察を進めていきたい。

前章までで見てきたように、社会的逸脱としての「ドラッグ」の誕生を促したのは、一つにはアメリカ主導で行われた二度の国際阿片会議であり、ピューリタン的な道徳精神から導き出された「阿片＝悪徳」という定義付けだったかもしれない。だが、押し付けられる側にもそれなりの準備態勢が整っていなければ、外からやってくる価値観がさしたる抵抗もなく受け入れられることは無かっただろう。一九世紀後半から二〇世紀の最初の四半世紀にかけての時期の西欧、ことにフランスにおいて「医薬品からドラッグへ」という変転を準備したのは、主に公衆衛生学とデジェネレッサンスの学説であり、また目の前の社会的災禍としてのアルコーリスムの蔓延という現実であった。そしてその背景には、国家の危機としての第一次世界大戦とそれに伴うパトリオティスムの高揚があった。

この時、ドラッグという統合的カテゴリーは、種々のイメージの渾然一体とした混合体《アマルガム》を形成する。阿片はそこに怠惰と廃人のイメージを与え、ハシッシュは幻覚と狂気の、モルヒネは禁断症状と犯罪者のイメージを、それぞれ付与することになった。これらが結晶化する際に結び目の役割を果たしたのは「失われた環《ミッシングリンク》」としてのアルコールだった。それは精神への作用と慢性中毒の危険性を備えた物質のうち、西欧世界で最もポピュラーなものだった。

ポール＝モーリス・ルグランは、こうした「知性の毒」を疫病のイメージですら描いていた。「アルコーリスムは梅毒や結核と同じように人間性を略奪する。アルコーリスムは大規模な薬物中毒のプロトタイプである。それは個人から始まり、じわじわと家族へ、国家へと広がる。最後は真に普遍的パンデミックとなって全世界を汚染する」(Legrain 1922: 172)。薬物依存はアルコールとのアナロジーによって拡散する病としての集合性を見出され、その後、心の弱さの問題として、依存者個人の側の責任問題へと折り返されていく。ドラッグの快楽への耽溺は、毒物への倒錯した愛、すなわち異常性の発露であり、「変質＝退化」であり、社会や国家への害悪であると見なされた。フランス一九一六年法によって（それまで犠牲者だったはずの）麻薬患者が法的処罰の対象となったのは、こうした流れの延長線上に起こった出来事だった。

ここまでの各章でなされてきた議論から、ごく簡潔に主要な結論部分のみを引き出すとすれば、およそ以上のようになるだろう。しかしながらここで我々が指摘したいのは、こうしたドラッグの逸脱化が、実際にそれらの諸物質がもたらす災禍に先行した形で、「予防的に」なされたという歴史的事実についてなのである。つまりそれらの大半は単に可能態の段階で、未来の危険性について論じられあらかじめ規制されていったのだった。

薬物問題の歴史について研究する上で、現代社会にまで通ずるような最も大きなアクチュアリティを持っているのはこの部分だと思われる。つまり現代の我々が、「ドラッグはどうして逸脱なのだろうか」という問いに対して、使用者の心身および社会に何らかの大きな危険をもたらす「可能性があるから」といった種類の回答を用意せざるを得ないという事情は、薬物問題が立ち上がった二〇世紀初頭以来変化していない。この状況をよりよく理解するためには、該当する物質の部分を単に今日の我々により身近なものに入れ替えてみるだけで十分だろう。例えば、過度の飲酒はアルコール依存症を引き起こす可能性があるとか、喫煙は癌発生のリスクを高めるといった言説は我々にも馴染み深いものである。しかし、仮にこうした可能性の言説をもってして、酒類や煙草の販売や所持までが法的に禁止されたとしたらどうだろうか。誤解を恐れずに思い切って言えば、一九世紀末から二〇世紀初頭にかけてドラッグに起こったのは、まさにそうした類いのことだった。それは薬物中毒という新たな逸脱を発明することで起こった、一つの新たな社会的排除だったのである。

当時このようなやや性急な政治的決定を可能にしたのは、一つには迫り来る戦争の足音と国家の危機という、その時代に特有の空気だった。そして他方には、「予防すること」に重きを置いた衛生主義のドグマもあった。後者の背景には、近代西欧を貫流していた「前進」と進歩発展の神話（大きな物語）が存在する。正常的で健全な状態を保っていれば社会は自然と発達していくという人々のどこか楽観的なヴィジョンは、産業革命がもたらした経済的・物質的恩恵に裏付けられていた。阿片の章で論じたように、一九世紀に見られる凡庸さへの肯定は、未来における輝かしい成功というぼんやりとした信念によって支えられていたのである。だが、未来指向的なこうした信念が正しいという根拠は、厳密に言えばどこにも存在しない。前近代の神のように、我々とは違う世界の超越的な存在が絶対的な《真理》を保証してくれるようなことは、西欧近代においてはもう無くなっている。「確かなもの」が消滅した後で人々が正当性の根拠に据えたのは、端的に言えば、実証的科学と統計データによって示された「確からしいもの」だった。人々はこうして科学を新たな「信仰」の対象として選ぶ。また彼らが統計的平均に「正しい＝ノーマルな」ものとしての価値を見出したのも、同じ理由に依拠していた。凡庸さの肯定は、科学への信頼感からの遠い帰結として生じていたのである。

一九世紀には近代化の進行に伴い、科学の言説が大きな正当性を獲得していく。もちろん世代間の意見の相違は存在したが、科学技術がもたらす恩恵を目の当たりにした当時の西欧世界において、古くからある価値観を迷信や誤謬として退けることは、基本的には手放しで歓迎されるべき「呪術の園からの解放」（ウェーバー）だった。長いあいだ迷信と経験論に裏付けられた技能《アート》としてあった西欧医学もまた、実証データに支えを持った医療の科学へと生まれ変わろうとしていた。かつて宗教的権威によって定義されていた道徳《モラル》上の「悪徳」が、医学の視点から「病理」として捉え返されるといった事態は、それに対する社会的非難が今や実証科学的な根拠と正当性を持つに至ったということを意味していたのである。例えば、ガルの骨相学やダーウィン進化論に影響を受けたロンブローゾの生来的犯罪者説や、モレルからマニャン、ルグランへと連なるデジェネレッサンスの学説が、現代の我々の目から見た場合にいかに稚拙なものであったとしても、それらは当時の同時代人たちにとっては高い説得力を持っていた。

こうして科学としての医学は、人々の信頼を得た上で、平均と同一視された過不足なきものとしての「健康」（健全さ）の概念を前面に押し出していくことになる。平凡なものに「正常＝健康」としての社会的価値を置き、非凡なものを「病理」として描こうとする態度は、例えば一九世紀後半に流行した天才と狂気との間に関連を見出そうとするような議論（モロー、ロンブローゾ、マニャン等）の中にも現れていただろう。だが、カンギレムも指摘していたように、正常と病理の区分は医学的知識の内部だけで決定できるようなものではなかった。手短かに言えば、当時そこには「その事象は今後の社会の発展に貢献するか否か」という、未来指向的で進歩主義的な価値判断が密かに挿入されていた。他方で、統計学を駆使していた一九世紀の公衆衛生学は、「社会」を一つの大きな生命体として、ある種の擬人法でもって捉えている。この考え方の起源については、一八世紀フランスの重農主義における「人口」の概念、そして一六世紀後半のイングランドの「国王の二つの身体」（カントロヴィッツ）まで遡って考えることができるかもしれないが、いずれにせよそこで衛生学が発見したのは、「社会体の健康」という考え方だった。人口全体としてのバランスの偏りを矯正し、正常《ノーマル》な状態を保ち続けていれば、社会は順調に進歩発展への道を歩むのだというヴィジョンが彼らにはあった。

したがって、当時の個人レベルでの正常と病理の区分は、社会体の健全さの保全に合致するか否かによって規定されていた側面があると指摘できる。過度の単純化を承知の上で平易に言い換えるとすれば、例えば医師がドラッグ使用に関して「それはあなたの健康に悪い」と忠告する時、その背後には「それは社会全体の利益に反する」というメッセージが隠れていたということになる。少なくとも、予防することを旨とし、社会の医師を自認していた衛生学者たちの間において、この傾向は顕著だった。

＊＊＊

ときに、彼らの言う「社会」は、当時ヨーロッパで完成期を迎えつつあった「国民国家」とほぼ同義語となっている。それは、民族、人種、言語といったものの共通性などの何らかの同一性によって支えられ、また内部と外部とを備えた、どこか一枚岩的で均質な集合体として認識されていた。つまりそこには、社会の成員(国民)全体に共通する唯一の利害が存在するという前提があった。統計学的にすべてを量的換算し平均値を求め、それを正常と見なすといった「科学的な」手法は、この前提に立たなくては成立しないものだし、アレントが指摘した「社会的なもの」の画一性もそこから発生していた。また一九世紀末期から二〇世紀初頭のフランスで、アルコーリスムやドラッグ依存が「国家の敵」と評されたのも、同じような事情によるものだった。

しかしながら、グローバル化の進行した現代社会においてはこうした前提が崩れ去っている。二〇世紀に起こった二つの世界大戦は、科学至上主義に疑問を投げかける端緒を開いた。合理性の一つの極致だったはずのテイラーの「科学的管理法」は、世界恐慌期にモノクロフィルムの喜劇王によって早くも揶揄の対象となる。世紀半ばまでに当時最高の科学技術の結晶として産み落とされたものの一つには、皮肉にも原子爆弾があった。その後、東西冷戦の多極化とベルリンの壁崩壊に象徴される冷戦終結は、敵と味方という二分法で世界を認識することの愚かさを人々に思い出させた。そして二〇〇一年のアメリカ同時多発テロと二〇〇八年のリーマン・ショック、および二〇一一年の福島原発事故は、それぞれ全く異なる角度から、専門家の知が予測不能なスーパーリスクに対して無力であることを示した。このような状況下で、ドラッグの使用を、反社会的だから、あるいは社会全体の利益に適合しないからといった理由で禁止しようという意見は、今日では(当初持っていたはずの)説得力やリアリティを大幅に失っているだろう。現在、一方で「正しい」知識を独占していたはずの専門家の権威はますます失墜しつつあるようにも見える。また他方で、とりわけ一九七〇年代以降のグローバルな人口移動の激化によって、同一性の言説に支えられた国民国家という「想像の共同体」（アンダーソン）は動揺を開始し、社会体という大きな生命体の比喩《メタファー》もその寿命を迎えつつある。

一九世紀西欧が想定していたような一枚岩的な社会のモデルが衰退に向かったとすれば、「反社会的なもの」がその性質や意味合いを大きく変動させるのは当然のことだった。その証左に、早くから多文化社会だったオランダは、一九七〇年代にはすでにハーム・リダクションの考えに基づき、大麻使用の一部合法化と寛容政策に踏み切っている。[*1]また近年の欧米各国においても大麻自由化を巡る議論や運動は繰り返されており、特に医療大麻に関してアメリカ諸州はかなり好意的な態度を取り始めている。そして二〇一八年一〇月に、カナダが嗜好品としての大麻の所持と使用を合法化したのも記憶に新しいだろう。もちろん、こうした動きを単に、新自由主義的な個人の自由の増大が、社会民主主義的な社会全体の幸福と平等の精神よりも優先された結果と見なすことはできない。歴史的な側面を考慮に入れれば、ドラッグ自由化のような運動の発生はむしろ、かつて「反社会的」であるとして逸脱化されたものが、集合的生命としての人口＝「社会体」という大きなフィクションの存在そのものが危機にさらされたのを見て、失地回復に乗り出した結果と考えるのがより自然なことだと思われる。

ただ、こうした見方もどこかポイントを外しているように感じられるのは、それが「個人と社会全体の利害は対立する」という、古い考え方のモデルを保持してしまっているからだ。エゴイスティックな個人が自らの利益を追求すればするほど社会の利益は減じられ、逆に個人が自らの我欲を抑制して滅私奉公すれば社会全体の利益に貢献することができるというモデルは、水路でつなげられた二本のメスシリンダー、あるいは時にピザの奪い合いに喩えられるように、幸福の総量が常に一定であるという誤った前提から出発していた。一八世紀のアダム・スミスはすでにこのモデルの誤謬に気づいていたが、社会科学の領域でその指摘は長らく軽視されてきたように思われる。西欧近代型の主体はむしろ、自らを見張り、自己犠牲的な行為の中に小さな幸福と心理的満足を見出すように規律訓練されてきてはいなかっただろうか。例えば東日本震災後のボランティアにおいて、小さな利他的行為や相互扶助的な行為が社会奉仕の美談として伝えられ、時にそれらは「人間の本性」として本質主義的に語られてはこなかっただろうか。

したがって、我々はさらに問い続けなくてはならない。国民国家と「社会」とのあいだに位相のずれが観測された後に、それでもなお消滅しないかつての（近代的な）「社会的なもの」の残響とは何だったのか。それを支える（後期近代の）規範や価値観、正常性とはいかなる性質のものだったのか。そして、そこを準拠点として生み出される排除や社会的逸脱とは、どのようなものになるのか。このうち最後の問いに着手して逆照射的に第一の問いへと遡っていくのが、逸脱研究の通常の戦略になるのだが、ここまでドラッグの歴史を見てきた我々は、第二の問いへと歩みを進めよう。もちろん今日ドラッグの使用が、一部の下位文化（ないしはグループ）においてある種のローカルルールによって肯定・支持されているのは事実だが、ここではそうした個々の価値観の多様性と相対性を扱うのではなく、それを逸脱と見なし続けるような、より包括的で上位の価値規範についての理論的考察を試みたい。

＊　＊　＊

一九世紀の「正常なもの」（le normal）という概念にもう一度立ち返ってみると、それが統計的な平均と同一視されたのは、一つには「平均的なもの」が将来における社会の発展を保証する指標と見なされたからだった。より具体的に言えばこれは、「人口」が国家の強度を示す重要な指標として捉えられていたことからの帰結だった。国際競争力を持った「強い社会（強い国家）」を目指すことは、当時の文脈において高い価値を付与されており、そのためにも人口規模と生産力の確保は重要な課題だった。そして進化論的な「適者生存」のドグマは、弱者がやがて競争に敗れ、統計データの上からは駆逐されていくはずだと説いていた。つまりデータ上に生き残っている多数派、すなわち平均的な存在は、それだけですでに厳しい生存競争を勝ち抜いた末に残った「強い存在」であると認識されたのだった。

だが正常性と平均のこうした同一視に、もう一つの重要な理論的支柱が存在していた点について、我々はここで指摘しておかねばならない。それは一九世紀に「レギュラシオン」（régulation）と呼ばれたような、生命体の、そして社会の、ある種の自動調整機能に関する学説だった。例えばカンギレムは一九七七年の『イデオロギーと合理性』の中で――細胞分裂を繰り返す卵子が最初の段階ですでに各部分の中に《潜在的な全体性》を保持しており、どこかの機能が欠けても他の部分がそれを補っていくという生物学のエピソードを引きつつ――、次のように述べている。

こうした機能は一九世紀の最後の三〇年には「レギュラシオン」と呼ばれていた。この命名がラボでなされるに至るまでの経緯は必然的に漸次的なもので、その歴史を示すのは難しい。このタームはまず比喩的表現として生理学に導入されたが、当時はまだそれが比較研究に結びついたり、またそこから諸器官の正常化やホメオスターシスに関する一般理論を生み出したりするには、遥かに及ばなかった。それはむしろ逆に、厳密な合理化に比喩的なインスピレーションをもたらして、いつの日かサイバネティクスの発想を生み出すのに適していた。[*2]

カンギレムによれば、このレギュラシオンには二種類あった。哲学者オーギュスト・コントのモデルと、生理学者クロード・ベルナールのそれである。前者は組織を安定化させる審級を組織の外部に持っていたが、それに対して後者は、危機的環境に置かれた細胞組織が自ら傷を補っていくメカニズムを念頭に置いていた関係上、組織の内的な安定化のようなものを想定していた。[*3]

西欧型の近代社会においては特に後者のモデルが当てはまる。レギュラシオンは組織の自己調整メカニズムであり、市場経済以外の場所に見出された「見えざる手」だった。社会の（動態的な）安定性を保証していたのは、もう神や絶対君主のような外部の特権的な点ではなく、統計データを経由して自己参照される社会体それ自身だった。それは回り続けなくては倒れてしまう独楽《こま》のように、進歩発展の神話に従って、常に未来に向かって前進することを余儀なくされていた。なお、この自己参照と自己調整のメカニズムは、哲学者マルセル・ゴーシェが「自律社会」と形容した現象でもあるし、またギデンズのような社会学者たちが（個人と社会どちらに力点を置くかの差異はあれども）「再帰性《リフレクシヴィティ》」と呼んだメカニズムとも非常に近い位置にある。

適者生存の学説を単なる類比《アナロジー》によって社会に当てはめるという社会ダーウィニスムはやがて影響力を失った。だが一九世紀に観測されたレギュラシオンのメカニズム自体は、社会が固有の目的を持っているという機能主義的な前提が崩れた後でも、生き残り続けた。それは新たな社会的排除を生み出しながら、静かに自らを維持している。現代の多様化した価値観と大きな社会体の衰退という状況にも拘らず、「普通《ノーマル》」であれという定言命法が社会の側から発せられているように感じられるのは、このレギュラシオンのメカニズムによるものだと思われる。

この点について、やや視点を変えて論じてみよう。一九世紀には、正常と異常を区分する上で「進んでいる／遅れている」という判断の軸が、言説レベルで新たに導入されていた。「子ども時代」が発見され、正常な発達段階が示され、また精神医学の分野では「早発痴呆」や「精神遅滞」が発見される。こうした時間軸に関する正常性が想定され始めたのも、西欧近代の一つの大きな特徴だった。フーコーが指摘していたような各種タイムテーブルの整備が行われ、社会生活の全体に、修道院的な時間遵守の傾向が拡散していく。ロンドンの時計塔《ビッグベン》は一九世紀中葉に建設され、人々がそれぞれの懐中時計によって動くのではなく、「正しい」時間を共有するよう求めていた。レギュラシオンのメカニズムは、なるべくすべてを予測可能なものに変えようとする。人々が決められた時間通りの動きを見せれば、予想外のリスクは減じられていくためだった。

我々はここで、予測の容易なものを「レギュリエールなもの」（レギュラーなもの）、そして予測の困難なものを「イレギュリエールなもの」（イレギュラーなもの）と呼んでおこう。我々はこれらの概念を、一九世紀以降の「正常と病理（逸脱）」の区分をよりよく理解するための補助線として導入する。「レギュリエールなもの」は、当時正常《ノーマル》と見なされた統計的平均と重なり合っている。というのは、もともと統計データというものは、何らかの変化し続ける集合的事象を、或る時間的な一点で停止させ、連続ストロボ写真のような静止画像として切り出してくることで示される何かだからだ。そこでは例えば、正規分布曲線の釣り鐘型のカーブの中央付近に位置するような、最も度数の大きい「平均的」事象というのは、時間を再び作動させれば、最も出現頻度の高い事象、すなわち最も頻繁に繰り返し現れた「平凡な」事象に一致している。これに対して「イレギュリエールなもの」は、正規曲線の両端に位置する、出現頻度の小さい「例外的な」事象に一致する。だからこそ、一九世紀当時の比較的シンプルな統計技法において、レギュリエールなものは正常性の価値を付与されることができたのだった。

こうした発想は当時の公衆衛生学にも共通していた。彼らの「予防する」という考え方は、ある種の未来予想に基づいており、「確からしいもの」の計算可能性を前提としていた。彼らは「バランスの整った」レギュリエールなものに将来の確約を見出し、逆にイレギュリエールなものを「遅れ」をもたらす病理的事象として扱った。ドラッグが、まだ何も災禍を起こさないうちから危険視され、「予防的に」逸脱化されていった背景には、こうした時間軸と予測可能性を巡る認識枠組みの変化も絡んできている。

要するに、我々がここで提示しようとするのは、近代においては「普通《ノーマル》であること」が「正常なもの」としての社会的正当性を認められるに至ったが、その正体は定期的に繰り返される予測可能な事象（レギュリエールなもの）だったという、一つの仮説的命題である。この仮説は、次に紹介するような社会的逸脱に関するギデンズの新定義とも合致している。ギデンズ（二〇〇五）は、近代以降に新たに生み出された社会的逸脱に関して、それらの根幹にあったのはリスク（予測の難しい不確実な事象）に他ならなかったと指摘した。

「逸脱」はモダニティの内的準拠システムの一部として「発明」されたものであり、したがってコントロールの点から定義されるようになったものだ。[*4]

この手短かな一文が述べているのは、近代以降の社会では、コントロール困難なリスクこそが「社会的逸脱」として定義され、切り出されていったということだ。言い換えれば、社会的逸脱とは社会生活のあらゆる場面での（すでに認識された）リスク要因を意味するのであり、ギデンズはより具体的には「狂気」「犯罪」「病気と死」「セクシュアリティ」「自然」の五項目を、人々の日常的経験からは隔離され遠ざけられていくものの例として挙げている。[*5]

逸脱とはリスクのことだというギデンズのこの思い切った新定義は、彼のルーティン概念の前提条件――個人（行為主体）は日々のルーティンを繰り返すことでリスク回避し、自己のアイデンティティと存在論的安心を危機にさらさないように振る舞う――の論拠の弱さもあり、少なくとも社会病理学の分野では、今日それほど高く評価されている訳ではない。他にも、いくつかの病理現象、とりわけ依存の問題を上手く説明できないという大きな弱点を抱えてもいる。[*6] しかしながらこの新定義は、逸脱の社会学に近代から後期近代までを貫く新たな理論枠組みを書き加えようとする場合には、光を当てられるに値する有力な仮説となる。

この議論を踏まえてさらに歩を進めよう。リスク社会を生きる現代人たちにとって、正常性とは「何事も（変わったことが）ないこと」とほぼ同義になった。ちょうど健康が「何も病気がないこと」という消極的定義を受け付けうるのと同様に、安心・安全は、事故や犯罪などのトラブルに遭わず、平穏無事な状態が続くことを指していた。つまり現代における正常性――何が「正しい」のか――は、必ずしも真理や合理性や多数派の意見によって支えられる訳ではなく、むしろなるべく安定的に予測可能な（あるいは不安定な要素のより小さい）「平凡な」日常生活を保証してくれるものによって支えられていると言える。我々の日頃のルーティンワークの受容と肯定も、かつて近代化の過程の中で社会の自己調整機能として見出されたレギュリエールなものへの信頼が、個人化され内面化された結果としてあるのだ。同時に、個人化されたイレギュリエールなものへの不寛容は、予定通りまたは予測通りの動きをしない者への非難のまなざしを形成していった。例えば現代において、「正しい」時間を守れない者は、周囲に迷惑をかける小さな逸脱者と認識される。

この時社会的逸脱そのものも、（社会全体の成員によって共有されていると想定されていた）デュルケム的な集合感情をかき乱すものから、個々人の静かな日常を不意に崩壊させる恐れのある不確定要素へと、その位置を移している。古典派刑法学では決して容認されなかったはずの、逸脱(可能性)に対する事前的で予防的な介入が社会的に肯定されていったのは、まさにこうした理由によるものである。犯罪を例にとって考えてみれば、一九世紀後半のロンブローゾらのように遺伝因を重視した学派は、子世代への伝播を回避すべく犯罪者の去勢などの優生学的介入を主張した。貧困などの環境因が重視された二〇世紀中葉には、犯罪対策は格差是正や社会福祉政策と重なり合った。そして二〇世紀の最後の四半世紀に、犯罪の原因を(異常な人格や不幸な環境などの)個人的要因に帰するのが難しいことが判明すると、[*7]介入のターゲットは個人から特定の場所(危険区域)を経て社会全体へと移る。まさにそのようにして、もはや至る所に監視の目が光っているような、「ゼロ・トレランス」と厳罰主義に象徴される監視社会・管理社会が到来したのである。二〇世紀半ばの社会的包摂モデルを筆頭に、こうした予防的介入が引き起こしうる排除や人権侵害をめぐっては、もちろんつねに反発があった。それでもなお、古くは「社会防衛」、近年では「安心・安全」の名の下に、逸脱に対するこれらの予防的介入は受容され、肯定されていったのだった。

＊　＊　＊

以上の点を踏まえた上で、我々はようやく本書冒頭で提示してあった問いに立ち返ることができる。現代のドラッグ事情について考えた場合、日本においては、オランダ型のハーム・リダクションのような二次予防(再犯・累犯防止)を念頭に置いた政策がなかなか定着しないという現状があった。この状況はいかにして出現したのだろうか。もちろん、本書の本質は一九世紀ヨーロッパを中心とした歴史研究であり、現代の事象について言及するにはデータが不足していることを重々承知の上で、一つの試論として、以下ではしばらく現代の状況に関する筆者なりの現時点での見解を示しておきたい。

まずは問題の全体像をマクロな視点からスケッチし、徐々にミクロレベルの分析へと降りていこう。無論、国別の各薬物の流通状況の違いは大きな要因である。大麻が比較的容易に入手でき、その生涯経験率がほぼ三〇%を超えている欧米諸国と、[*8]薬物の中では覚せい剤対策が最大の懸案事項となっている日本とでは、政策ターゲットおよび政策の性質に違いが現れるのは自然なことだろう。あるいは日本においても、薬物中毒者が増加し、集合的で社会的な問題と認識されるようになれば、二次予防の必要性がより声高に叫ばれるようになっていくのかもしれないが、そのように後手を引くようでは遅きに失する恐れがある。

薬物中毒者に患者と逸脱者という二重の定義が存在するとすれば、日本においては明らかに、後者の逸脱者という定義が前景に出ている。なおかつそこには、一度薬物に手を染めたら一生そこから抜け出すことはできないというイメージが付随しており、暗に二次予防策の無効を訴えている。恐らくこうしたイメージが覚せい剤（とその依存者）に起因する部分は小さくない。また、「ダメ！　絶対」型の一次予防的なドラッグ対策を採用した政府および厚生労働省の広報活動が実を結んだとも言える。しかし、そうしたイメージの形成と定着には、情報の送り手側の努力に加え、受け手である一般の人々の側にもある程度、そこにリアリティを感じて受容するための下地や態勢のようなものが必要になる。だから、日本における薬物中毒者への排除と不寛容は、もっと根の深いレベルから、つまりこの場合は、リスクそのものに対する捉え方のレベルから始まっていると考えるべきなのである。

ときにリスクというものは、徹頭徹尾、確率論的なものである。未来においてあるネガティブな結果を伴った事象が発生するかもしれない（恐れがある）という、その潜在的可能性がリスク概念の本質をなす。ごく卑近な例を挙げるなら、天気予報における明日の降水確率は常にパーセンテージで示される。ところが人々はこうした事情を、厳密な意味で正確に把握している訳ではない。我々の経験的な日常生活世界において、雨は「降った」か「降らなかった」かのいずれかである。このように、リスクはしばしば「ある」か「ない」かのいずれかによって二者択一的に解釈され、やや位相をずらされつつ意味付けられることになる。ちょうどシュレディンガーの猫の思考実験のように、存在と不在の中間に位置する「ある確率で存在する」状態を、経験的に把捉することは非常に難しい。

明らかにここにはある種の単純化の作用が介在する。「そこに危険がありうる」という命題は、まず「そこに危険がある」へと変換され、その上でようやく事象の発生確率の高低が問われる段階に進む。あるいは逆に、「そこに危険はない」との正常性バイアスのかかった解釈が施され、例えば災害時の避難勧告・避難指示に従わないようなケースも想定できる。いずれの場合においても、リスク概念が確率論的な理解や状況把握を要求しているのに対して、我々の経験的な解釈枠組みにおいてはそれに相当するものを見出すのが困難であり、結果的に解釈の単純化が起こってしまうという問題点が指摘可能なのである。

これは人々のリテラシー不足というよりは、リスク概念に内在的なアポリアなのだろう。とはいえこの単純化は、イレギュリエールなものへの不寛容を、逸脱者への不寛容に変換する装置として機能する。つまり「薬物中毒者」というラベリングは、「前科者」がそうであるのと同様に、累犯（この場合は次も薬物に手を出すこと）はほぼ確実であるという周囲のまなざしを惹起して、その人物の社会復帰への道を閉ざしていく。[*9] 逸脱の否定的ラベルの獲得はこのように、リスク解釈上の単純化作用を伴っているのである。

ただしよく考えてみれば、ここには二つの道があったはずなのだ。一つは前記のような社会的排除への道であり、もう一つは社会的包摂への道、すなわち薬物中毒を「薬物依存」という病の患者と捉えた上で、累犯リスク減少をめざしつつ社会的援助の手を差し伸べようとする道である。したがって次に問われるべきは、薬物政策に関して、なぜ我が国は後者の道を選ぶことができなかったのかという問いである。これには社会的コストの問題(国家経済の余裕のなさ)など、複数の要因が絡んでいるが、筆者がここで特に指摘しておきたいのは、リスクの単純化と並行して生じている第二の単純化についてである。

我が国においては、覚せい剤、阿片系薬物、大麻はそれぞれ別の法律によって規制されているが、一般大衆の理解において、また少なくともマスメディアの言説においては、それらの諸物質はさほど区別されることなく単に「薬物」あるいは「ドラッグ」と呼ばれている。この時に逸脱としての「薬物中毒」のイメージも、覚せい剤やコカインによる強い興奮状態、阿片系薬物の恐ろしい依存性、大麻の見せる幻覚など、各種薬物の効果を一通り兼ね揃えたキマイラのようなイメージに密かに接近させられてしまっている点は、看過されるべきではない。さらに言えばこの時「薬物中毒者」も、犯罪性、精神疾患(狂気)、病理(依存症)を兼備した存在となる。要するに現代の日本においては、「薬物の魔力に逆らえず、どんな行動をとるか分からないところのある潜在的犯罪者」というのが、単純化の結果として様々な要素を混合されて編み出された「薬物中毒者」というレッテルの意味内容なのである。その科学的根拠の薄さに関しては、本書内の各章で一側面ごとに丁寧に論じてきたつもりだが、こうした薬物概念そのものの単純化は、少なくとも現代の欧米には見られない現象である。

つまるところ、先述したリスクおよび薬物概念にまつわる二つの単純化が、日本において一次予防的なドラッグ政策を成立させ、また二次予防的な政策の発達を阻んでいる主要な要因ではないかと考えられる。二つの単純化作用は相互に補強し合っているが、より本質的なのは前者である。なぜなら（犯罪被害に遭うかもしれないという）逸脱のリスク解釈における単純化作用は、不寛容な社会的排除の道を選ばせ、また起こるかもしれない危険を「起こる」へと変換することで、あるいは少なくともそのリスクを高く見積もらせることで、人々の不安を煽り続けるからである。

　次に視線を反転させ、今度はミクロなレベルから出発してマクロレベル方面へと折り返していこう。ここでは、考察のための補助線として導入してあった《犯罪・狂気・病《やまい》》という分析スキームを再び適用しつつ、現代の日本社会において薬物中毒者がいかにして逸脱と見なされるかという問題について再考してみたい。

　まず、ドラッグの所持や使用が逸脱と見なされるのは、それが非合法（犯罪）だからだという説明は、同語反復的であり、核心を突いた説明とはなっていない。問題の本質はむしろその背景に潜んでいる。換言するならば、大きな論点は犯罪の他の二つの側面にあるのであって、一つは病《やまい》（依存症）の問題系に、もう一つは狂気（エキセントリック性）の問題系に属していると言える。

　依存症の問題系に関してだが、二〇世紀初頭に形成された薬物嗜癖（toxicomanie）の概念と同様に、現代の薬物依存（dépendance）も、薬物への誘惑に抗いきれなかった意志の弱さゆえの、言い換えれば当人の意志の力によって回避可能だったはずの病と捉えられている側面がある。これは、例えば（強い身体的依存を生じる）阿片系の麻薬に関する医学的言説とはまた別のレベルにおいて繰り返し現れる、一般論的かつ通俗的な解釈であるとはいえ、一定の説得力を持った言説として人口に膾炙《かいしゃ》している。

　次に狂気の側面について述べるなら、こちらは「エキセントリック性」の問題と言い換えることができる。薬物中毒者が帯びることのある、薬物の影響で「正気を失って」周囲の他者たちが予測もしなかった奇異な振る舞いを取るといったイメージがこれに相当する。この時「狂気」は、精神疾患や精神異常よりもかなり漠然と広い範囲を指す言葉となるが、こうした「何を仕出かすか分からない」エキセントリックで予測不能な側面こそが、リスクへの不寛容とリンクして、薬物中毒者への逸脱視に繫がっていったと言える。

やや補足するならば、「狂気」だから「何を仕出かすか分からない」のではなく、事態は逆なのだ。ギデンズの議論を敷衍《ふえん》して述べるなら、むしろ「何を仕出かすか分からない」存在に対して、近代社会が「狂気」の名を贈ったのである。同様に、そうした状態を人々に一時的にでも作り出す物質に「ドラッグ」の名が贈られたと述べることもできるだろう。すなわちそれはある種の漠然とした総称であって、具体的な個々の薬物を指しているというよりは、エキセントリック性それ自体のことを指している。

もし、薬物使用者への逸脱視にまつわる（依存に陥る意志の弱さとエキセントリック性という）これら二つの側面に何か共通項を探すとしたら、それは自己コントロールの不在ということになるだろう。つまり薬物中毒者は「犯罪者」だから逸脱視されるのではなく、自らの行動を制御できず、周囲の予測を超えた行動をとりうるといった点で逸脱視されるのである。やや古典的な社会学用語を用いるならば、これは近代社会において要請された（社会規範を内面化するといった意味での）「社会化の失敗」として解釈されうるものであり、近代型の自律的個人としては失格の烙印《スティグマ》を押されたという事態を指してもいる。ただし人々の不安を惹起し新たな逸脱視を生み出していくのは、あくまで自己コントロールの不在とそれに内在的に付随する予測不可能性であるといった解釈の方が、（複数の小さな「社会」の集合体といった様相を呈している）後期近代社会に対しては、より適合的な分析枠組みとなると考えられる。

繰り返しになるが、いつも通りの「何事もない」日常が破られるかもしれないという、イレギュリエールなもののの予測不能性こそが、現代人を恐れさせるものなのだ。一八世紀の古典派刑法学の枠組みでは決して裁かれることのなかった「まだ何もしていない人々」が、潜在的に危険性をはらむという理由で排除の対象とされていく。「反社会性」の名の下、明確な悪意でもって法規違反を行った者の傍らに、それに準ずるものとして、「これから悪事をはたらくかもしれない人々」が追加的に登記されていく。こうした逸脱の高リスク者の特定および事前介入の動きは一九世紀に開始されたが、現代ではそれが先鋭化した形で見られるようになり、逸脱可能性に対する社会的不寛容は確実に拡大したと言える。

イレギュリエールで予測不能なものが「平凡な」日常生活へと侵入してくるのを恐れ、そのリスクを負うのを最初から回避しようとする態度がそこにはある。しかしこうしたどこか自己保身的な態度が、薬物使用者への逸脱視を再強化しているのは事実なのだ。ごく単純に考えれば、薬物依存者はいたわるべき患者であり、医師の手に委ねられるべき存在である。それが法的に規制され、犯罪者として扱われることの背景には、何らかのねじれが存在しており、それは「反社会性」の言説に、さらに言えば近代から後期近代までを貫くイレギュリエールなものへの不寛容によって支えられていたと言えるのだろう。換言すれば、近代以降、平凡で分かりきったレギュリエールな日常が繰り返されることとそれ自体に、普通《ノーマル》で小さな幸福という新たな社会的価値が発生していたのである。

＊　＊　＊

二一世紀は恐らく「不安の世紀」になるのだろう。経済成長と市場の拡大を未だに信じている人々ですら、輝かしい未来を描いてみせるというよりは、国際競争力の弱化と「遅れ」を口にすることで、不安を煽ろうとする。テロのリスク、放射能のリスクなどをちらつかせ、民衆の不安を煽ることで支持を取り付けるようなポリティークの手法は、今やいかなる政治的立場の陣営にも見られる。他方で、人々が主権を国家（リヴァイアサン）へと委ね、公権力に生命の安全を保障してもらうことを期待するような時代は去りつつあり、自分の身は自分で守るという社会契約論以前の（どこか中世的な）状況が一部よみがえりつつある。こうした「再―私事化 re-privatization」の進行は、しかしながら、個人レベルで負いきれないリスクを、誰が（何が）いかにしてヘッジするかという大きな問題を引き起こしてしまった。中世と現代の最大の相違点はそこにある。つまり、現代においては、肥大化した不安を軽減する「確かなもの」は不在となり、「確からしいもの」が新たな正当性の根拠の位置を占めている。

ドラッグの誕生を巡るこの研究が示したように、レギュリエールなものへの信頼は一九世紀に端を発していた。工場の歯車に巻き込まれ怪我をすること、鉄道にはねられて命を落とすこと、そうしたことの責任の所在は最初、不注意にも整備を怠った工場長や機関士に帰せられていたが、やがて不慮の「事故」として認識されるようになっていく。こうした認識枠組み上の変化を可能にしたのは統計学および確率論の発展と計算可能性の出現だったけれども、それは結果として「確からしいもの」すなわちレギュリエールなものへと、人々の信頼を集めさせることとなった。故にそれは当時「正常なもの」と呼ばれたのである。逆に、不安の源泉となる予測困難なものは、「病理的」のレッテルを貼られることになった。薬物中毒患者を潜在的犯罪者ないし危険人物と見なし、予防的な措置として薬物使用そのものを逸脱と認定するようなポリティークは、そうした知的配置の中で成立したものだった。イレギュリエールな逸脱可能性への不寛容は、そのようにして生まれる。そしてこの不寛容が、時に科学の言説に擁護されながら、排除のまなざしの生産と再生産を現代に至るまで遂行させ続けている。

社会がその成員全体に共有された価値の基盤のようなものを持ちづらくなった後、また様々なリスクが「実際に起こり得ること」として人々の前に示されるようになった後、レギュリエールなものへの信頼はより露骨に、時にグロテスクな姿を伴って我々の前に現れるようになった。しかしながら、(予防を旨としていた) かつての衛生主義のポリティークの残響が今日においてなお影響力を持ち、なおかつ不可視化された経路を通じて社会的排除に加担しているとしたら、そのことは批判されて然るべきである。この不安の世紀に、人々が少しでも多くの安心と安定を欲するのはやむを得ないことかもしれない。だが、レギュリエールなものによって与えられるそれは、停滞する時代のまどろみの中で見る短い夢に過ぎないのだろう。そして、同じような事象が安定して繰り返されることによって、新たな局面が切り開かれる可能性や多様性が減じられるとともに、例外的事象に対する静かな排除が行われ続けるという事実を、我々は決して忘れるべきではないのである。

註

序章

＊1　ギース、J&F『中世ヨーロッパの都市の生活』、一九六九年。

＊2　池田清彦『構造主義進化論入門』、二〇一一年、六四頁。

＊3　例えば権力分析のメソッド――つまり例えばドラッグの逸脱化や薬物依存の医療化の中に医学権力の版図拡大を見るような態度――はここでは意図的に回避される。これは、六八年世代のような真摯な権力批判と闘争を経験していない我々世代には、そもそも権力について論じる資格がないのではないかという筆者の個人的な思いにも起因している。

第1章

＊1　コンラッド&シュナイダー『逸脱と医療化』、二〇〇三年［一九九二年］、二一一頁。

＊2　Bernard, Cl., *Leçons sur les effets des substances toxiques et médicamenteuses* (Cours de médecine du Collège de France, le 29 février au 27 juin 1856), 1857, p. 38.

＊3　Pelt, J.-M., *La médecine par les plantes*, 1986, pp. 45–50.

*4 *Ibid.*, p. 47.

*5 *Ibid.*, p. 50.

*6 Pelt, J.-M., *Drogues et plantes magiques*, 1983, pp. 134–5. Voir Fonssagrives, l'article « Opium », *Dict. encyc. Méd. XIX*^{e}, p. 143.

*7 Payne, F.-J., Thomas Sydenham, 1900, p. 182, cité par Yvorel, J., Les poisons de l'esprit, 1992, p. 16.

*8 Bucquet, J., « Observations sur l'analyse de l'opium », *Histoire de la Société royale de médecine* (Année 1776), 1779, p. 399.

*9 Yvorel, J., *op.cit.*, p. 15.

*10 Fonssagrives, J., l'article de l'« Opium », *Dictionnaire encyclopédique des sciences médicales*, série 2, tome 16, p. 241.

*11 *Ibid.*, p. 241.

*12 Fleury, L., *Cours d'hygiène fait à la Faculté de médecine de Paris*, tome II (1856–1861), 1862, p. 232 (30e leçon).

*13 Little, R., *On the habitual use of opium in Singapoore in British and Foreign medico-chirurg. Review*, 1859. - Fleury, L., *op.cit.*, p. 233, et Fonssagrives, J., *op.cit.*, pp. 249–50.

*14 Fleury, L., *op.cit.*, 1862, pp. 232–3.

*15 Bourdelais, P., *Les Hygiénistes, enjeux, modèles et pratiques* (*XVIII*^{e}*-XX*^{e} *siècles*), 2001, p. 13.

*16 Taylor, A.-S., et Tardieu, A., « Etude médico-légale sur les assurances sur la vie », *Annales d'hygiène publique et de médecine légale*, 1866, série 2, tome 26, p. 144.

*17 *Ibid.*, pp. 144–5.

*18 Taylor, A.-S., et Tardieu, A., *op.cit.*, p. 151.

*19 Fonssagrives, J., *op.cit.*, p. 247.

*20 Lefebvre, M., *Samuel Taylor Colerigde, A bondage of Opium*, 1974, p. 59; cités par Yvorel, J., *op.cit.*, pp. 102–3.

*21 Quincey, Th., 1974 [1822], trad. fr., p. 21; cités par Yvorel, J., *op.cit.*, pp. 102–3.

*22 Berridge, V., « Drogues illicites et médicaments psychotropes en Grande-Bretagne: Histoire d'une frontière incertaine », trad. Martine Lacaze, in Alain Ehrenberg (sld.), *Drogues et médicaments psychotropes: Le trouble des frontières*, 1998, p. 103.

＊23 Brouardel, P., *Opium, Morphine et Cocaïne: intoxication aiguë par l'opium, mangeurs et fumeurs d'opium, morphinomanes et cocaïnomanes*, 1906, p. 3.

＊24 Pouvourville, A., *L'opium*, 1908, p. 6.

＊25 *Ibid.*, p. 6.

＊26 Lequin, Y., *Les Ouvriers de la région lyonnaise*（*1848–1914*）, 1977, vol. I, p. 477; cité par Yvorel, J., *op.cit.*, p. 105.

＊27 フランスも第二次阿片戦争に参戦しているが英国の阿片貿易には終始批判的だった。

＊28 Yvorel, J., *op.cit.*, p. 82.

＊29 Fleury, L., *Cours d'hygiène fait à la Faculté de médecine de Paris*, tome III, 1872, p. 296.

＊30 個人の健康と社会の健康はフランス語ではいずれも「サンテ santé」だが、日本語には「健全さ」というより適切な訳語があるため適宜そちらを使用させて頂きたい。

＊31 英国における阿片吸引の文化は、ディケンズの小説「エドウィン・ドルードの謎」（一八七〇）に描かれたのが最初期のものである。

＊32 Léonard, J., *op.cit.*, p. 150.

＊33 Benjamin, W., *Charles Baudelaire*, 2002［1979］, pp. 57–8.

＊34 モルヒネ中毒および犯罪との関連についてはイヴォレル（一九九二）や拙稿「モルヒネ中毒と法医学」（二〇〇二）を参照されたい。

＊35 デュルケム『社会学的方法の規準』、一九七八年［一八九五年］、一六四—一六五頁。

＊36 ニーチェ『ツァラトゥストラ』、丘沢静也訳、光文社古典新訳文庫、二〇一〇年［一八八五年］、二九—三〇頁。

＊1　「ハシッシュ」は現在では棒状に固められた大麻樹脂を指すこともあるが、もともとはアラブ語で「草」を指す言葉であり、一九世紀フランスでは大麻製剤一般を幅広く指す語として用いられた。

＊2　Karr, A., *Le livre de bord*, 1880.

＊3　Gautier, Th., « Le Club des Hachichins », *Récits fantastiques*, 1981［1846］, p. 214.

＊4　*Ibid.*, pp. 217–218.

＊5　イデオロギー Idéologie は、当時のフランスでは幅広く「人間に関する科学」を意味していた。

＊6　例えば彼が一八三六年に書いた論考『心的能力』では、ダツラやハシッシュの記述は「食餌（療法）」の章に含められている。ここでは人間精神に影響を及ぼしうる物質が列挙されているが、奇妙なことに彼はこの章をコーヒーや紅茶から書き始めており、ハシッシュや阿片、ダツラへの言及は後回しにされている。「ヴォルテールやフォントネルが一日に何倍もコーヒーを飲んでいたことは、よく知られている。……この習慣に取り付かれ、かつ使用を突然止めた者は、しばしば説明不能な悲しみやメランコリーにさいなまれる」（Moreau 1836: 37–8）。つまりアラブ旅行以前のモローにとって第一の「精神変容剤」はコーヒーと紅茶だった。

＊7　Pinel, Ph., *Traité médico-philosophique sur l'aliénation mentale, ou la manie*, 2e édition, 1980［1809］, p. 311.

＊8　*Ibid.*, p. 312.

＊9　*Ibid.*, pp. 318–9.

＊10　*Ibid.*, p. 355.

＊11　古典古代以来の一元論への回帰も見られた。この「心身合一」への回帰は一八世紀にモンペリエ学派によってなされたが、簡潔にその概略を紹介するとしたら、人が驚いた時には心臓が早鐘を打つといった事態をもってその明快な例示に代えることができるだろう。古代人たちはここから、心臓にもある種独立した思考が備わっているという結論を導きだして

いた。脳＝頭部とは別に、体の部位にそれぞれの思考が存在し、したがって、胃袋の思考、子宮の思考、性器の思考等があるのだと考えられた。しかもそれらの思考は、人間の意志の力によって統御され得ないものだとされていた。例えばヒステリー（ヒステリア）は子宮が暴れることによって引き起こされる症状であって、すなわち頭部での思考とは別の場所で起こる（しかも女性に特有の）現象だと信じられていたのだ。ここでパリ派の二元論とモンペリエ派の一元論の間の哲学的対立について長々と述べる必要は恐らく無いけれども、明らかに啓蒙の世紀においても、「精神 esprit」という語は、ただ単に知性や人間理性を意味していた訳ではなく、むしろ感情や情動を含み込んだ「心（＝魂）âme」を意味していた。

＊12 Störck, A., *Du stramoine. Etudes de thérapeutique expérimentale*, 1887［1763］, pp. 1–2.

＊13 Trousseau, A., et Pidoux, H., *Traité de thérapeutique et de matière médicale*, 9e édition, 1877, tome II, p. 238.

＊14 Störck, A., *Dissertation sur l'usage de la cigüe*, 1760, p. 4.

＊15 「ホメオパシー」は一七九〇年頃、ライプチヒの医師ハーネマンにより提唱された。シュトルクの実験はこれより早く、彼は「ホメオパシー」の語を用いない。なお、罹患患者に更に劇薬を与えることで治癒へと導くような、ある種のショック療法の発想そのものは、古代ギリシャより存在していたことを付記しておく。

＊16 Boissier de Sauvage, F., *Nosologie méthodique. Classe des folies*, 1771, tome 2, p. 713.

＊17 Lamarck, J.-B., et Mirbel, B., *Histoire naturelle des végétaux classés par famille*, 1803, tome 9, p. 59.

＊18 Cf. Observation I, Leuret, 1840, pp. 187–210.

＊19 *Ibid.*, pp. 198–199.

＊20 モローの医学博士論文のテーマはカバニスだった。

＊21 Leroy, *Le haschisch - comédie en un acte et en prose*, 1873.

第3章

＊1　レヴィンシュタインのこの論考は、著者自身の仏訳によって一八七八年にパリでも出版されるが、その時この「熱狂」（Leidenschaft）の訳語には「情念」（passion）が用いられていた。またモルヒネ中毒の訳語部分にも、しばしば「モルヒネへの情念」という表現が当てられている。

第4章

＊1　なお当時のフランスでは、「アルコール飲料（boissons alcooliques）」の語は主に蒸留酒やアブサントを指していたことを付言しておく。例えばワインは、フランスでは伝統的に頭痛や風邪を治すためのポピュラーな民間薬として使用されており、「衛生的な（健康に良い）飲み物」と考えられていた。

＊2　Cf. Anonyme, "De l'assistance et de la législation relative aux alcooliques", séance du 7 août（soir）1894, Congrès français des médecins aliénistes et neurologistes, *Annales de psychiatrie et d'hypnologie dans leurs rapports avec la psychologie et la médecine légale*, 1894, p. 316.

＊3　Cf. Société médico-psychologique, "Séance du 29 janvier 1872", *Annales médico-psychologiques*, 1872, série 5, tome 7, p. 414.

＊4　ガブリエル・タルドが『模倣の法則』を出版したのは一八九〇年のことである。

＊5　一八四五年にハシッシュ論を著したジャック＝ジョゼフ・モロー・ド・トゥールの息子にあたる。

＊6　マニャンにおけるデジェネレッサンス概念のもう一つの源流は、ビセートル施療院での彼の師であったプロスペル・リュカ（Prosper Lucas, 1805–1885）の遺伝研究だったと言われている。その理論はダーウィンやロンブローゾにも影響を及ぼした（Cf. Pierre Morel 1996: 161）。

＊7　Magnan, V., et Legrain, P.-M., *Les dégénérés, état mental et syndromes épisodiques*, 1895, p. 79.

＊8　エランベルジェによれば、精神医学でパーソナリティ異常についての研究が開始されるのは一八八〇年代のことで、一

八八八年にはすでに多重人格障害の症例報告がある（Cf. Ribot 1888; Ellenberger 1994［1970］: 162）。

第5章

＊1　参加国は、アメリカ合衆国、イギリス、フランス、ドイツ、オーストリア＝ハンガリー二重帝国、イタリア、オランダ、ポルトガル、ペルシャ（イラン）、シャム（タイ）、中国、日本、ロシアだった。

＊2　当時の麻薬反対運動におけるアメリカ国務省の方針は、「フィリピン諸島のスペインからの獲得と、中国市場でのシェアの確保」だった（Musto 1973: 24; Conrad & Schneider 1992＝2003: 232）。なおフィリピンは、スペイン領時代に政府による阿片専売が確立されていたが、一八九八年の米西戦争でアメリカに併合された後、一九〇六年には阿片取引が全面的に禁止される。

＊3　United Nations, *Second Opium conference. Convention, protocol, final ace amended by the Protocol signed at Lake Success*, 1946, pp. 6–7.

＊4　他方で、新たに精神病院を開設するような希望はもはや薄かった。当時セーヌ県議会は、私設の精神病院の廃止さえ議論していた（Guillon 1899: 11）。

＊5　*Le Temps*（le 4 juillet 1913）; *Le Petit Journal*（le 4 juin 1913, le 1er juillet 1913）. Cf. *Ibid.*, *Annales médico-psychologiques*, série 10, tome 72, 1913, II, pp. 116–8.

＊6　フランスの公衆衛生は一九世紀において「公衆の衛生（hygiène publique）」と呼ばれていたが、二〇世紀初頭には「公衆の健全さ（santé publique）」と表記されるようになり、英語のそれ（public health）と足並みを揃えていた。

＊7　Cf. Anonyme, “Variété. Contre la morphine; la cocaïne et l’opium”, *Annales médico-psychologiques*, série 10, tome 71, 1913, I, pp. 123–4.

＊8　Cf. Anonyme, “Revue des journaux. Contre l’opium”, *Annales d’hygiène publique et de médecine légale*, série 4, tome 20, 1913, pp. 377–8.

＊9　Société médico-psychologique, “Du hachisch”, séance du 27 mai 1872, *Annales médico-psychologiques*, 1872, série 5, tome 8, pp. 245–6.

＊10　Cf. *La Presse*, le 22 juin 1845.

＊1　ハーム・リダクションの主旨は、ソフトドラッグを政府の管理下に置き、闇市場での流通を妨げることでトータルでの被害を抑えるというものだった。こうした方策を例えば現代の日本でそのまま適用することは（歴史的背景の違いなどもあり）難しいけれども、少なくとも「薬物」の名の下に大麻やコカイン、覚せい剤までもが同列に扱われてしまうような状況は再考されるべきであろう。

＊2　Canguilhem, G., *Idéologie et rationalité*, 1977, pp. 81–2.

＊3　*Ibid.*, p. 97.

＊4　ギデンズ『モダニティと自己アイデンティティ』、二〇〇五年［一九九一年］、一八一頁。

＊5　ギデンズ、同書、一九〇頁。

＊6　もしギデンズが述べたように、自己アイデンティティにとって「わたし」という物語の一貫性が重要だというならば、例えば薬物中毒やアルコール中毒における物質の摂取は、まさにその一貫性を破壊しその行為主体の生活基盤を破綻させるといった意味において、ルーティンではあり得ないはずである。ところがギデンズはその点にはあまり触れないまま、拒食症を例に挙げつつ、繰り返し現れる病理的行為をもルーティンのうちに数えている（ギデンズ、同書、一一五―一二二頁）。

＊7　Cf. ヤング『排除型社会』、二〇〇七年［一九九九年］、三三一―三四一頁。

＊8　Cf.「薬物乱用の現状と対策」（厚生労働省、二〇一四年二月）、および「主要な国の薬物別生涯経験率」（厚生労働省（http://www.mhlw.go.jp/bunya/iyakuhin/yakubuturanyou/dl/pamphlet_04.pdf, https://www.mhlw.go.jp/bunya/iyakuhin/yakubuturanyou/torikumi/dl/index-05.pdf)。

＊9　Cf. ベッカー『完訳アウトサイダーズ』、二〇一一年［一九七三年］。

あとがき

チャールズ・チャップリンは彼の『モダンタイムス』の冒頭を、スクリーンいっぱいに大映しになった大時計のシーンから始めている。もはや完全に我が身を振り返って言うのだが、現代人は時計に縛られ、「定刻」に追われ、自分を見つめ直す余裕をなかなか与えられない。この現象は近代に始まり、後期近代をも貫いて継続している。これに対抗する社会的な動きを探るとするならば、一九六〇年代のヒッピー・ムーブメント、一九七〇年代以降のエコロジー運動やスローライフ運動がその系譜に名を連ねることになるだろう。

本書で筆者が試みたかったことの一つは、時間軸を絡めた事象分析を社会学に導入することだった。筆者は社会学者と歴史学者という二つの顔を持っているが、時間軸への敏感さに関して言えば、当然ながら歴史学の方法論に軍配が上がる。社会学では、例えば計量的な研究において、大規模アンケートの調査結果を前回実施時と今回とで比較してみたり、あるいは質的研究において、或る人物（聞き取り対象）のライフストーリーを追ってみたり、そうした調査実践の中から間接的に時間の流れを考察対象に含めていくような方法は存在する。ただし、時の流れの伸縮や速度変化《テンポチェンジ》、連続や断絶を含めた、時間軸（に対する認識）そのものをよりはっきりと議論の俎上に乗せようとする、あるいは理論へと昇華させようとするタイプの研究は社会学分野では数が限られ、一連の歴史社会学的論考を別とすれば、寡聞な筆者はここで辛うじて真木悠介（見田宗介）とバーバラ・アダムの名を挙げられるに過ぎない。とはいえ近代以降の「正常／逸脱」を読み解くために、カンギレムおよびギデンズの議論を手掛かりにしながら「レギュリエールなもの／イレギュリエールなもの」という補助概念を導入するという本書での試みは、そうした意図からなされたのだった。

この構想の萌芽は、筆者の学生時代にまで遡る。当時は構造主義やポスト構造主義が「フランス現代思想」と呼ばれて持てはやされていて、筆者の周囲でもレヴィ＝ストロースやバルト、サルトルやメルロ＝ポンティ、フーコーやアルチュセールを読むのが流行っていたし、浅田彰や鷲田清一は言わばアイドルだった。社会学研究室の先輩たちはもうそれらを読み終わって、ドゥルーズやデリダの難解な哲学書に手を出していたりした。その一方で、研究室の後輩たちは不思議なことに、ゴフマンやギデンズ、ハーバーマスやルーマンといった社会学の王道を行くようになっていたので、いま思えば筆者はニューアカデミズムの洗礼を受けた最後の世代に身を置いていたのかもしれない。「社会学」の守備範囲の広さに甘える形で、（本当に）自由闊達に研究を進めることが許されていた時代でもあった。そんな雰囲気の中、筆者の好みは少し変わっていたようで、一人黙々とラカンの『エクリ』を読むふりをしながら、実は陰でこっそりとドイツ系の哲学書を読みあさっていた。基本的に人と同じことをするのが好きではなかったのだろう。中でも大学一年生の春休みに読んだニーチェの『ツァラトゥストラ』は、ハイデガーの『存在と時間』やラカンの論理的時間に関する論考（三人の囚人の逸話）とともに、時間軸のことについて思考を巡らせる最初のきっかけとなったように思う。また、息抜きに読んだマルクスの『ブリュメール一八日』は、歴史的アプローチの威力と魅力を思い知ることになった一冊であり、読了後あまりの衝撃に眠れなくなった記憶がある。とはいえこうしたドイツ系の哲学書も、当時のいわゆるフランス現代思想を理解する上で押さえておくべき基本文献だったことを考えると、若かりし頃の筆者も所詮は釈迦の手の上の子猿に過ぎなかったような気がする。

ときに、歴史研究の出発点はつねに現代であり、その終着点もまた現代である。すなわち、我々はアクチュアルな問題関心に立脚して初めて歴史的過去を振り返るのであり、それを鏡として自らの姿を確認する。また、そうした知的営みを通して時代の流れを感じとり、現代社会が向かおうとしている方向を見定めることもできるようになる。

例えば二〇〇九年のイタリア中部地震（ラクイラ地震）の際、予知に「失敗」した行政官および学者たちが刑事罰を問われるという、驚くべき事件があった。結局彼らは後の裁判で無罪となったが、この出来事は、我々の社会が今後どの方角へ向かって進んでいこうとしているかを見極めるにあたって示唆的である。つまり、あらゆる種類のリスクに常態的にさらされ続けていることの不安やストレス、また、やり場のない怒りを抱えた時に、その矛先を創出するために行われるスケープゴート化によって、リスクというものが属人化され誰かの責任に帰着させられていくという危うい傾向が、この出来事からは透けて見えるように思う。

このリスクの属人化傾向には、一九世紀に端を発するリスク自体の抱える確率論的把握の困難と単純化の問題や、科学（とりわけハードサイエンス）の知への過信の問題に加え、インターネットに象徴される情報過多の時代特有のジレンマがあるだろう。安心と不安の二極化がそれである。科学技術の発展により次々と新たなリスクが「発見」されていく。またコンピュータの発達によって複雑な計算が瞬時に可能となり、リスクの予測可能性も飛躍的に向上した。ただ、断片的で相互矛盾する情報が与えられれば与えられるほど、安心の道を選んだ者はより安心をもたらす情報を、不安の道を選んだ者はより不安をもたらす情報を（自ら）選別しつつかき集め、途中での軌道修正を困難にしていく。こうして両者の中間に位置するはずの、リスクを冷静かつ中立的に評価できるような立ち位置にはぽっかりと空洞が穿《うが》たれ、不安のカスケード（雪崩）が引き起こされていく。さらに情報のフローが肥大化すればするほど、この傾向には拍車がかかる。

本書において取り扱われたのはドラッグの問題だったが、他のより広範な社会的逸脱に関しても排除の傾向は強まってきており、その原因の一端は、上記のようなリスクへの対処および態度の取り方の難しさにあるように筆者には感じられるのである。さらに言えば、現代に見られるこの「安心か不安か」の二者択一的な状況は、一九世紀ヨーロッパの「健康（正常）と病理」を巡る議論とどこかパラレルである。つまり、（理屈上の理想状態である）完全な健康が存在しないのと同様に、完全な安心（リスク零《ゼロ》）も存在しえないが、にも拘わらずそのことは忘却あるいは不可視化されてしまっており、この空想上の理想到達地点を目指す終わりなきレースに人々が巻き込まれるように参加させられていく。この構図は近代でも後期近代でも共通である。こうした意味で本書は、アナール派のような社会史の技法、あるいはフーコーのような知の考古学の技法に則りつつも、社会学の論考としては、近年の犯罪学や社会病理学の分野で議論されている監視社会論や逸脱への不寛容（厳罰主義やペナル・ポピュリズム）の問題と、ウルリッヒ・ベック以降のリスク社会論とを接続する試みだったと言えるのかもしれない。ただやはり、二〇世紀以降の流れについては論じきれなかった部分も大きく、そのあたりは今後の課題とさせていただきたいのだが、終章の補論を兼ねつつ、以下に少しそのラフスケッチを記しておきたい。

＊＊＊

自然科学がもともと備えていたような、自然界の法則を明らかにしつつ、いまだ人の知識の及ばぬ不可知の森を切り開いていくという基本的態度は、近代以降の科学においてもしばしの間保持されていた。アインシュタインは「神はサイコロを振らない」とまで言ってみせたが、そこで科学の知の基本的な振る舞いは、法則を突き止めることによってあらゆる偶然を必然へと変え、予測不能なものを予測可能なものへと変化させようとする試みに一致していた。そのような大それた欲望が科学者たちの口の端に上ることはやがて少なくなったけれども、この遠大な夢は二〇世紀半ばのフォーディズム全盛期においてはまだしばらく保存されていたように思われる。科学への批判（反証）はあくまで科学的手続きによってなされることが求められたし、そのことはまた、科学がある種の「未完のプロジェクト」として振る舞うことで、今日においては未解決の問題を将来解明されるであろう課題と位置付けて未来方向へと先送りしてしまうことを意味していた。この点において、近代化と科学主義とは正確に足並みを一致させているように見えた。

だが後期近代の到来と、一九七〇年代以降に起こる産業構造の変化はこの状況を一変させる。それはまず市場経済における生産と消費の主従関係を反転させた。商品を作れば作っただけ売れた時代は去って、生産者はあらかじめ消費者のニーズをマーケティング調査し、その上で何を作るべきかを決定するようになる。この時、すでに産業や市場経済と無縁ではあり得なくなっていた科学は、やがて市場の動向に合わせる形で、人間、社会、（地球）環境といったものに従属させられ、それらに「優しい」ものへと変化を遂げていく。

身近な例として、ここではコンピュータを取り上げよう。かつて暗号解読のために開発された巨大な電算機は、そのうち机の上に乗る程度のサイズにまで小型化された。それは難解なニーモニック言語を読み書きする一部の趣味人たちの愛蔵品となった後、機械と人とを繋ぐ通訳者および入出力装置（ＯＳ、ＭＭＩ）の度重なる改良を経て、ついには誰でも指一本で操作できるポータブルで軽快なデバイスへと姿を変えていった。その正体は直接我々の目に触れることのない制御用マイクロチップの集積なのだが、使用者の側が普段それを意識することはほとんど無い。二進法と記憶と加減算という基本機能はそこでは何も変わっていないけれども、それらの複雑な組み合わせによって、コンピュータは今日までに極めて多様な用途に対応可能となった。近代の科学は古い迷信を打ち払うことによって、あるいは（軍事面を筆頭とした）あらゆる発明品の数々によって自らの有用性を社会に示してきたが、ポストフォーディズム時代のそれはまず一般の消費者の目線に立ち、人々に身近でフレンドリーなものであることを控えめにアピールするようになる。それはもはやエジソンの電球やＮＡＳＡのロケットのように圧倒的な存在感を人々に誇示するものではない。自然界の法則解明や火星探査は「人類の夢」だったが、そうした大きな目標はひとまず副次的な地位に退いて、科学とそれがもたらす技術革新はむしろ、日常の各場面において（しばしば人目につかぬところで）活躍する、その場限りの便利で小さなツールとして立ち回ることが多くなった。

確かに二〇世紀を通じて、科学の発展が人間を幸福にするというあまりに素朴な楽観論を保持し続けることはますます困難になっていったけれども、そのことは必ずしも科学の死を意味しなかった。それどころか、「専門家」がしばしば数値データを用いつつ持論の正当性とエビデンスを示して見せるというパフォーマンスは、特に近年においては非常に重要な儀礼となっているように感じられる。ポストフォーディズム時代の科学は、人間性や自然環境に敵対する破壊者ではなく、それらと協調して歩んでいく味方であるかのように振る舞うことで、自らの有用性を示す新たな活路を見出していた。つまり科学への信仰は、幾度かのドラスティックな批判にも拘わらず、より目立ちにくい形態を取りながら今日に至るまでさりげなく保持され続けてきたのである。

科学の知と予測可能性に支えられたレギュリエールなものへの信頼、そしてイレギュリエールなものへの不寛容が、国家と社会が分離した後でもなお保たれ、引き続き機能していたのは、まさにこうした理由によるのだろう。社会の進歩発展という「大きな物語」は崩れたが、高い再現性をもって繰り返されるレギュリエールなものは正当性の参照点として生き残り、平凡な事象を正常《ノーマル》と見なす機構を陰から支え続けた。最も卑近な例を挙げるなら、我々は日々自分の乗る列車が昨日と同じ時刻にホームに入ってくることにさしたる疑いを挟まないし、大切なデータを保存したハードディスクドライブが明日故障してしまったり、クラウド上にあるデータが管理会社のミスで消滅したりする可能性について、あまり深くは考慮しない。こうした思考の節約に確かな根拠はなく、そこにはレギュリエールなものへの漠然とした信頼があるだけなのだ。この信頼の源泉は、もう社会全体の自己調整メカニズムではなく、日常の場面場面へと細分化された「小さな」レギュラシオンであり、同時にまた、予測の精度と事象の再現性を少しでも高めるものとしての科学の知だった。偶然を必然へと、予測不能なものを予測可能へと変えていくという科学の基本的所作はここにおいてなお貫徹されているが、科学の知は今や人々の生活に溶け込んで、「安心」をもたらす小さなツールとして役立つというポジションを受け入れている。微視的で発見されづらいが、いたるところに遍在する何かへと変貌してしまっているのである。

科学の知は日々更新され、内容面でも形式面でも、時代に応じてアップデートされる。当初は医薬品であったはずの諸物質がドラッグとして逸脱視されるまでの過程において、一九世紀の幻覚概念やデジェネレッサンス概念など、非常に時代限定的な科学の言説が強く関与していたのは本書で見てきた通りである。また、「正常＝平均的であること」という当時の価値規範の支えとなっていた統計技法そのものも、今日ではもう釣り鐘型の正規分布曲線を念頭に置くものというよりは、母集団の中に特定の傾向を見せるいくつかのグループ（クラスター）を見出そうとするような、多変量解析およびビッグデータ解析に道を譲っている。それでもなお、イレギュリエールなものへの不寛容がグローバルに拡大しつつあるように感じられるのは、我々のうちにある、やがてすべての自然現象や社会現象は、科学的手法によって予測され飼いならすことが可能になるだろうという、隠れた思い上がりの裏返しであるように思われてならない。実際には人は自分自身のことですら、なかなか思うようにはならないにも拘わらずである。

現代人は時間に縛られている。これほど多様な生き方が許されるようになっても、いまだに（世界標準であり統一規格である）グリニッジ時間と太陽暦のカレンダーによって密かに拘束されている。これはほんの一例に過ぎないが、自己の内面にある様々な被拘束性に気がつくには、日々の生活のルーティンから逃れて一度手を休め、自己を振り返り、現実と向き合い、自らを取り巻く環境（社会）についてメタレベルから思考する必要があるのであって、そのためにはまず或る程度、自分の時間が確保されていなくてはならない。恐らくそれを取り戻すことが、二一世紀の不安から逃れるための最初の処方箋となるのだろう。リスクはそこにあるか無いかであるという誤謬や、人々が「安心か不安か」の二者択一を迫られるような危うい状況は、結局は一つの思考停止からもたらされるものなのだから。

＊＊＊

本書は、筆者が京都大学大学院文学研究科に提出し、二〇一二年一一月に学位を授与された博士論文「ドラッグの誕生――一九世紀フランス」をもとに加筆・修正したものである。第1章と第3章の初出は以下の通りであり、他の章は書き下ろしとなっている。

第1章「医薬品からドラッグへ――一九世紀フランスにおける阿片」『ソシオロジ』第一七一号、二〇一一年六月、三―一九頁。

第3章「モルヒネ中毒と法医学――フランスの事例（一八八〇―一八九九）」『ソシオロジ』第一四五号、二〇〇二年一〇月、二一―三六頁。

本書中での語用法について少し補足しておきたい。まず「狂気」folieという用語についてである。現在ではあまり使われなくなっている言葉だが、一九世紀の医学論文には頻出する専門用語であり、歴史的記述・分析上の必要性があって今回はそのまま用いた。そこに差別的意図は一切ないことを念のため申し添えておきたい。

次に、薬物に関する「中毒」intoxicationと「依存」dépendanceの使い分けについてである。現在ではWHOの定義もあり、薬物依存に表記はほぼ統一されていると思うが、右と同じく歴史的分析の必要性から、本書では主に薬物中毒という表現を用いている。ただし、特に（薬物依存症という）病の患者というニュアンスを出したい場合に、薬物依存の語を用いたケースもある。

筆者が留学のために渡仏したのが二〇〇〇年三月のことである。フランスの修士号にあたるDEAの学位（当時）を取得し、博士論文執筆のための資料収集を本格的に開始したのは二〇〇二年以降のことだ。それを勘案すれば、この研究は一〇年の歳月をかけた研究成果の結晶と言うことができるのかもしれない。とはいえいま振り返ってみると、研究がスムーズに進んでいた記憶は皆無であって、むしろ膨大な史料の海で溺れそうになりながら、書いては消し、書いては消しを繰り返してようやく完成にこぎつけた労作であった。

博士号取得から本書の出版までにもかなり長い時間が空いてしまったが、これは長い留学を終えて帰国した筆者が、最初は右も左も分からぬまま教壇に立つようになって、実質的な研究活動の再開までに幾ばくかのリハビリ期間を要したことが主な原因である。ただ、その期間は決して無駄ではなかった。多くの出会いがあり、研究上の視野も守備範囲も確実に広がった。友人や同僚たちの研究の話にはよく耳を傾けていたし、たくさんの刺激を受け取った。その間に筆者の中で眠っていた構想がおのずと熟成していったのだろう。今回の出版稿の作成にあたっては、それほど迷いなく加筆・修正を行うことができたと思う。

念のため断っておくと、筆者自身はドラッグ文化の擁護者でもなければ大麻解禁論者でもない。ただ、日本におけるハーム・リダクションの発想の弱さや厳罰化傾向には、強い違和感と危機感を抱いている。薬物依存がまずもってケアの対象であることが、ともすれば見過ごされがちな状況に危うさを感じていると言ってもいい。そうした意味では、本書が目指したのは、現代の社会的逸脱の問題に対して対症療法的なソリューションを提示することよりは、歴史を遡ったより深い原因の分析を通じて、根治療法のための手がかりを見つけ出すことだったとも言える。

最後になったが、京都大学文学部にて学部生時代よりお世話になった恩師の寶月誠名誉教授、パリ留学時代にお世話になったフランス国立社会科学高等研究院のパトリス・ブルドレ教授をはじめ、これまで貴重な助言と励ましを与えてくださった多くの先生方に、この場を借りて厚く御礼申し上げたい。筆者の心の支えであり続けている両親と弟たち、友人たち、そして妻と息子にも、同じく感謝の気持ちを伝えたい。また、本書の刊行にあたっては、慶應義塾大学出版会の平原友輔さんにたいへんお世話になった。本書の出版にあたり、文部科学省より二〇一九年度研究成果公開促進費（学術図書、課題番号 19HP5097）の助成を受けたことも付記しておく。

こうした方々の助けなくしては、本書が世に出ることはなかった。心より感謝申し上げるとともに、本書の刊行および筆者の今後の研究活動が、少しでもその恩返しになることを願ってやまない。

二〇一九年六月　大阪にて

渡邊　拓也

渡邊拓也（わたなべ　たくや）
1974年生まれ。2012年、フランス国立社会科学高等研究院（EHESS-Paris）修了。Ph.D.（歴史学）。京都大学大学院文学研究科博士後期課程研究指導認定退学。博士（文学）。現在、大谷大学社会学部准教授。著作に、『せめぎ合う親密と公共――中間圏というアリーナ』（秋津元輝・渡邊拓也編、京都大学学術出版会、2017年）など。訳書に『教えてルモアンヌ先生、精神科医はいったい何の役に立つのですか？』（P・ルモアンヌ著、新泉社、2016年）、『うつ病――回復に向けた対話』（P・H・ケレール著、共訳、白水社、2017年）、『100語ではじめる社会学』（S・ポーガム編著、共訳、白水社、2019年）などがある。

ドラッグの誕生
――一九世紀フランスの〈犯罪・狂気・病〉

2019年12月14日　初版第1刷発行

著　者――――渡邊拓也
発行者――――依田俊之
発行所――――慶應義塾大学出版会株式会社
〒108-8346　東京都港区三田2-19-30
TEL〔編集部〕03-3451-0931
〔営業部〕03-3451-3584〈ご注文〉
〔　〃　〕03-3451-6926
FAX〔営業部〕03-3451-3122
振替　00190-8-155497
http://www.keio-up.co.jp/
装　丁――――大崎善治（SakiSaki）
印刷・製本――株式会社理想社
カバー印刷――株式会社太平印刷社

Printed in Japan　ISBN 978-4-7664-2640-3

事項索引

ア　行

阿片　(opium)　2–3, 5–6, 9–12, 14–35, 39–46, 51–52, 60, 62, 96, 105, 118, 120, 132, 146–153, 158–163, 165–166, 168–172, 175–177, 180–182, 196–197, 205, 206, 209

——戦争　10, 23, 32, 34, 151, 205

——チンキ　(laudanum)　3, 9, 19–22, 31, 33–34, 41–42

アメリカ　3, 10, 14, 25, 123, 147–149, 151, 159, 162, 180, 185–186, 209

アリエニスム　(aliénisme)　4, 64, 77, 80, 83, 88–89

アルコーリスム　(alcoolisme)　126–127, 131, 135, 137–138, 141–143, 152, 155, 161, 169–171, 181, 185

アルコール　(alcool)　6–7, 9, 19, 21, 25, 29–30, 35–36, 40–41, 43–44, 46, 56, 61, 81, 99, 103, 111, 115, 118–135, 137–139, 141–144, 146, 150, 152, 154–158, 161, 163, 168, 170–172, 175–177, 181–182, 208, 210

イギリス　14, 27, 31–32, 34, 39, 41, 47, 90, 118–119, 123, 148, 209

意志の力　(volonté)　61, 135, 138, 142, 169, 197, 207

依存症　(dépendance)　2, 25, 151, 182, 196–197

逸脱の医療化　9, 14, 138

遺伝　7, 101, 111–113, 129–130, 135, 139, 141, 144, 193, 208

衛生学　3, 6–8, 26–27, 29, 34–37, 39, 41–42, 48–49, 62, 90, 118, 143–144, 164, 166–170, 173, 181, 184, 191

衛生主義　(hygiènisme)　37, 44, 46, 51, 139, 174, 182, 201

エキセントリック（性）(excentricité)　48, 92, 197–198

疫病　(épidémie)　6–7, 20–22, 29, 36, 40, 49, 118–119, 121, 128–129, 131, 144, 181

SFT　(フランス禁酒会)　122, 124

エーテル　96, 153, 156–157, 163, 171

オランダ　2, 123, 147–148, 186, 193, 209

カ　行

覚せい剤　2, 194, 196, 210

渇酒症　(dipsomanie)　98–99, 106, 110, 127, 135, 137, 141, 153, 155–156

観念連合　(association des idées)　63, 85, 89

危険人物　4–5, 7, 112, 161, 200

(フランス) 禁酒会　(SFT: Société française de temperance)　122, 124, 138

《鎖からの解放》　77, 100

愚者の石　68

ケシ　(pivot)　16–17, 32

結核　20, 36, 181

幻覚　(hallucination)　4, 26, 44, 54, 57–58, 60–64, 72, 74–75, 84–92, 105, 150, 166, 181, 196

健康　(santé)　6, 8, 11–12, 15, 18, 27–29, 34–39, 41–42, 46–51, 65, 101, 143–144, 167, 169, 173–174, 183–184, 192, 205, 208

(社会の) 健全さ　8, 27, 36, 39–40, 48, 143, 174, 183–184, 205, 209

厳罰主義　193

公衆衛生　(hygiène publique)　7–8, 26–31, 34–37, 39–44, 46, 48–49, 51, 62, 90, 118, 143–144, 159, 164, 167, 169, 172–173, 181, 184, 191, 209

コカイン　2–3, 149–153, 156, 159–162, 169, 171, 196, 210

古典派刑法学　109, 167, 193, 199

コーヒー　21, 58, 150, 175, 206

コレラ　6, 20, 36, 40, 128, 131

サ　行

錯覚　(illusion)　26, 63, 85
《醒めて夢見る者》(rêveur éveillé)　86, 88
社会防衛　(défense sociale)　3, 167–169, 172, 193
自由意志　(libre-arbitre)　102, 109, 112, 167
習慣　(habitude)　23–29, 31, 35, 42, 44–45, 55, 85, 102, 113–114, 119, 127, 136–137, 143–144, 150, 156, 165, 175, 206
ジュネーヴ会議　(1924–1925)　148–149, 151, 162
進化論　(évolutionnisme)　8, 37, 112, 130, 183, 188
人口　(population)　4–8, 23, 36–37, 39–40, 44, 48–49, 62, 112, 118, 122, 167–169, 173–174, 184–186, 188
　——統計学　6, 36–37, 40, 48
振戦せん妄　(delirium tremens)　127
新派刑法学　4, 9, 62, 112, 133, 167, 172
心理療法　(traitement moral)　78, 80, 83, 123
水銀　(mercure)　22, 97–98
スティグマ　(stigmata)　112, 114, 130, 138–140, 172, 198
正常なもの　(le normal)　46–48, 50, 139, 174, 187, 191, 200
精神医(アリエニスト)(aliéniste)　11, 55, 57, 63, 66, 68, 77, 80, 87, 90, 100, 107, 120, 164–166
精神医学　4, 12, 54, 61–62, 64, 66, 68, 75–80, 83–84, 88–90, 99, 111, 119, 122, 153, 161, 169, 190, 208
性的倒錯　(perversions sexuelles)　7, 141, 170
正当性　(légitimité)　9, 50, 79, 88, 155, 183, 191, 200
性病　6, 29, 36
責任　21, 27, 42, 45, 100, 103, 106, 109–110, 112, 115, 138, 142–144, 155, 157–159, 161–162, 171, 174, 181, 200
　生－——　(bio-responsabilité)　143–144
　——能力　12, 100, 102–104, 106–110
ゼロ・トレランス　193
想像力　(imagination)　63, 84–85, 89

タ　行

退化　7–8, 11, 111, 130, 139, 144, 169–172, 181
耐性　(tolerance)　25–26
怠惰　4–6, 11, 24, 30, 137, 151, 168–169, 172, 181
大麻(ハシッシュ)(haschisch)　2–3, 5, 9, 17, 35, 54–58, 60–66, 69, 74, 84, 87, 90–92, 96, 118, 146, 149, 150–152, 162–172, 176, 181, 186, 194, 196, 206, 208, 210
ダツラ(チョウセンアサガオ)(datura)　16, 66, 71–75, 150, 206
知性の毒　(poison de l'intelligence)　11, 170–171, 181
中国　10, 14, 23, 25–26, 30, 40–41, 147–149, 151–153, 170, 209
長寿　27, 49
治療的教示　(indication)　79, 81
デジェネレッサンス(変質)(dégénérescence)　8, 11–12, 111, 113–114, 130, 139–142, 144, 164, 169–175, 181, 183, 208
伝染病(maladie contagieuse)　9, 22, 36, 128
統計学　6, 174, 184–185, 200
動物磁気　(magnétisme animal)　75–76
毒物嗜癖　(toxicomania)　5, 152–154, 156–157, 161, 163, 170, 172

ナ　行

ナポレオン法典(1810)　11, 100

ハ　行

排除　9, 50, 67, 138, 182, 187, 189, 193–194, 196–197, 199, 201
梅毒　6, 20–21, 36, 131, 181
ハーグ条約　(1912)　147, 150, 163
《ハシッシュ倶楽部》(1845–1849)　54–55, 57–58, 61, 63, 90, 92, 165–166
パッション(情念)(passions)　75–76, 78–79, 98, 108–111, 113–114, 133, 135–137, 144, 155, 166, 169, 208

ハーム・リダクション　2, 186, 193, 210
パリ大改造（travaux haussmanniens）　7, 122
ハリソン法（1914）　14, 149
（フランス）反アルコール連合（UFA: Union française anti-alcoolique）　124, 128, 131, 138
犯罪化　3, 14, 160
犯罪人類学　4, 8, 112–113, 133, 139
犯罪性　5, 12, 111, 114, 140, 142, 167, 170, 196
半－責任能力（demi-responsible）　12, 106, 108
《犯罪・狂気・病》（maladie, folie, crime）　12, 173, 197
ヒ素（arsenic）　21–22, 34, 106, 158, 165
ピューリタン　3, 148–149, 180
病原菌　7, 26, 128
不寛容（intolerance）　192, 194–195, 197–199, 201
普通（であること）（normal）　47–48, 50, 92, 141, 189, 191, 199
平均（moyenne）　47–48, 50, 174, 183, 185, 187–188, 190
ペスト　6, 55, 128
ベラドンナ（balladone）　15–16, 150, 175, 178
ヘレボルス（クリスマスローズ）（helleborus）　15–16, 69, 73, 150
ヘロイン　2–3, 46, 150–152
ホメオパシー　73–75, 84, 207

マ　行

麻薬（narcotics）　9, 14–15, 23, 96, 118, 147–149, 159–162, 171, 181, 197, 209
ミアスマ（miasma）　36
未来指向（性）　45, 50–51, 182, 184
無気力　23–24, 26, 30, 40, 62, 150, 168–169
モルヒネ（morphine）　3, 5, 9, 11–12, 21, 27, 32, 34, 42, 46, 96–111, 113–115, 118, 127, 129, 135–137, 139, 141–142, 146, 149–162, 169–171, 176, 181, 205, 208
モルヒノマニー（morphinomanie）　97–99, 107, 110–111, 155

ヤ　行

薬剤師　16, 31, 91, 96, 105–106, 109, 115, 134, 159, 162–163, 176–177
UFA（フランス反アルコール連合）　124
四体液（説）（quatre humeurs）　17–18, 68, 78, 134

ラ　行

ルーティン（routine）　192, 210
レギュリエールなもの／イレギュリエールなもの（le régulier et l'irrégulier）　190–192, 195, 199–201
レギュラシオン（regulation）　188–190, 217

人名索引

ア 行

アジャッソン・ド・グランサーニュ，ステファン　Ajasson de Grandsagne, Stéphane　56–57, 164

アルトー，アントナン　Artaud, Antonin　161

アレント，ハンナ　Arendt, Hannah　50, 173, 185

アンダーソン，ベネディクト　Anderson, Benedict　8, 186

イヴォレル，ジャン＝ジャック　Yvorel, Jean-Jacques　11–12, 32–33, 153, 205

ヴィガレロ，ジョルジュ　Vigarello, Georges　10

ウェーバー，マックス　Weber, Max　183

ヴォワザン，オーギュスト　Voisin, Auguste　125, 164–165

エスキロール，エティエンヌ　Esquirol, Jean-Étienne Dominique　55, 57, 65–66, 76–80, 83–85, 87–89, 99, 107, 110–111, 127, 135, 155, 164

オスマン（男爵），ジョルジュ　Haussmann, Georges Eugène　7, 122

オベール＝ロッシュ，ルイ＝レミ　Aubert-Roche, Louis-Rémy　55, 58

カ 行

カー，アルフォンス　Karr, Jean-Baptiste Alphonse　56–57, 61–62

カバニス，ジョルジュ　Cabanis, Pierre-Jean Georges　65, 77, 84, 87, 207

ガルニエ，ポール　Garnier, Paul　100–102, 107, 136

カルメイユ，ルイ＝フロランタン　Calmeil, Louis-Florentin　86

ガレノス　Galenus　18–19

カンギレム，ジョルジュ　Canguilhem, Georges　10, 37–38, 46, 184, 188–189

カント，イマヌエル　Kant, Immanuel　68, 79, 86, 88

カントロヴィッツ，エルンスト　Kantorowicz, Ernst Hartwig　5, 184

ギデンズ，アンソニー　Giddens, Anthony　189, 191–192, 198, 210

キャロワ，ジャクリーヌ　Carroy, Jacqueline　10

ギヨン，ポール　Guillon, Paul　153–157, 172

クィンシー，トマス・ド　Quincey, Thomas de　28, 31, 33, 41, 169

グラッドストン，ウィリアム　Gladstone, William Ewart　32

グリージンガー，ヴィルヘルム　Griesinger, Wilhelm　90, 123

ケトレ，アドルフ　Quetelet, Lambert Adolphe Jacques　47

ケネー，フランソワ　Quesnay, François　39

ゴーシェ，マルセル　Gauchet, Marcel　189

コッホ，ロベルト　Koch, Robert　6, 26

ゴーティエ，テオフィル　Gautier, Jules Pierre Théophile　56–59, 61–63, 92, 164–166

ゴールトン，フランシス　Galton, Francis　47

コールリッジ，サミュエル・テイラー　Coleridge, Samuel Taylor　31

コント，オーギュスト　Comte, Auguste　76, 189

コンラッド，ピーター　Conrad, Peter　9–10, 14, 51, 148, 203

サ 行

シドナム，トマス・ド　Sydenham, Thomas de　3, 19–20, 22

ジャクソン，ヒューリングス　Jackson, John Hughlings　90
シュトルク（シュテルク），アントン・フォン　Störck, Anton von　64, 71–74, 84, 207
シュナイダー，ジョゼフ　Schneider, Joseph　9–10, 14, 51, 148, 203
ジラルダン，サン＝マルク　Girardin, Saint-Marc　48–49
スミス，アダム　Smith, Adam　186
ゼルチュルナー，フリードリヒ　Sertürner, Friedrich　96

タ 行

ダーウィン，チャールズ　Darwin, Charles　8, 37, 112, 130, 183, 208
タルド，ガブリエル　Tarde, Gabriel　113, 208
ディオスコリデス，ペダニウス　Dioscorides, Pedanius　69
デカルト，ルネ　Descartes, René　70, 75–76, 86, 89
デュルケム，エミール　Durkheim, Émile　3, 46–49, 51, 180, 192, 205
ドーデ，アルフォンス　Daudet, Alphonse　132
ドラクロワ，ユジェーヌ　Delacroix, Eugène　58

ナ 行

ナポレオン　Bonaparte, Napoléon　3, 55
ニーチェ，フリードリヒ　Nietzsche, Friedrich Wilhelm　38, 49, 205

ハ 行

バイヤルジェ，ジュール　Baillarger, Jules　66, 77, 83, 86–87, 89–90, 120
パスツール，ルイ　Pasteur, Louis　6, 26, 42, 122
パラケルスス　Paracelsus　16
パリゼ，エティエンヌ　Pariset, Étienne　83
バルザック，オノレ・ド　Balzac, Honoré de　58, 61
ビシャ，クサヴィエ　Bichat, Marie-François Xavier　77
ビスマルク，オットー・フォン　Bismarck, Otto von　121
ピネル，フィリップ　Pinel, Philippe　68, 77–78, 80, 83, 85, 100
ヒポクラテス　Hippocrates　17–18, 68, 78
ピュイセギュール（侯爵）　Puységur, Amand-Marie-Jacques de Chastenet　76, 79
ビュッケ，ジャン＝バティスト　Bucquet, Jean-Baptiste Michel　19
ファルレ，ジュール　Falret, Jules　123, 164
プヴルヴィル，アルベール・ド　Pouvourville, Albert de　32
フェルネル，ジャン　Fernel, Jean　19
フォンサグリヴ，ジャン＝バティスト　Fonssagrives, Jean-Baptiste　21, 25, 29
フーコー，ミシェル　Foucault, Michel　4, 6, 10–11, 39, 50, 67–68, 78, 80, 100, 143, 190
フス，マグヌス　Huss, Magnus　126–127, 131, 137
プラヴァッツ，シャルル　Pravaz, Charles Gabriel　21, 42
ブランシュ，エスプリ・シルヴェストル　Blanche, Esprit Sylvestre　83
ブリエール・ド・ボワモン，アレクサンドル　Brierre de Boismont, Alexandre Jacques-François　55–57, 86, 166
ブルアルデル，ポール　Brouardel, Paul　25, 32, 115, 136
ブルセ，フランソワ　Broussais, François Joseph-Victor　20
ブルドレ，パトリス　Bourdelais, Patrice　26, 143
フルーリ，ルイ　Fleury, Louis　23, 25–27, 35, 44
フロイト，ジークムント　Freud, Sigmund　143
ペテール，ジャン＝ピエール　Peter, Jean-Pierre　10
ベリッジ，ヴァージニア　Berridge, Virginia

11–12
ベルジェロン，エティエンヌ＝ジュール Bergeron, Étienne-Jules 120–122, 124, 128, 133–134, 176
ペルト，ジャン＝マリー Pelt, Jean-Marie 16–17
ベルナール，クロード Bernard, Claude 15, 38, 124, 189
ヘルモント，ヤン・ファン Helmont, Jan Baptist van 7
ベンサム，ジェレミー Bentham, Jeremy 143, 167
ベンヤミン，ヴァルター Benjamin, Walter 43, 125
ボス，ヒエロニムス Bosch, Hieronymus 68
ホッブズ，トマス Hobbes, Thomas 5, 174
ボードレール，シャルル Baudelaire, Charles 48, 58, 60–62, 64–65, 90, 92, 119, 164–166, 168
ボワサール，フェルディナン Boissard de Boisdenier, Joseph Ferdinand 56–58

マ 行

マジャンディ，フランソワ Magendie, François 20
マニャン，ヴァランタン Magnan, Valentin 11, 111, 114, 124, 130–131, 138–143, 161, 170–171, 174, 176, 183–184, 208
メスメル，フランツ・アントン Mesmer, Franz Friedrich Anton 76
メーヌ・ド・ビラン Maine de Biran（François-Pierre-Gontier de Biran） 76
モーリ，アルフレッド Maury, Alfred 86
モレル，ベネディクト Morel, Benedict Augustin 11, 34, 111, 130, 139, 170, 183
モロー・ド・トゥール（父），ジャック＝ジョゼフ Moreau de Tours, Jacques-Joseph 58, 63–66, 69–70, 74–75, 77, 84, 87, 90, 164–165, 176, 184, 206–207, 208
モロー・ド・トゥール（子），ポール Moreau de Tours, Paul 129

ラ 行

ラカサーニュ，アレクサンドル Lacassagne, Alexandre 112–113
ラゼーグ，シャルル Lasègue, Ernest Charles 123, 135, 137–138, 142–143
ラマルク，ジャン＝バティスト Lamarck, Jean-Baptiste 37, 74, 141
リトル，ロバート Little, Robert 23, 25, 169
リュニエ，リュジェ Lunier, Ludger 120, 122–123, 134, 138, 176
ルグラン，ポール＝モーリス Legrain, Paul-Maurice 11, 112, 114, 124, 128, 130–131, 138, 140, 143, 161, 170–171, 174, 176, 181, 183
ルナン，エルネスト Renan, Joseph Ernest 38
ルーレ，フランソワ Leuret, François 75, 77, 80–81, 83, 86, 89
レイコック，トマス Laycock, Thomas 90
レヴィンシュタイン，エドゥアルト Levinstein, Eduard 97–100, 108, 111, 135–136, 154, 208
レリュ，ルイ＝フランシスク Lélut, Louis-Françisque 86
ロビオラ，オディール Robbiola, Odile 11–12, 108
ロンブローゾ，チェザーレ Lombroso, Cesare 4, 8, 112, 133, 139, 167, 183–184, 193, 208

参考文献

一次資料

1　阿片

Bernard, Claude, *Leçons sur les effets des substances toxiques et médicamenteuses* (Cours de médecine du Collège de France, le 29 février au 27 juin 1856), Paris, J.-B. Baillière, 1857.

Brouardel, Paul, *Opium, Morphine et Cocaïne: intoxication aiguë par l'opium, mangeurs et fumeurs d'opium, morphinomanes et cocaïnomanes*, Paris, J.-B. Baillière, 1906.

Bucquet, Jean-Baptiste-Michel, « Observations sur l'analyse de l'opium », mémoire lu le 14 janvier 1777, *Histoire de la Société royale de médecine, Année 1776*, Paris, Philippe-Denys Pierre, 1779, pp. 399–404.

Fonssagrives, Jean-Baptiste, l'article de l'« Opium », *Dictionnaire encyclopédique des sciences médicales*, dirigé par A. Dechambre, série 2, tome 16, Paris, G. Masson, P. Asselin, 1881, pp. 136–265.

Little, Robert, « On the habitual use of opium in Singapoore », *British and Foreign medico-chirurgical Review*, Londres, 1859.

Payne, Joseph-Frank, *Thomas Sydenham*, Charleston SC, Bibliolife, 2009 [Londres, 1900].

Pouvourville, Albert de, *L'opium. Conférence, donnée le lundi 1er juin 1908, au siège du Congrès, sous la présidence de François Deloncle, député de la Cochinchine, Président du Congrès* (*Comité des Congrès coloniaux français, Congrès de 1908, A l'Ecole des Hautes Etudes commerciales, 108, boulevard Malesherbes, Paris*), Paris, au Secrétariat général du Comité des Congrès Coloniaux Français, 1908.

Taylor, A.-S. et Tardieu, Ambroise, « Etude médico-légale sur les assurances sur la vie », *Annales d'hygiène publique et de médecine légale*, 1866, série 2, tome 25, pp. 383–439; 1866, série 2, tome 26, pp. 120–54 et pp. 382–412.

2　大麻（ハシッシュ）

Aubert-Roche, Louis-Rémy, *De la peste ou typhus d'Orient: recueillis pendant les années 1834 à 1838 en Egypte, en Arabie, sur la Mer Rouge, en Abyssinie, à Smyrne et à Constantinople*, suivi d'un « Essai sur le hachisch: et son emploi dans le traitement de la peste », Paris, Librairie de Sciences Médicales, 1843 [1840].

Ball, Benjamin, « Hallucinations de la vue et de l'ouie. Intermittence. Traitement par le haschisch. Guérison. », *Gazette des hôpitaux*, 1856, présenté par Legrand du Saulle, in *Annales médico-psychologiques*, 1856, série 3, tome 2, pp. 579–82.

Baudelaire, Charles, *Lettres inédites aux siens*, présentées et annotées par Philippe Auserve, Paris, Grasset, 1966.

—— *L'art romantique. Littérature et musique*, édition établie par Lloyd James Austin, Paris, Garnier-Flammarion, 1968.

——*Les Fleurs du Mal*, édition critique de Jacques Crépet et Georges Blin, refondue par Georges Blin et Claude Pichois, Paris, Librairie José Corti, 1968［1857］.〔阿部良雄訳『ボードレール全詩集（I　悪の華)』、ちくま文庫、一九九八年〕

—— *Les Paradis artificiels*, précédé de « Du vin et du hachish comparés comme moyens de multiplication de l'individualité »［1851］, édition établie et présentée par Yves Florenne, Paris, Librairie Générale Française, 1972［1860］.

—— *Salon de 1846*, par David Kelley, Oxford, Oxford Univ. Press., 1975.

—— *Les Paradis artificiels*, précédé de « La Pipe d'opium »; « Le Hachich »; « Le Club des Hachichins », par Théophile Gautier, édition établie et présentée par Claude Pichois, Paris, Gallimard, folio, 1977［1860］.

—— *Le Spleen de Paris, petits poèmes en prose*, édition établie par Yves Florenne, notes complémentaires de Marie-France Azéma, Paris, Librairie Générale Française, Le Libre de Poche, 1998［1972］.

—— *Correspondance*, Choix et commentaires de Claude Pichois et de Jérôme Thélot, Paris, Gallimard, 2000［1973］.

Berthault, Édouard, *Du Haschisch. Son histoire, ses effets physiologiques et thérapeutiques*, thèse de médecine, Paris, Rignoux, imprimeur de la Faculté de médecine, 1854.

Billod, Ernest, « Du traitement de la folie. Emploi du Datura stramonium contre les hallucinations », *Gazette des hôpitaux*, N° sept-nov., 1842.

Bouchardat, Apollinaire, *Supplément à l'Annuaire de thérapeutique, de matière médicale, de pharmacie et de toxicologie pour 1856, contenant...la Table alphabétique des matière*. Paris, Baillière, 1856.

Bouquet, Jules, *Contribution à l'étude du Chanvre indien*, thèse de pharmacie, Lyon, Paul Legendre, 1912.

Brierre de Boismont, Alexandre, « Variété. Abus du hachisch », *Annales médico-psychologiques*, 1852, série 2, tome 4, p. 152.

Ébriard,（pharmacien de Paris）, « Maladies, de poitrine, nerveuses et affections du cœur, Sirop et Tablettes de Cannabis indica », Paris, Penseron-Pinard, l'année inconnue.

Estre, Frédérique, « Traitement de quelques hallucinations de l'ouïe par la Datura stramonium,

observations recueillies dans l'Asile des aliénés de Marseille, service de MM. Giaud et Aubanel », *Examinateur médical*, N° sept-nov., 1842.

Gautier, Théophile, « Le Club des Hachichins », *Récits fantastiques*, Paris, Flammarion, 1981 [1846], pp. 209–34.

—— *Le Hachich, avec La pipe d'opium et Le Club des Hachichins*, Paris, Rumeur des Ages, 1996.

Grimaux, Édouard, *Du Hachisch ou chanvre indien*, Paris, F. Savy, 1865.

Karr, Alphonse, *Le livre de bord*, Paris, C. Lévy, 1880.

Leroy, Louis, *Le haschisch - comédie en un acte et en prose*, Paris, Dentu, 1873.

Liron, Abel, *Étude sur le haschich*, Nîmes, La Laborieuse, 1906.

Moreau de Tours, Jacques-Joseph, *Les facultés morales considérées sous le point de vue médical, de leur influence sur les maladies nerveuses, les affections organiques, etc.*, Paris, Rouvier et Le Bouvier, 1836.

—— *Études psychiques sur la folie*, Paris, Lacour, 1840a.

—— *Maladies du système nerveux. De la Folie raisonnante envisagée sous le point de vue médico-légal*. Paris, Lacour, 1840b.

—— *Mémoire sur le traitement des hallucinations, par le « Datura stramonium »*, Paris, Rouvier et Le Bouvier, 1841.

—— *Un chapitre oublié de la pathologie mentale*, Paris, Masson, 1850.

—— *De l'identité de l'état de rêve et de la folie* (extrait des *Annales médico-psychologiques*, 1855, I, pp. 103–131), Paris, Martinet, 1855.

—— *La psychologie morbide dans ses rapports avec la philosophie de l'histoire, ou de l'influence des névropathies sur le dynamisme intellectuel*, Paris, Masson, 1859.

—— *Du Hachisch et de l'aliénation mentale, études psychologiques*, suivi de « Recherches sur les aliénés en Orient » (1843), préfacé par Jean-Louis Brau, Yverdon (Suisse), Kesselring, 1974 [1845].

Nicolle, Eugène, *Le tabac, le haschisch, les fumeurs d'opium*, conférence faite aux Membres de la Société mutuels l'Alliance, dans la séance semestrielle du 22 août 1869, Rouen, Giroux, 1869.

Pascal, Émile, *Un révélateur du subconscient: le haschich*, Bazas (Gironde), chez l'auteur, 1930.

Rech, Hippolyte, « Des effets du hachisch sur l'homme jouissant de sa raison et sur l'aliéné », *Annales médico-psychologiques*, 1848, série 1, tome 12, pp. 1–37.

Ritti, Antoine, « Nécrologie de Moreau de Tours », *Annales médico-psychologiques*, 1884, série 6, tome 12, pp. 187–190.

Société médico-psychologique, « Discussion sur les hallucinations » (séance du 30 avril 1855), *Annales médico-psychologiques*, 1855, série 3, tome 1, pp. 538–49.

—— « Suite et la fin de la discussion sur les hallucinations » (séance du 28 avril 1856), *An-*

nales médico-psychologiques, 1856, série 3, tome 2, pp. 428–46.

—— « Du hachisch »（séance du 27 mai 1872）, *Annales médico-psychologiques*, série 5, 1872, tome 8, pp. 240–59.

Störck, Anton von, *Dissertation sur l'usage de la ciguë. Dans laquelle on prouve qu'on peut non-seulement la prendre intérieurement avec fureté, mais encore qu'elle est un Remède très-utile dans plusieurs maladies dont la guérison a paru jusqu'à présent impossible*, Vienne et Paris, Valleyre, 1760.

—— *Du stramoine. Etudes de thérapeutique expérimentale*, Paris, J.-B. Baillière, 1887［1763］.

Suppan, Leo, « Le Haschisch », *Annales de la drogue et de ses dérivés*, publiées par Michel Laurent, n° 43–44, Paris, Guigue, 1924.

Trousseau, Armand, et Pidoux, Hermann, *Traité de thérapeutique, et de matière médicale*, Paris, Béchet, 1836; 3e édition, 1847; 7e édition, 1862; 8e édition, 1869; 9e édition, 1877.

Villard, Ferdinand, *Du Hachisch, étude clinique, physiologique et thérapeutique*, Paris, Adrien Delahaye, 1872.

Voisin, Auguste, et Liouville, Henry, *Études sur le curare, comprenant des recherches et expériences sur les animaux, la dosologie, les voies d'introduction, les propriétés physiologiques et thérapeutiques de cette substance chez l'homme., suivies de considérations pratiques et médico-légales*（extrait de la *Gazette hebdomadaire de Médecine et de Chirurgie*）, Paris, Victor Masson et fils, 1866.

3　モルヒネ

Ball, Benjamin, *La morphinomanie. De la responsabilité partielle des aliénés, les frontières de la folie, les rêves prolongés*, 2e édition, Paris, Librairie Em. Lefrançois, 1888［1884］.

Blanche, Émile, et Marandon de Montyel, Evariste, « Procès de la femme Fiquet（de Dijon）, accusée d'assassinat, morphiomanie et simulation, rapport médico-légal », *Annales médico-psychologiques*, 1883, série 6, tome 10, pp. 234–53.

Bonjean, Joseph（de Chambéry）, « Empoisonnement par une forte dose de l'acétate de morphine - guérison. observation », *Annales d'hygiène publique et de médecine légale*, 1845, série 1, tome 33, pp. 150–7.

Garnier, Paul, « Morphinisme avec attaques hystéro-épileptiques causées par l'abstinence de la dose habituelle du poison, vol à l'étalage, rapport médico-légal », *Annales d'hygiène publique et de médecine légale*, 1886a, série 3, tome 15, pp. 302–16.

—— « De l'état mental et de la responsabilité pénale dans le morphinisme chronique », *Annales médico-psychologiques*, 1886b, série 7, tome 3, pp. 351–78.

Marandon de Montyel, Evariste-Jean-Bruno, « Contribution à l'étude de la morphiomanie », *Annales médico-psychologiques*, 1885, série 7, tome 1, pp. 45–64.

Levinstein, Édouard, *Die Morphiumsucht, eine monographie nach eignen beobachtungen*, Berlin, verlag von August Hirschwald, 1877 (= *La morphiomanie, monographie basée sur des observations personnelles*, Paris, G. Masson, 1878).

Motet, August, « Morphinomanie », *Annales d'hygiène publique et de médecine légale*, 1883, série 3, tome 10, pp. 22–36.

Notta, Maurice, *La morphine et la morphiomanie*, Paris, Asselin et Houzeau, 1884.

Rodet, Paul, *Morphinisme et morphinomanie*, Paris, Félix Alcan, 1897.

Toulouse, Édouard, « Les morphiniques », *Annales de psychiatrie et d'hypnologie dans leurs rapports avec la psychologie et la médecine légale*, Paris, Bureau des annales de psychiatrie et d'hypnologie, 1892, pp. 121–6.

Vale, Charles Sullery, *Contribution à l'étude de quelques intoxications surajoutées à la morphinomanie. De leur traitement*, thèse de médecine, Paris, 1895.

Voisin, Auguste, *Du traitement curatif de la folie par le chlorhydrate de morphine* (extrait du *Bulletin de thérapeutique médicale et chirurgicale*, 30 janvier, 15 et 28 février, 15 mars, 15 avril 1874), Paris, Octave Doin, 1874.

4 アルコール

Anonyme, « De l'assistance et de la législation relatives aux alcooliques », séance du 7 août (soir) 1894, Congrès français des médecins aliénistes et neurologistes, cinquième session tenue à Clermont-Ferrand, du 6 au 11 août 1894, *Annales de psychiatrie et d'hypnologie dans leurs rapports avec la psychologie et la médecine légale*, 1894, pp. 316–20.

Bergeron, Jules, « Rapport sur la répression de l'alcoolisme », rapport lu dans la séance du 5 décembre 1871 (extrait du *Bulletin de l'Académie de médecine*, Paris, 1871, tome 36, p. 1025), *Annales d'hygiène publique et de médecine légale*, 1872, série 2, tome 38, pp. 5–72.

Decroix, Emile François, « Tabacomanie; traitement par l'hypnotisme et la suggestion », *Annales de psychiatrie et d'hypnologie dans leurs rapports avec la psychologie et la médecine légale*, 1895, Paris, Bureau des annales de psychiatrie et d'hypnologie, pp. 56–61.

Delobel, (le docteur), « Le péril alcoolique », *Annales d'hygiène publique et de médecine légale*, 1916, série 4, tome 25, pp. 321–65.

Lancereaux, Étienne, l'article « Alcoolisme (pathologie) », *Dictionnaire encyclopédique des sciences médicales*, Dechambre, Amédée (dir.), série 1, tome 2, Paris, Masson, 1865, pp. 615–704.

Lasègue, Charles, « Dipsomanie et Alcoolisme », *Archives générales de médecine*, septembre 1882, série 7, tome 10, pp. 257–71.

Lunier, Ludger, « Pathologie. Du rôle que jouent les boissons alcooliques dans l'augmentation du nombre des cas de folie et de suicide », *Annales médico-psychologiques*, 1872, série 5,

tome 7, pp. 321–58.

Marandon de Montyel, Evariste, « L'Open-door et les arguments de ses adversaires », *Annales d'hygiène publique et de médecine légale*, 1898, série 3, tome 39, pp. 505–33.

Rayer, Pierre-François-Olive, *Mémoire sur le Delirium tremens*, Paris, Baillière, 1819.

Voisin, Auguste, *De l'État mental dans l'alcoolisme aigu et chronique et dans l'absinthisme*, Paris, J.-B. Baillière, 1864.

West, Charles, *Leçons sur les maladies des femmes*, trad. sur la 3e éd. par Charles Mauriac, Paris, F. Savy, 1870（*Lectures on the Diseases of Women*, London, John Chrchill, 1856）.

5　公衆衛生・進化論

Bertin-Sans, Émile, l'article de l'« Hygiène », *Dictionnaire encyclopédique des sciences médicales*, dirigé par A. Dechambre, série 4, tome 14, Paris, G. Masson, Asselin et Houzeau, 1888, pp. 754–826.

Bouchardat, Appollinaire, *Traité d'hygiène publique et privée basée sur l'étiologie*, Paris, Germer Baillière, 1881.

Broussais, Casimir, *Hygiène morale, ou Application de la physiologie à la morale et à l'éducation*, Paris, J.-B. Baillère, 1837.

Clément, Edouard, *Guide des parents pour la santé et l'éducation morale et intellectuelle des enfants*, Sens, chez auteur, 1871.

Darwin, Charles, *L'origine des espèces*, Paris, La Découverte, 1989［1859］.〔渡辺政隆訳『種の起源（上・下）』、光文社古典新訳文庫、二〇〇九年〕

Fleury, Louis, *Cours d'hygiène fait à la Faculté de médecine de Paris*, tome I, Paris, Labé, 1852; tome II（1856–1861）, Paris, P. Asselin（gendre et successeur de Labé）, 1862; tome III, Paris, P. Asselin, 1872.

Fuster（de Montpellier）, Louis, *Hygiène sociale. « Il faut que jeunesse se passe », Extrait de la Tribune médicale*, Paris, Goupy, G. Maurin succr, 1899.

Lamarck, Jean-Baptiste, et Mirbel, Charles-François Brisseau, *Histoire naturelle des végétaux classés par famille*, Paris, Deterville, 1803.

Simonot, Octave, « Hygiène sociale, le bureau d'hygiène », *Annales d'hygiène publique et de médecine légale*, 1911, série 4, tome 15, pp. 169–74.

6　精神医学・心理学

Baillarger, Jules, « De l'influence de l'état intermédiaire à la veille et au sommeil sur la production et la marche des hallucinations »（mémoire lu à l'Académie royale de médecine dans la séance du 8 mai 1842）, *Annales médico-psychologiques*, 1845, série 1, tome 6, pp. 1–29 et 168–195.

rapports avec la psychologie et la médecine légale, 1892, pp. 89–91.

Brierre de Boismont, Alexandre, « La folie des ivrognes », *Annales médico-psychologiques*, 1852, série 3, tome 4, pp. 375–400.

—— « De l'état des facultés dans les délires partiels ou monomanies », *Annales médico-psychologiques*, 1853, série 3, tome 5, pp. 567–91.

Garnier, Paul, *La folie criminelle à Paris*（*Etude statistique, clinique et médico-légale*）, précédé par d'une préface de J.-C. Barbier, Paris, Baillière et fils, 1890a.

—— « Le criminel instinctif », *Annales d'hygiène publique et de médecine légale*, 1890b, série 3, tome 23, pp. 414–35.

—— *Internement des aliénés*（*thérapeutique et législation*）, Paris, Rueff et Cie, 1898.

Lombroso, César, *L'homme criminel. Criminel-né, fou moral, épileptique. Étude anthropologique et médico-légale*, traduit sur la 4e édition italienne par Régnier et Bournet, et précédé par d'une préface du Dr Ch. Létournau, Paris, Félix Alcan, 1887.

Luys, Jules, « La foule criminelle », *Archives de psychiatrie et d'hypnologie*, 1894, vol.4, pp. 289–97.

Moreau de Tours, Paul, « De la contagion du crime, et de sa prophylaxie », *Annales d'hygiène publique et de médecine légale*, 1889, série 3, tome 22, pp. 161–8.

Perrin, Jean, *La responsabilité pénale des toxicomanes*, thèse de médecine, Paris, Vigot Frères, 1938.

Sighele, Scipio, *Le crime à deux. Essai de psychologie morbide*, Lyon, Storck, 1893; Paris, Giard-Brière, 1910.

—— *La foule criminelle. Essai de psychologie collective*, Paris, Alcan, 1892, et 1901.

—— *Littérature et criminalité*, Paris, Giard et Brière, 1908.

Tarde, Gabriel, *La criminalité comparée*, présentation de Marc Renneville, Paris, Les Empêcheurs de penser en rond / Seuil, 2004［1924］.

Toulouse, Édouard, « Les altérations des sentiments devant la justice », *Revue de psychiatrie de neurologie et d'hypnologie*, Paris, Maloine, 1897, pp. 156–61.

8 「知性の毒」・ドラッグの統合

Anonyme, « Variété. Contre la morphine, la cocaïne et l'opium », *Annales médico-psychologiques*, I, 1913, série 10, tome 71, pp. 122–4; II, 1913, série 10, tome 72, pp. 116–8.

—— « Revue des journaux. Contre l'opium », *Annales d'hygiène publique et de médecine légale*, 1913, série 4, tome 20, pp. 377–8.

—— « Variété. Importation, commerce, détention, usage des substances vénéneuses, opium, morphine, cocaïne. Discussion au Sénat, rapport de M. Catalogne, sénateur », *Annales d'hygiène publique et de médecine légale*, 1916, série 4, tome 26, pp. 169–75.

—— « XXVIIe congrès des médecins aliénistes et neurologistes de France et des pays de langue française. III rapport: Médecine légale », *Annales médico-psychologiques*, 1923, série 12, tome 2, pp. 265–70.

Bosc, Ernest, *Traité théorique et pratique du haschich et autres substances psychiques: cannabis, herbes magiques, opium, morphine, éther, cocaïne...*, Paris, Chamuel, 1895.

Brunet, F., « La mort des fumeurs d'opium », *Bulletin médical*, 1903, n° 80, présenté par Richard, Paul, « Revue des journaux. La mort des fumeurs d'opium », *Annales d'hygiène publique*, 1904, série 4, tome 1, pp. 460–3.

Dupain, J.-M., « Chronique. A propos du Procès des Toxicomanes », *Annales médico-psychologiques*, 1923, série 12, tome 1, pp. 385–92.

Ghelerter, Jules, *Les Toxicomanies. Étude médico-sociale*, thèse de médecine, Paris, Librairie Louis Abnette, 1929 (1930).

Guillon, Paul, *Les morphinomanes et la loi, une lacune dans la législation actuelle* (extrait des bulletins et mémoires de la Société de Médecine et de Chirurgie pratiques de Paris), Clermont (Oise), Daix Frères, 1899.

—— « Les toxicomanes et la législation; nécessité d'une loi d'assistance », Société médicale de l'Élysée, *Bulletin des travaux de la société pendant l'année 1900*, Clermont (Oise), Daix Frères, 1901, pp. 10–20.

Legrain, Paul-Maurice, « Étude sur les poisons de l'intelligence », *Annales médico-psychologiques*, 1891, série 7, tome 14, pp. 30–55, pp. 215–28, pp. 377–92; 1892, série 7, tome 15, pp. 52–62, pp. 215–34.

—— *Traité de l'alcoolisme. Les poisons de l'intelligence, opium, morphine, haschich, cocaïne, éther*, Paris, A. Maloine, 1922.

—— *La criminalité des toxicomanes* (Congrès des médecins aliénistes et neurologistes de France et des pays de langue française, XXVIIe session, Besançon, 2–7 août 1923), Paris, Masson, 1923.

Lutaud, A., et Deering, B., « Le traitement de la morphinomanie par la suppression brusque », *Revue de psychiatrie* (*médecine mentale, neurologie, psychologie*), Paris, Maloine, 1899, nouvelle série, tome 3, pp. 52–8.

Nations Unies [Traité. 1946–12–11. Lake Success], *Second Opium conference. Convention, protocol, final act amended by the Protocol signed at Lake Success*, (Société des Nations, Genève, le 23 février 1925, Deuxième conférence de l'opium, 17 novembre 1924 - 19 février 1925), New-York, 11 December 1946.

Regnard, Paul, « Les poisons à la mode: la morphine et l'éther », *Revue scientifique*, Paris, Bureau des revues, 1886, tome 35, pp. 545–556.

二次資料

Aglietta, Michel, *Régulation et crises du capitalisme*, Paris, Calmann-Lévy, 1976.

Arendt, Hannah, *Condition de l'homme moderne*, Paris, Calmann-Lévy, 1994［1958］.〔清水速雄訳『人間の条件』、筑摩書房、一九九四年〕

Aron, Raymond, *Leçons sur l'histoire, Cours du Collège de France*, texte établi par Sylvie Mesure, Paris, Fallois, 1989.

Becker, Howard, *Outsiders: Studies in the Sociology of Deviance*, New York, The Free Press, 1973.〔村上直之訳『完訳アウトサイダーズ――ラベリング理論再考』、現代人文社、二〇一一年〕

Benjamin, Walter, *Charles Baudelaire. Un poète lyrique à l'apogée du capitalisme*, traduit de l'allemand et préfacé par Jean Lacoste d'après l'édition originale établie par Rolf Tiedemann, Paris, Payot et Rivage, 2002（*Charles Baudelaire. Ein lyriker im Zeitalter des Hochkapitalismus*, Francfort, Suhrkamp Verlag, 1955）.

Berridge, Virginia, « Drogues illicites et médicaments psychotropes en Grande-Bretagne: Histoire d'une frontière incertaine », trad. Martine Lacaze, in Alain Ehrenberg（sld.）, *Drogues et médicaments psychotropes: Le trouble des frontières*, Paris, Seuil, 1998, pp. 101–22.

―― et Edwards, Griffith, *Opium and the People. Opiate Use in Nineteenth-Century England*, New Haven et Londres, Yale University Press, 1987.

Bollote, Gabriel, « Moreau de Tours 1804–1884 », *Confrontations psychiatriques*, n°11, 1973, pp. 9–26.

Boltanski, Luc, et Thévenot, Laurent, *De la justification. Les économies de la grandeur*, Paris, Gallimard, 1991.

―― et Chiapello, Éve, *Le nouvel esprit du capitalisme*, Paris, Gallimard, 1999.

Bourdelais, Patrice（sld.）, *Les Hygiénistes, enjeux, modèles et pratiques*（*XVIIIe-XXe siècles*）, Paris, Belin, 2001.

―― et Dodin, André, *Visages du choléra*, Paris, Belin, 1987.

―― et Raulot, Jean-Yves, *Une peur bleue: histoire du choléra en France, 1832–1854*, Paris, Payot, 1987.

Bourdieu, Pierre, *La distinction: critique sociale du jugement*, Paris, Minuit, 1979.〔石井洋二郎訳『ディスタンクシオン――社会的判断力批判（Ⅰ・Ⅱ）』、藤原書店、一九九〇年〕

―― *Questions de sociologie*, Paris, Minuit, 1981.〔田原音和監訳『社会学の社会学』、藤原書店、一九九一年〕

—— *Choses dites*, Paris, Minuit, 1987.

—— et Passeron, Jean-Claude, *La Reproduction. Éléments pour une théorie du système d'enseignement*, Paris, Minuit, 1970.〔宮島喬訳『再生産〔教育・社会・文化〕』、藤原書店、一九九一年〕

Buican, Denis, *La révolution de l'évolution: L'évolution de l'évolutionnisme*, Paris, PUF, 1989.

Canguilhem, Georges, *La connaissance de la vie*, deuxième édition, Paris, Vrin, 1969［1965］.

—— *Le normal et le pathologique*, Paris, PUF, 1999［1966］.〔滝沢武久訳『正常と病理』、法政大学出版局、一九八七年〕

—— *Idéologie et rationalité, dans l'histoire des sciences de la vie*, Paris, Vrin, 1977.〔杉山吉弘訳『生命科学の歴史——イデオロギーと合理性』、法政大学出版局、二〇〇六年〕

Carol, Anne, *Histoire de l'eugénisme en France. Les médecins et la procréation XIXe-XXe siècle*, Paris, Seuil, 1995.

Castel, Robert, *Le psychanalysme*, Paris, F. Maspéro, 1973.

—— *L'ordre psychiatrique*, Paris, Minuit, 1976.

—— *La gestion des risques*, Paris, Minuit, 1981.

Certeau, Michel de, *L'écriture de l'histoire*, Paris, Gallimard, 1975.

Conry, Yvette, *L'introduction du darwinisme en France au XIXe siècle*, Paris, Vrin, 1974.

Conrad, Peter, et Schneider, Joseph, *Deviance and Medicalization: From Badness to Sickness: Expanded Edition*, Philadelphia, Temple University Press, 1992［1980］.〔進藤雄三監訳、杉田聡・近藤正英訳『逸脱と医療化——悪から病いへ』、ミネルヴァ書房、二〇〇三年〕

Corbin, Alain（sld.）, *L'avènement des loisirs, 1850–1960*, Paris, Flammarion, 1995.

Cotonat, Jean, *La toxicologie*, Paris, PUF, Que sais-je?, 1996.

Démier, Francis, *La France du XIXe siècle, 1814–1914*, Paris, Seuil, 2000.

Durkheim, Émile, *De la division du travail social*, Paris, PUF, 1930［1893］.〔田原音和訳『社会分業論』、ちくま学芸文庫、二〇一七年〕

—— *Le suicide. Étude de sociologie*, Paris, PUF, 1930［1897］.〔宮島喬訳『自殺論』、中公文庫、一九八五年〕

—— *Les règles de la méthode sociologique*, Paris, PUF, 1937［1895］.〔宮島喬訳『社会学的方法の規準』、岩波文庫、一九七八年〕

—— *Leçons de sociologie*, Paris, PUF, 1950.

Ellenberger, Henri, *Histoire de la découverte de l'inconscient*, traduit de l'anglais par Joseph Feisthauer, Paris, Fayard, 1994［1970］.

Fassin, Didier, *L'espace politique de la santé. Essai de généalogie*, Paris, PUF, 1996.

——（sld.）, *Les figures urbaines de la santé publique. Enquête sur des expériences locales*, Paris,

La Découverte, 1998.

Faure, Olivier, *Histoire sociale de la médecine* (*XVIIIe-XXe siècles*), Paris, Anthropos-Economica, 1994.

Ferro, Marc, *Les sociétés malades du progrès*, Paris, Plon, 1998.

Fillaut, Thierry, et Nahoum-Grappe, Véronique, et Tsikounas, Myriam, *Histoire et alcool*, préface d'Alphonse d'Houtard, Paris, L'Harmattan, 1999.

Foucault, Michel, *Les mots et les choses. Une archéologie des sciences humaines*, Paris, Gallimard, 1966.〔渡辺一民・佐々木明訳『言葉と物――人文科学の考古学』、新潮社、一九七四年〕

―― *Histoire de la folie à l'âge classique*, Paris, Gallimard, 1972.〔田村俶訳『狂気の歴史――古典主義時代における』、新潮社、一九七五年〕

―― *Surveiller et punir. Naissance de la prison*, Paris, Gallimard, 1975.〔田村俶訳『監獄の誕生――監視と処罰』、新潮社、一九七七年〕

―― *« Il faut défendre la société ». Cours au Collège de France. 1975–1976*, Paris, Hautes Études, 1997.

―― *Les anormaux. Cours au Collège de France. 1974–1975*, Paris, Hautes Etudes, 1999.〔慎改康之訳『異常者たち――コレージュ・ド・フランス講義一九七四―一九七五年度』、筑摩書房、二〇〇二年〕

―― *Dits et Écrits*, Paris, Gallimard, 2001 [1994], 2 vols.

―― *L'herméneutique du sujet. Cours au Collège de France. 1981–1982*, Paris, Hautes Etudes, 2001.

―― *Le pouvoir psychiatrique. Cours au Collège de France. 1973–1974*, Paris, Hautes Études, 2003.

―― *Naissance de la biopolitique. Cours au Collège de France. 1978–1979*, Paris, Hautes Études, 2004.

Gauchet, Marcel, *Le désenchantement du monde. Une histoire politique de la religion*, Paris, Gallimard, 1985.

―― *L'inconscient cérébral*, Paris, Seuil, 1992.

―― *La religion dans la démocratie*, Paris, Gallimard, 1998.

―― *La démocratie contre elle-même*, Paris, Gallimard, 2002.

―― et Swain, Gladys, *La pratique de l'esprit humain. L'institution asilaire et la révolution démocratique*, Paris, Gallimard, 1980.

Giddens, Anthony, *Modernity and Self-Identity: Self and Society in the Late Modern Age*, Cambridge, Polity Press, 1991.〔秋吉美都・安藤太郎・筒井淳也訳『モダニティと自己アイデンティティ――後期近代における自己と社会』、ハーベスト社、二〇〇五年〕

Gies, Joseph et Frances, *Life in a Medieval City*, New York, Harper & Row, 1969.〔青島淑子訳『中世ヨーロッパの都市の生活』、講談社学術文庫、二〇〇六年〕
Grinspoon, Lester, et Bakalar, James, *Marihuana, The Forbidden Medecine*, New York et Londres, Yale Univ. Press, 1993.〔久保儀明訳『マリファナ』、青土社、一九九六年〕
Hautefeuille, Michel, et Véléa, Dan, *Les drogues de synthèse*, Paris, PUF, Que sais-je?, 2002.
本田宏治『ドラッグと刑罰なき統制——不可視化する犯罪の社会学』、生活書院、二〇一一年。
宝月誠『社会生活のコントロール』、恒星社厚生閣、一九九八年。
——進藤雄三編『社会的コントロールの現在——新たな社会的世界の構築をめざして』、世界思想社、二〇〇五年。
Huerre, Patrice, et Marty, François, *Cannabis et adolescence. Les liaisons dangereuses*, Paris, Albin Michel, 2004.
池田清彦『構造主義進化論入門』、講談社学術文庫、二〇一一年。
Ingold, Rodolophe, et Toussirt, Mohamed, *Le cannabis en France*, Paris, Anthoropos, 1998.
James, Tony, *Vies secondes*, Paris, Gallimard, 1997（traduit de l'anglais par Sylvie Doizelet, *Dream, Creativity, and Madness, in Nineteenth-Century France*, Oxford, Oxford University Press, 1995）.
Lanteri-Laura, Georges, *Psychiatrie et connaissance. Essai sur les fondements de la pathologie mentale*, Paris, Centre National des Lettres, 1991a.
—— *Les hallucinations*, Paris, Masson, 1991b.
Lefebure, Molly, *Samuel Taylor Coleridge, A bondage of Opium*, Londres, Stein, 1974.
Léonard, Jacques, *La médecine entre les savoirs et les pouvoirs: histoire intellectuelle et politique de la médecine française au XIXe siècle*, Paris, Édition Aubier Montaigne, 1981.
Lequin, Yves, *Les Ouvriers de la région lyonnaise*（*1848–1914*）, Lyon, Presses universitaires de Lyon, 1977.
Lipietz, Alain, « Réflexions autour d'une fable: pour un statut marxiste des concepts de régulation et d'accumulation », *Couverture Orange*, Paris, CEPREMAP, n° 8530, 1985.
—— « De l'althussérisme à la « théorie de la régulation » », Paris, CEPREMAP, n° 8920, 1988.
Mainguy, Paul, *La médecine à la belle époque*, Paris, France-Empire, 1981.
真木悠介『時間の比較社会学』、岩波現代文庫、二〇〇三年［一九九一年］。
Mill, John-Stuart, *On liberty*, Londres, Prentice Hall, 1997［1859］.〔塩尻公明・木村健康訳『自由論』、岩波文庫、一九七一年〕
美馬達哉『リスク化される身体——現代医学と統治のテクノロジー』、青土社、二〇一二年。
Morel, Pierre, *Dictionnaire biographique de la psychiatrie*, Paris, Synthélabo, 1996.

Nerval, Gérard de, *Les Filles du feu. La Pandora. Aurélia*, texte présenté et annoté par Béatrice Didier, Paris, Gallimard, 1972.

Nietzsche, Friedrich, *Also sprach Zarathustra*, Ditzingen, Reclam, 1992［1883–1885］.〔丘沢静也訳『ツァラトゥストラ（上・下)』、光文社古典新訳文庫、二〇一〇年〕

小俣和一郎『近代精神医学の成立――「鎖解放」からナチズムへ』、人文書院、二〇〇二年。

Otero, Marcelo, « Vulnérabilité, folie et individualité. Le nœud normatif », *Penser la vulnérabilité. Visages de la fragilisation du social*, sous la direction de Vivianne Châtel, Shirley Roy, Presse de l'Université du Québec, 2008, pp. 125–45.

Pélicier, Yves, et Thuillier, Guy, *La drogue*, Paris, PUF, Que sais-je?, 1972.

Pelt, Jean-Marie, *Drogues et plantes magiques*, Paris, Fayard, 1983.

―― *La médecine par les plantes*, Paris, Fayard, nouvelle édition, 1986.

Porot, Antoine et Maurice, *Les toxicomanies*, Paris, PUF, Que sais-je?, 1993［1953］.

Renneville, Marc, *La médecine du crime. Essai sur l'émergence d'un regard médical sur la criminalité en France*（*1785–1885*）, tome 1 et 2, Paris, Presses universitaires du Septentrion, 1999.

―― *Crime et folie. Deux siècles d'enquêtes médicales et judiciaires*, Paris, Fayard, 2003.

Richard, Denis, et Senon, Jean-Louis, *Le cannabis*, Paris, PUF, Que sais-je?, 1996.

―― *Dictionnaire des Drogues, des toxicomanies et des dépendances*, préfacé de Bernard Kouchner, Paris, Larousse, 1999.

Robbiola, Odile, *La morphinomanie en France de 1880 à 1885: aspects médico-légaux*, thése de médecine, Paris, 1982.

Rosanvallon, Pierre, *Le capitalisme utopique. Histoire de l'idée de marché*, Paris, Seuil, 1999［1979］.

Sartre, Jean-Paul, *L'imaginaire*, Paris, Gallimard, 1940.

―― *Baudelaire*, précédé d'une note de Michel Leiris, Paris, Gallimard, 1947.

―― *L'existentialisme est un humanisme*, présentation et notes par Arlette Elkaïm-Sartre, Paris, Gallimard, 1996.

佐藤哲彦『ドラッグの社会学――向精神物質をめぐる作法と社会秩序』、世界思想社、二〇〇八年。

Semelaigne, René, *Les grands aliénistes français*, Paris, Steinheil, 1894.

―― *Les pionniers de la psychiatrie française avant et après Pinel*, Paris, J.-B. Baillère, 1930–1932, 2 vol.

Suissa, Amnon-Jacob, et Rocheleau, Gina, *Pourquoi l'alcoolisme n'est pas une maladie*, nouvelle édition, Québec, Fides, 1998.

Taton, René（éditeur）, *Histoire générale des sciences, la science contemporaine, le XIX*e *siècle*, tome 3, Paris, PUF, 1961.

Tocqueville, Alexis de, *L'ancien régime et la révolution*, J.-P. Mayer éd., Paris, Gallimard, nouvelle édition, 1952, 2 vol.

Weber, Max, *L'éthique protestante et l'esprit du capitalisme*, Paris, Plon, 1967［1904］.〔大塚久雄訳『プロテスタンティズムの倫理と資本主義の精神』、岩波文庫、一九八九年〕

Welles, Marie-Christine de, *Et si on parlait du haschisch. Des jeunes témoignent*, Paris, Presses de la Renaissance, 1999.

Young, Jock, *The Exclusive Society: Social Exclusion, Crime and Difference in Late Modernity*, London, Sage, 1999.〔青木秀男・伊藤泰郎・岸政彦・村澤真保呂訳『排除型社会——後期近代における犯罪・雇用・差異』、洛北出版、二〇〇七年〕

—— *The Vertigo of Late Modernity*, London, Sage, 2007.〔木下ちがや・中村好孝・丸山真央訳『後期近代の眩暈——排除から過剰包摂へ』、青土社、二〇〇八年〕

Yvorel, Jean-Jacques, *Les poisons de l'esprit. Drogues et drogués au XIXe siècle*, Paris, Quai Voltaire, 1992.

Zafiropoulos, Markos, et Delrieu, Alain, *Le toxicomane n'existe pas*, Paris, Anthropos, 1996.